A SIMBOLIZAÇÃO NA PSICANÁLISE

Blucher

A SIMBOLIZAÇÃO NA PSICANÁLISE

Os processos de subjetivação e a dimensão estética da psicanálise

Ruggero Levy

A simbolização na psicanálise: os processos de subjetivação e a dimensão estética da psicanálise

Editora Edgard Blucher Ltda.

Publisher Edgard Blücher
Editor Eduardo Blücher
Coordenação editorial Jonatas Eliakim
Produção editorial Lidiane Pedroso Gonçalves
Preparação de texto Barbara Waida
Diagramação Negrito Produção Editorial
Revisão de texto Évia Yasumaru
Capa Leandro Cunha
Imagem da capa iStockphoto

Blucher

Rua Pedroso Alvarenga, 1245, 4º andar
04531-934 – São Paulo – SP – Brasil
Tel.: 55 11 3078-5366
contato@blucher.com.br
www.blucher.com.br

Segundo o Novo Acordo Ortográfico, conforme 6. ed. do *Vocabulário Ortográfico da Língua Portuguesa*, Academia Brasileira de Letras, julho de 2021.

Dados Internacionais de Catalogação na Publicação (CIP)
Angélica Ilacqua CRB-8/7057

Levy, Ruggero
A simbolização na psicanálise : os processos de subjetivação e a dimensão estética da psicanálise / Ruggero Levy. – São Paulo : Blucher, 2022.

338 p.

Bibliografia

ISBN 978-65-5506-442-1

1. Psicanálise. 2. Simbolismo (Psicologia). 3. Freud, Sigmund, 1856-1939. I. Título.

22-4344 CDD 150.195

Índice para catálogo sistemático:
1. Psicanálise

Conteúdo

Agradecimentos

Agradeço a meus pais e à minha irmã pelos cuidados comigo e pelo senso de justiça e de ética que me transmitiram;

À minha esposa, Andreia, e a meus filhos, Francisca, Ramiro e Roberto, pela paciência e tolerância com as minhas horas de estudo e de ausência e pela permanente e amorosa proximidade;

À Sociedade Psicanalítica de Porto Alegre, minha segunda família – nas pessoas do meu analista, dos meus supervisores, professores e colegas – que me acolheu e me transmitiu a psicanálise dentro dos princípios éticos e psicanalíticos mais elevados.

Apresentação

Giuseppe Civitarese[1]

Só se pode saudar com entusiasmo a chegada do livro de Ruggero Levy. A fronteira da investigação em psicanálise contemporânea gira em torno da dimensão intersubjetiva e estética do nascimento psíquico. A estética aqui não se refere diretamente ao mundo da experiência artística. O seu significado é principalmente etimológico. Síntese significa sensação. Ao nascer, a criança é um feixe de sensações que já tem uma certa ordem devido à anatomia e fisiologia, mas isso não é suficiente. O corpo é exposto ao ambiente e é necessário que outro agente, o objeto materno, fique disponível para criar uma espacialidade acolhedora e ordenadora. A criança é *infans*, não tem como compreender o significado das palavras, e, no entanto, e este é o mistério desse processo, ela consegue formar uma mente. Para criar-se uma mente se requer outra – de fato, muitas outras, uma vez que cada sujeito é, de fato, um grupo.

---

1 PhD, training analyst of the Italian Psychoanalytic Society (SPI) and member of the American Psychoanalytic Association (APsaA).

Assim, o paradoxo é que se gera um vínculo em que o simbólico está lá e não está lá, dependendo do ponto de vista que se opte por privilegiar. A narrativa da relação mãe-bebê é central em Klein, Winnicott, Bion, e, no entanto, a psicanálise sempre foi tendenciosa para o polo do conhecimento (do que já é da ordem do significado semântico da palavra) e não para o do ser e tornar-se (do lado da significação que tem lugar no plano semiótico). Esta orientação já vem mudando há algum tempo e tem mudado ainda mais recentemente na psicanálise contemporânea. A emoção recuperou uma centralidade como o lugar onde o significado é gerado e já não como o lugar onde a energia psíquica é descarregada, como é basicamente para Freud.

A psicologia básica da psicanálise também mudou de psicologia unipessoal de Freud e Klein para psicologia relacional de Winnicott (a criança não existe) e Bion (o par analítico é um grupo). Mas é difícil, repito, ter em conta esta esfera em que o processo de subjetivação tem lugar (que, além disso, dura uma vida inteira: nunca se deixa de nascer) porque tem a ver com a construção do sentido ao nível da corporeidade e da intercorporeidade, ou seja, com uma dimensão de ser que escapa ao domínio das palavras. Como Bion escreve, não se pode cantar batatas (em vez disso, apenas a palavra "batatas"). A competência afetiva e relacional de um indivíduo é mais semelhante a pedalar uma bicicleta ou tocar piano do que a pôr em prática um conjunto de instruções que podem ser resumidas em proposições lógicas.

Quem vai ajudar os pacientes, que são inevitavelmente deficientes nessas áreas, a desenvolver a capacidade de usar as suas emoções para se orientarem no mundo enfrenta a mesma dificuldade. Não se pode ensinar uma criança a andar de bicicleta, dizendo-lhe que tem de encontrar o seu equilíbrio e que não deve cair. É preciso inventar algo para falar com o corpo e com a mente.

Outro aspecto essencial é que o sentido (semiótico) e o significado (semântico) são, por natureza, sociais. Para ler o mundo, preciso da língua e ela é minha, mas também não é minha; controlo apenas uma pequena parte dela, mesmo que eu contribua com outros para a expandir. É por isso que dizemos que o Eu é o Outro.

O que quero dizer com isso? Que hoje em dia, se quisermos lidar, e devemos fazê-lo, como diz o subtítulo do livro, com os processos de subjetivação e a dimensão estética da psicanálise, devemos curar a grave doença da psicologia que, para Binswanger, representa a divisão entre sujeito e sujeito. Por outras palavras, uma psicologia do sujeito isolado já não é adequada para apoiar a investigação psicanalítica sobre estas questões essenciais. O que precisamos é de uma teorização mais precisa do que a intersubjetividade significa em nível ontológico e metapsicológico[2]. As implicações são importantes, tanto em nível teórico como técnico.

Em nível teórico: o inconsciente deixa de ser, como diz Freud, o lócus do mal ou como diz Klein, essencialmente o lócus do ódio e do objeto interno mau torna-se a função da personalidade, mas também inevitavelmente e intrinsecamente transindividual, o que permite dar um significado pessoal à experiência.

Em nível técnico: a reconceptualização do inconsciente e do sonho, que devemos principalmente a Bion, ajuda, especialmente nos desenvolvimentos do seu pensamento que podem ser rastreados até à teoria do campo analítico, a considerar não apenas a perspectiva relacional do *eu/você*, na qual ainda circula uma elevada taxa de "suspeição", mas também a perspectiva do nós como um grupo de dois.

---

2 Cf. G. Civitarese, Intersubjectivity and the analytic field. *Journal of the American Psychoanalytic Association*, *69*: 853-894, 2021.

Para navegar nestas questões, o livro de Levy é um formidável "batedor", condutor. O que é apreciável no Levy é que ele nos dá uma visão abrangente. Embora reconhecendo que este é um campo enorme, e que não pode lidar com todos os autores, Levy move-se com extraordinária competência e agilidade entre as várias teorias, de Freud a Green e os Botellas, de Bion a Meltzer, os Barangers, Rocha Barros e Ferro, de Winnicott a Ogden, e assim por diante.

Dito isso, as opções teóricas de Levy são claras. Ele as menciona imediatamente quando se refere ao modelo mãe-filho, como é empregado por Bion, se não me engano, pela primeira vez no ensaio *Uma Teoria do Pensamento*. O léxico é, portanto, principalmente, bioniano e, neste livro, Levy mostra quão férteis, no Brasil e no mundo, são as sementes deixadas por Bion nas palestras que deu nos últimos anos da sua vida, testemunhando, assim como tantos outros estudiosos, a importância do trabalho de Bion neste país.

A perspectiva histórica é essencial. É importante reconhecer que mais do que ninguém foi Lacan quem valorizou o jogo *fort-da*, que constitui uma das páginas mais brilhantes de Freud, como atividade de simbolização; mas há também Klein com o *brincar como sonho*; e Bion com o *jogo psicanalítico* de esquecer o passado, o desejo e a compreensão para intuir, ou seja, visualizar as emoções que se movem na escuridão da relação analítica.

Em geral, a mudança foi de um foco no símbolo como conteúdo, por exemplo, como faz Klein ao interpretar as brincadeiras das crianças, para a capacidade de brincar ou simbolizar ou de sonhar, agora vistos mais ou menos como sinônimos; do império freudiano de representação para a centralidade que a emoção tem agora na psicanálise de Bion e a do campo analítico. Como Levy assinala ao citar Bion sobre a ligação entre emoção e relação, coloquei a primeira nas minhas próprias palavras, emoção é o grau zero de simbolização (noutros lugares chamei-lhe de uma espécie de conceito ou abstração primitiva).

Uma das formas mais eficazes de estudar os processos de simbolização, e esta é a escolhida por Levy, é tentar compreender o que acontece quando eles falham. Na realidade, a área de especialização do analista é a da grade negativa. Pode haver sonhos que não são sonhos reais, que não são, portanto, o produto de uma atividade de simbolização bem-sucedida. Normalmente, não suscitam associações nem suscitam ressonâncias emocionais. E o mesmo se pode dizer de muitas conversas analíticas monótonas e repetitivas: basicamente, autistas. Ao contrário de Meltzer, eu não os veria como sonhos mentirosos. A palavra mentir é enganadora. Por um lado, mentir implica ser capaz de simbolizar; por outro lado, do ponto de vista da significação inconsciente, mentir é impossível, e em terapia é um não-problema. Pelo contrário, eu pensaria que aquilo a que chamamos mentira ou falsidade é um déficit de simbolização, uma deficiência na capacidade de conter e, portanto, de pôr em forma emoções violentas ou elementos beta.

Da mesma forma, o porquê de –K é controverso, e com Bion ainda mais porque ele é fiel aos conceitos kleinianos, mas esvazia-os progressivamente a partir de dentro. Nos seus ensaios, ele interpreta a inveja do paciente, ainda de pé no (parcialmente) eixo relacional de *eu/tu*, mas entretanto cria novos conceitos que curvam a teoria na direção do nós (do grupo). Mas, então, se 'inveja' significa incapacidade de conter e transformar elementos beta, o ataque à ligação já não deve ser atribuído apenas ao paciente ou apenas ao analista, mas a ambos. –K torna-se o nome que podemos dar a uma certa qualidade que o vínculo assume num dado momento.

Da mesma forma, no que diz respeito aos fenômenos negativos da simbolização, entre tantas expressões da presença e dos efeitos na mente de verdadeiros "buracos negros", poder-se-ia ver o traço da procura da existência como um ataque ao processo de simbolização; mas também como um momento necessário de perseguição[3] (como com a posição esquizoparanoide em oposição à depressiva) antes de se passar a uma nova integração.

Surge, naturalmente, a questão de como o analista pode intuir a existência de atividades não simbólicas e antissimbólicas. Isso Levy também nos mostra numa série de longas e belas vinhetas clínicas. O leitor fica, assim, realmente, a apreciar a sua grande humanidade (nada de novo para aqueles que têm a sorte de conhecê-lo pessoalmente), preparação teórica e experiência clínica, bem como o uso que faz dos conceitos brilhantemente expostos nas outras seções do livro.

Uma das coisas mais belas do livro é todo o capítulo sobre intimidade. Se eu tivesse de resumir a sua essência, diria que tornar-se um sujeito já não passa pela satisfação do desejo (de impulso), mas sim, como Lacan efetivamente escreve, pelo desejo do desejo do outro e assim pela experiência de ser amado.

O tema da intimidade está intimamente ligado ao da simbolização. Afinal, na sua origem, qualquer simbolização não é senão uma forma de preservar a intimidade com o objeto, mesmo quando este se encontra temporariamente ausente. Se Ernst joga longe o carretel, não é para fazer desaparecer a sua mãe (o jogo é apenas, aparentemente, masoquista). Trata-se antes de encenar o seu reaparecimento mágico, tornado possível pelo fio, sob a forma de uma representação interna.

Em algum lugar, Ogden escreveu que Freud inventou duas novas formas de relação humana que não existiam antes: análise e

3 Cf. G. Civitarese, Bion's graph of "in search of existence". *The American Journal of Psychoanalysis*, *81*: 273-280, 2021.

supervisão. Certamente, uma das características destes dois novos tipos de relações é a intimidade. Mas enquanto no passado a intimidade podia ser considerada como um fator não específico ou colateral de uma determinada relação de cuidados, agora, uma vez que o foco não é tanto o saber, mas o ser, tornou-se o propósito dos cuidados.

A intimidade significa que paciente e analista deixam de ter (demasiado) medo um do outro, que confiam um no outro, que gradualmente se encontram presos por algo que só pode ser chamado de um laço de amor. Evidentemente, declinado de acordo com graus de intensidade e formas variáveis, dependendo do caso, como na vida, se utilizamos o conceito de vínculo amoroso é para salientar que profundamente, no plano inconsciente, na relação terapêutica existe uma simetria absoluta. Como Dante escreve, "*Amor ch'a nullo amato amar perdona*"[4] pode ser lido como a afirmação de que o amor não correspondido não é amor, mas apenas doença ou infelicidade.

O que é que isto significa para análise? Que o conflito estético não é apenas da criança para com a mãe ou do paciente para com o analista, mas também da mãe para com a criança e do analista para com o paciente. Poderia um paciente alguma vez superar a sua desconfiança do objeto se não sentisse que o amor com que é investido é genuíno? E poderia o analista alguma vez corresponder à definição de amor de Dante e assim sentir-se reconhecido, se não sentisse a gratidão do paciente como autêntica? É evidente que o mesmo tema poderia ser reformulado na chave do conceito de reconhecimento, que é exposto na Fenomenologia por Hegel como o caminho para a autoconsciência; em suma, para a existência. Na psicanálise contemporânea, não é mais possível ignorar a dialética da diferença, mas também da identidade que rege o processo de

4 *Inferno*, canto V, v. 103.

subjetivação. Pela mesma razão, qualquer modelo de psicanálise que ainda seja baseado em uma psicologia do sujeito isolado é certamente obsoleto, a meu ver.

Assim, o grau de intimidade alcançado na análise por paciente e analista, sem exclusão de conflito e turbulência e no respeito estrito (não "rigorístico") do setting, é certamente a medida do grau de sucesso da análise. Analisar é mover o mundo interior do paciente de um regime totalitário para um regime democrático. Isto só pode ser alcançado tecendo muitos mais laços emocionais, momentos de uníssono nos quais algo verdadeiro para o analista e o paciente se torna parte da própria substância da subjetividade de ambos. Para saber como o processo está indo, o analista deve ser consciente e, portanto, "assimetricamente", capaz de intuir os sinais que lhe revelam a natureza do campo analítico a qualquer momento, seja ele regressivo ou progressivo.

Levy faz bem em recordar a etimologia da palavra intimidade e em salientar que ela exprime a ideia de algo que penetra no interior, "o superlativo do interior, ou melhor, o mais interior possível ... 'tornar-se o outro' ... 'ser o outro'". Dessa forma, ele refere-se exatamente ao que acabo de referir, mencionando o conceito de reconhecimento. Para Hegel não é de modo algum apenas um reconhecimento consciente, que é uma forma de o conceito ser banalizado em psicanálise por alguns. Não, significa o processo inconsciente e inerentemente dialético pelo qual o sujeito de alguma forma aceita ser negado ou destruído pelo outro, mas também ser criado ou estabelecido como sujeito e vice-versa.

O círculo fecha-se: é a dialética da própria relação amorosa. Afinal, o que Hegel, mas sem usar essa palavra, e Husserl chama "intersubjetividade, e Merleau-Ponty "a carne do mundo", não é mais do que o mesmo assunto que, em psicanálise, Freud investiga e batiza de inconsciente. É por isso que numa página de

Transformações, Bion propõe substituir o finito e infinito pelo consciente e inconsciente; é por isso que pensar e trabalhar com Bion e os pós-Bionianos (repito, declarado e referências importantes para o Levy) significa utilizar postulados iniciais relativos ao inconsciente e ao sonho que já não são de todo os da tradição clássica.

Pode-se ver como é apaixonante a jornada que Levy promete ao leitor nestas páginas, e como – escusado será dizer – ele se apresenta sob o disfarce de Virgílio. Não obstante, ele apenas reproduz o gesto de Freud: *Acheronat movebo*..., ou seja, vou levá-lo para o inferno, mas não se preocupe, eu serei seu guia! Parte do 'inferno' são os medos que acompanham qualquer crescimento na intimidade. Freud[5] é muito claro a esse respeito: *Nunca como quando amamos nos entregamos ao sofrimento*. Emoções e afeições são o que importa na análise, pois o valor que as pessoas atribuem as suas vidas depende das emoções e dos afetos. É por isso que lidamos com isso e não, por exemplo, com raciocínios abstratos complicados.

O fato puro e simples é que, como no caso do conceito, a formação de um símbolo implica sempre um certo grau de destruição, visando o excesso de diferença que tornaria difícil individualizar o espaço comum e consensual. Se um símbolo tem valor, tem valor para todos, mas em si mesmo significa também perder uma certa parte da realidade. Dito assim, pode não parecer nada (o conceito de árvore representa todas as árvores e nenhuma em particular), mas se pensarmos que o protótipo dessa renúncia, como para o pequeno Ernst, é nada menos que o objeto do amor, e que simbolizar, portanto, significa envolver-se num trabalho de luto, vemos tanto os riscos do empreendimento como os terríveis fantasmas que sempre se agitam no ar. Não compreenderíamos por que razão,

5 *O mal-estar na civilização.*

caso contrário, acontece tão frequentemente, como para os nossos pacientes, mas para cada um de nós em algum momento das nossas vidas, que somos incapazes de o fazer e entrar naquele terreno de negatividade que Levy descreve tão bem.

Prefácio

Este livro é fruto de meu interesse pelos processos de simbolização, que se iniciou há muitos anos. No início da década de 1980, trabalhei com crianças autistas por quase dez anos em uma comunidade terapêutica na Clínica Pinel, em Porto Alegre (RS). Já naquela época, surgiu o interesse em entender como se criavam as primeiras simbolizações; como e por que elas não se criavam; e por que alguns não conseguiam ter um desenvolvimento da vida mental e permaneciam em um estado desmentalizado e predominantemente desmantelado, para usar um conceito de Meltzer.

Naquele período, produzi alguns trabalhos sobre esses processos de subjetivação e de não subjetivação, especialmente um que se chama "Ecolalia e autismo infantil",[1] no qual estudei a função da palavra na ecolalia do autista, se aquilo tinha uma função simbólica ou não, e como se constituía o espaço mental da criança autista. Foi ali que se iniciou meu interesse pelo tema da simbolização.

---

1 LEVY, Ruggero et al. (1980). Ecolalia e autismo infantil: Comunicação preliminar a propósito de um caso clínico. *Revista de Psiquiatria do Rio Grande do Sul*. Porto Alegre, *2*(3), 225-233.

Depois, meu trabalho para ingresso como membro associado na Sociedade Psicanalítica de Porto Alegre (SPPA), em 1995, também girou em torno do tema da simbolização. Não por acaso, estudei e relatei o caso de um paciente que apresentava pseudomaturidade e "dom-juanismo", em que os *acting outs* eram muito importantes e o espaço mental, extremamente restrito. O pré-consciente dele era extremamente raso, delgado, com uma escassa capacidade de simbolização. Ao longo da análise, foi possível acompanhar a expansão de sua capacidade de simbolização, da cadeia simbólica e da cadeia de representações. Posteriormente, meu trabalho para me tornar membro efetivo da SPPA também girou em torno da simbolização e se chamou "Do símbolo à simbolização: uma revisão da evolução teórica e suas repercussões sobre a técnica psicanalítica".

Finalmente, nos últimos dez anos passei a me interessar, junto com outros autores psicanalíticos – inserindo-me nessa corrente de investigação –, por este tema tão predominante na psicanálise contemporânea: a questão da não simbolização. Ou seja, o que são e como ocorrem os problemas e as falhas no processo de simbolização; como ocorrem os chamados *vazios* na trama simbólica. Como fruto de meu trabalho e interesse pela psicanálise da adolescência, passei a estudar também como ocorre o processo de ressubjetivação neste momento de reconstrução da subjetividade do sujeito.

Na primeira parte do livro, nos Capítulos 1 a 5, será apresentado um histórico da conceituação dos processos simbólicos, partindo de Freud, como não poderia deixar de ser, e evoluindo principalmente através da trilha da escola inglesa. E também serão mencionadas algumas contribuições da escola francesa de psicanálise, especialmente de André Green e René Roussillon.

Na segunda parte do livro, serão desenvolvidos aspectos mais contemporâneos, especialmente no que diz respeito às falhas na trama simbólica, às não simbolizações e suas repercussões sobre a clínica psicanalítica, e às modificações técnicas que se fizeram necessárias para dar conta da clínica com estes pacientes. E também, de modo mais geral, à construção da intimidade analítica neste modelo de psicanálise.

Na terceira parte do livro, será estudada a participação dos processos de simbolização na ressubjetivação do sujeito adolescente, sendo a adolescência entendida como um grande processo de simbolização.

Este livro destina-se a psicanalistas, psicoterapeutas de orientação psicanalítica, estudantes de psicanálise e de psicoterapia, interessados no estudo dos processos de simbolização, nas suas patologias, bem como na técnica de trabalho psicanalítico com pacientes com perturbações na construção de sistemas simbólicos, ou seja, na sua subjetividade.

Introdução

... em vez de definir o homem como "animal rationale", deveríamos defini-lo como "animal symbolicum".

Cassirer (1944/1997, p. 50)

Freud, com a descoberta do inconsciente, chocou a cultura de sua época ao revelar que o comportamento humano era determinado por uma porção da mente que o próprio sujeito não conhecia. O que ele fez foi denunciar a existência de elementos mentais ausentes da percepção humana imediata, aos quais se poderia ter acesso apenas a partir de seus derivativos, ou de seus representantes simbólicos, se preferirmos. Desde então, a compreensão dos processos simbólicos passou a ter um papel central no estudo do funcionamento da mente humana.

A grande linha divisória existente entre o homem e as outras espécies de animais, segundo Cassirer (1944/1997), é a existência de um sistema simbólico, intermediário, entre o sistema receptor de estímulos e o efetor/motor. O pensamento, como sistema simbólico, intermedeia a reação imediata, como já dizia Freud em

"Formulações sobre os dois princípios do funcionamento mental" (1911/1969).

> *O homem vive num universo simbólico. A linguagem, o mito, a arte, a religião são partes desse universo. São os variados fios que tecem a rede simbólica, o emaranhado da experiência humana. . . . O homem não pode mais confrontar-se com a realidade imediatamente; não pode vê-la, por assim dizer, frente a frente,* mas apenas através da interposição dessa rede criada por ele mesmo. *(Cassirer, 1944/1997, p. 48, grifos meus)*

A psicanálise, na medida em que se propõe a compreender e modificar a mente humana, tem como "matéria-prima" o sistema simbólico do homem. A psicanálise se propõe a compreender e atuar no que há de mais humano em nós, o nosso sistema simbólico. Esse é o processo de subjetivação do ser humano: passar do nível de funcionamento psíquico perceptivo, sensorial e afetivo – presente em todos os animais – ao nível simbólico de construção do psiquismo. A subjetivação seria passar do corpo à mente, do corporal ao mental, do concreto ao simbólico, o que é próprio do ser humano. Aí reside a essência humana.

Pretendo estudar neste livro não tanto o simbolismo humano, entendido de modo mais genérico, mas a simbolização do ponto de vista psicanalítico, a criação dos símbolos na mente humana, ou seja, o processo de subjetivação. Farei um estudo sobre o conceito de simbolização, delinearei seu significado e sua evolução ao longo do desenvolvimento teórico da psicanálise, e colocarei em destaque algumas consequências para a técnica psicanalítica. A psicanálise, ciência do subjetivo, que busca estudar a vivência subjetiva do real pelo sujeito humano, descreveu a construção dessa subjetividade a partir de inúmeros vértices, de inúmeras formas, até chegar a conceituações mais complexas. Porém, entendo que todas elas trazem a sua contribuição ao tema e por isso serão estudadas neste livro.

O tema da simbolização perpassa uma série infindável de perguntas que se estendem por toda a teoria e a técnica psicanalíticas: como se criam e o que são as primeiras inscrições no aparelho psíquico? E a criação do aparelho psíquico em si? O que são os conteúdos mentais? E os sonhos? E as transformações do aparelho psíquico? E a capacidade de pensar? E a "escuta" do latente por meio do manifesto? Um simboliza o outro? Além de inúmeras outras que se poderia enunciar, de modo que, para não perder a objetividade e ser exaustivo, vou me deter na discussão de alguns aspectos que me interessam há muitos anos.

Na verdade, interessam-me desde a época em que, no início da atividade profissional como psiquiatra infantil, eu me dedicava ao trabalho com crianças autistas. Crianças que não falavam, não olhavam o seu interlocutor, não brincavam nem jogavam. Ficavam horas, dias, meses na comunidade terapêutica entregues às suas próprias sensações corporais. Como ajudá-las a falar? Mais que isso, como inscrevê-las no mundo humano? Como ajudá-las a sair do comportamento puramente sensorial, pulsional, em direção ao comportamento humano?

Naquela ocasião escrevi alguns trabalhos para dar conta da angústia gerada por aquela experiência, mas também para partilhar o desafio e até o encanto dela proveniente. Algumas crianças – poucas, é verdade – conseguiam entrar em contato com os outros seres humanos e consigo mesmas; outras, infelizmente, não, e tinham uma triste evolução; triste porque pobre e deficiente do ponto de vista das aquisições necessárias ao desenvolvimento humano.

Ali tive uma compreensão profunda da importância e da centralidade do desenvolvimento da função simbólica e de seu corolário mais evidente, que é a linguagem verbal, para um ser se tornar humano. E hoje, muitos anos depois, isso segue sendo assunto de meu interesse, penso que porque sigo tentando ajudar seres humanos que – numa escala diferente, é verdade – também apresentam dificuldade de pensar, de se comunicar e de se relacionar.

Parece existir um fio condutor – que tentei seguir em minha pesquisa e que procuro expor neste livro – ao longo do qual se estendem as descobertas da psicanálise em torno do tema da simbolização. Esse fio parte de Freud, evidentemente, passa por Ferenczi e Jones, chega a Melanie Klein, e daí parte a Winnicott, Bion, Meltzer e, mais contemporaneamente, a Green, Ferro, Roussillon, Civitarese e outros. Como veremos, é como se fosse um grande quebra-cabeças cujas peças vamos encontrando lentamente, colocando-as no seu lugar, dando-nos uma sensação de bem-estar e de descoberta, mesmo que elas estivessem ali a nos esperar.

Certamente, entre esses grandes pensadores da psicanálise, inúmeros autores fizeram suas contribuições também essenciais porque clarificaram, ou sintetizaram, o que vinha sendo pensado. Entre esses há de se incluir Susan Isaacs, Hanna Segal, Harold Blum, e outros tantos. Não pretendo – e, mesmo que quisesse, não conseguiria – esgotar todos que estudaram o tema, nem mesmo tudo aquilo que cada um desses autores escreveu sobre ele. Lacan, por exemplo, trouxe grandes contribuições ao tema, mas o incluir me demandaria meses de estudo, ou talvez anos. Citarei apenas os que consegui revisar e que me possibilitaram atingir os objetivos a que me propus.

Referências

Cassirer, E. (1997). *Ensaio sobre o homem: Introdução a uma filosofia da cultura humana*. São Paulo: Martins Fontes. (Publicado originalmente em 1944)

Freud, S. (1969). Formulações sobre os dois princípios do funcionamento mental. In S. Freud, *Edição standard brasileira das obras psicológicas completas de Sigmund Freud* (Vol. XII). Rio de Janeiro: Imago. (Publicado originalmente em 1911)

Parte I

Conceituação dos processos simbólicos na psicanálise

1. O símbolo: aspectos gerais

Inicialmente, é necessário realizar algumas definições conceituais, visto que o assunto do simbolismo e da simbolização transcende a psicanálise e esses termos muitas vezes se referem a conceitos diferentes. Mesmo dentro da própria psicanálise, há diferenças no emprego dessa terminologia. Como veremos, depois das contribuições kleinianas, o conceito adquiriu uma amplitude muito maior, algumas vezes às custas de alguma imprecisão.

Vários autores (Jones, 1916/1925; Green, 1975/1994; Laplanche & Pontalis, 1982/1997) remontam o termo "símbolo" à definição grega de *symbolon*, que consistia num objeto cortado em duas partes portado por duas pessoas pertencentes a uma mesma seita que se separavam e, portanto, num signo de reconhecimento no momento que seus portadores se reencontravam e podiam reunir os pedaços. Ou seja, o *symbolon* denotava a *ligação* entre aqueles dois sujeitos.

Outra origem interessante do termo símbolo é dada por Jones (1916/1925). Ele afirma que em grego, "simbolizar" significava *reunir*, *mesclar*, e que a raiz do termo em sânscrito (*gal*) designava a reunião de diversos rios, um estuário. Isso é extremamente interessante, pois é justamente o que encontramos em diversas simbolizações: a reunião, a confluência de diversos significados que deságuam em determinado símbolo.

No *Vocabulário de psicanálise*, de Laplanche e Pontalis (1982/1997), vemos que é possível usar o conceito de simbolismo em psicanálise em sua forma ampla ou em sua forma restrita e que Freud geralmente o utilizava na forma restrita. Assim diz o dicionário:

> *a)* Em um sentido amplo, *modo de representação indireta e figurada de uma idéia, de um conflito, de um desejo inconsciente; nesse sentido* podemos considerar simbólica em psicanálise qualquer formação substitutiva. *b)* Em sentido restrito, *modo de representação que se distingue pela constância da relação entre símbolo e simbolizado inconsciente; essa constância encontra-se não apenas no mesmo indivíduo e de um indivíduo a outro, mas nos domínios mais diversos (mito, religião, folclore, linguagem, etc.) e nas áreas culturais mais distantes entre elas. (p. 41, grifos meus)*

Assim, já temos algumas definições quanto ao que chamamos símbolo. Na definição do dicionário não psicanalítico, o conceito de símbolo se atém a dizer que este substitui alguma coisa abstrata ou ausente (Aurélio Digital, 2010) na definição de símbolo em psicanálise o "ausente" deverá incluir a noção de inconsciente: seja uma ideia inconsciente ou um desejo reprimido, que serão simbolizados por algo; seja uma elaboração inconsciente da ausência de algum objeto que poderá ser substituído por um símbolo.

Entretanto, como veremos ao longo deste capítulo, mesmo em se tratando do conceito de símbolo psicanalítico, há uma grande variação na sua conceituação e, talvez maior ainda, acerca de sua criação, ou seja, do processo de simbolização. Por exemplo, Freud e Jones entendiam o símbolo em seu sentido restrito, supraindividual, coletivo, de significado constante, enquanto para Meltzer ele é altamente individual, pessoal, idiossincrático.

Laplanche (1980/1988) faz algumas críticas ao posicionamento de Freud, dizendo, a partir da discussão sobre o significado da circuncisão, tratar-se de uma concepção pré-psicanalítica da simbolização. Diz que essa teoria da simbolização considera o símbolo e o que ele simboliza dois termos numa correspondência biunívoca, isto é, uma teoria do símbolo como simples designação de um objeto determinado, desprezando o que se sabe sobre as cadeias múltiplas e a trama complexa que se tece entre símbolo e simbolizado. Cita o próprio Jones para mostrar como os vínculos entre símbolo e simbolizado não são biunívocos, mas se constituem numa rede de cadeias associativas: semelhança de totalidade, de parte com parte, vínculos por metonímia (a parte simboliza o todo), vínculos pelo contrário. Essa riqueza de cadeias associativas foi mostrada, pelo próprio Freud, em relação sonho, em que cada elemento pode remeter a uma multidão de cadeias associativas, embora Freud não utilizasse o conceito de símbolo para essas representações. Veremos isso mais adiante.

Assim, tomando a circuncisão como objeto de estudo, Laplanche mostra que ela se torna um símbolo complexo encerrando em si mesma relações de analogia (já que a castração e a circuncisão são dois atos análogos já que causam uma amputação); de metonímia, já que a parte (prepúcio) é tomada pelo todo (pênis); mas também de oposição, porque a extirpação do prepúcio é entendida como eliminando o "feminino" do pênis. A circuncisão, então, encerra uma simbolização do duplo significado da ameaça de castração e, ao mesmo tempo, uma "masculinização", por meio da exérese do que seria "feminino".

Toda simbolização introduz uma nova ordem, pois, quando se simboliza, não se introduz apenas um novo símbolo, mas todo um novo conjunto simbólico. Simbolizar é fornecer uma nova interpretação, o que não encerra a ambiguidade nem a possibilidade de novas interpretações. O novo símbolo terá vários sentidos (Laplanche, 1980/1988). Passo a passo, tentaremos compreender cada uma dessas conceituações.

Talvez o ponto comum entre as várias conceituações de símbolo e simbolização em psicanálise seja que a produção e a utilização do símbolo psicanalítico são inconscientes, bem como aquilo que é simbolizado. Blum (1978) propõe um espectro de simbolização que começa no pensamento abstrato e conceitual consciente, passa pelas expressões alegóricas das metáforas pré-conscientes e chega ao simbolismo inconsciente. A sua proposta combina num marco único as noções não analíticas usuais de simbolismo e o simbolismo psicanalítico propriamente dito. Aventa a possibilidade de que o mesmo mecanismo ou processo que conduz aos símbolos psicanalíticos esteja relacionado com o processo simbólico que resulta na linguagem humana. Alerta, entretanto, que as diferenças são tão grandes entre os dois tipos de processos simbólicos que não lhe parece útil colocar as duas formas simbólicas num *continuum*, embora elas devam ter se originado de uma matriz comum, indiferenciada, protossimbólica. Ele acha que imaginar uma função simbólica única tira a ênfase das formações inconscientes e das características do simbolismo psicanalítico. Como veremos a seguir, essa forma de entender a cadeia simbólica se aproxima da proposta bioniana evidenciada na Grade de Bion (1965/2004), que organiza os pensamentos em níveis que vão do concreto (elementos beta) até os níveis mais abstratos (o cálculo algébrico).

Outra diferenciação que talvez caiba fazer é entre símbolo, signo e metáfora. O símbolo não só representa um elemento ausente como traz consigo um intercâmbio de significados. Meltzer (1984) vai adiante e diz que esse significado que é intercambiado enriquece os dois elementos presentes na simbolização, o símbolo e o simbolizado. Então, por exemplo, se para um paciente o "guri leproso" simbolizava seu sentimento de pequenez e de pele incontinente, podemos ver que tanto a ideia da lepra enriquece a ideia de pele incontinente, na medida em que lhe transfere um significado de doença, talvez progressiva, repulsiva; como a ideia de pele incontinente enriquece a ideia de lepra na medida em que lhe transfere a noção da angústia de perder os limites corporais.

Já no que diz respeito ao signo, ele é entendido quase como um sinal convencionado para indicar algo. Pode-se diferenciar entre o uso de signos e de símbolos da seguinte forma: os signos são elementos que indicam ou conduzem a uma reação determinada quando foram associados, por concomitância, a determinados estímulos (Langer, 1941/1989). São o início da inteligência e a primeira manifestação da mente. O animal desenvolve uma linguagem de signos, aprendida pelo método de tentativa e erro, que lhe assinala as reações mais adequadas para suas funções biológicas. Logo, até a mente animal funciona por meio de uma semântica primitiva em que alguns fenômenos são signos de outros.

O homem pode fazer um uso diferenciado dos signos: pode usá-los para indicar coisas como os animais, e também pode transformar um signo num símbolo. Para um animal, determinada palavra é sinal da presença de algo ou de uma ação imediata; para um ser humano, pode ser uma forma de falar sobre algo ausente e, assim, representar aquele objeto. Só que os signos usados dessa forma são símbolos (Langer, 1941/1989). Por exemplo, uma placa de trânsito, primariamente um signo, pode, para alguém, vir a ser um símbolo de determinada experiência altamente significativa emocionalmente: pode representar um acidente, uma situação amorosa, carregando consigo um significado emocional altamente pessoal e idiossincrático.

Para Cassirer (1944/1997), símbolo e sinal pertencem a dois universos diferentes do discurso: "um sinal faz parte do mundo físico do ser; um símbolo é parte do mundo humano do significado. Os sinais são 'operadores' e os símbolos são 'designadores'" (p. 58). Um sinal ou signo tem um sentido fixo e singular, ligado à coisa à qual se refere, enquanto "um símbolo humano genuíno não é caracterizado por sua uniformidade, mas por sua versatilidade" (p. 65).

Fazer essa diferenciação não tem uma finalidade apenas acadêmica, mas uma utilidade clínica relevante que será explorada mais profundamente ao final do trabalho. É importante, por exemplo, fazer uma distinção entre formação simbólica e pensamento criativo, de um lado, e um uso "computadorístico" de signos e uma utilização simplificada de experiências e ideias recebidas do passado, de outro. "A criação de símbolos idiossincráticos, por oposição à manipulação de signos convencionais, constitui um divisor de águas entre o crescimento da personalidade e a adaptação" (Meltzer, 1988/1995, p. 35). Ou, se preferirmos, entre uma vida criativa e uma vida operatória. Retornaremos posteriormente a esse aspecto essencial do funcionamento mental e da psicopatologia.

Para terminar este capítulo, talvez caiba mencionar outras formas de representação indireta, como a analogia, a metonímia e a metáfora. Na analogia se estabelecem relações de semelhança entre os dois termos comparados. Na metáfora, parte-se de uma comparação e suprime-se um dos dois termos comparados. Então, em vez de se dizer a raposa é esperta, João é esperto, logo, João é uma raposa, diz-se direto: João é uma raposa. Usa-se uma metáfora a fim de economizar na descrição de atributos e adjetivos de determinada expressão, destacar algum atributo em especial e causar de imediato um impacto afetivo sobre o interlocutor. Segundo Jones (1916/1925), na medida em que apela a um elemento mais concreto, visual, utiliza-se de um elemento mais primitivo e, portanto, mais próximo dos afetos. Por fim, na metonímia, utiliza-se uma parte para representar o todo. Uma escultura, por exemplo, pode-se dizer que é um bronze. Seguidamente, essas relações de analogia, metáfora e metonímia são realizadas consciente ou pré-conscientemente. Entretanto, penso que mesmo no processo de simbolização inconsciente varia o tipo de relação entre os dois termos, podendo ser uma simbolização por analogia, metonímia ou metafórica.

Referências

Aurélio Digital (2010). Símbolo. In *Dicionário Aurélio da Língua Portuguesa* (5. ed.). Desenvolvido por Snowman Labs.

Bion, W. R. (2004). *Transformações: Do aprendizado ao crescimento* (2. ed.). Rio de Janeiro: Imago. (Publicado originalmente em 1965)

Blum, H. P. (1978). Symbolic process and symbol formation. *Int. J. Psychoanal.*, *59*, 455-471.

Cassirer, E. (1997). *Ensaio sobre o homem: Introdução a uma filosofia da cultura humana*. São Paulo: Martins Fontes. (Publicado originalmente em 1944)

Green, A. (1994). El analista, la simbolización, y la ausencia en el encuadre analítico. In A. Green, *De locuras privadas*. Buenos Aires: Amorrortu. (Publicado originalmente em 1975)

Jones, E. (1925). La théorie du symbolisme. In E. Jones, *Traité theorique et pratique de psychanalyse*. Paris: Payot. (Publicado originalmente em 1916)

Langer, S. (1989). *Filosofia em nova chave*. São Paulo: Perspectiva. (Publicado originalmente em 1941)

Laplanche, J. (1988). *Problemáticas II: Castração, simbolizações*. São Paulo: Martins Fontes. (Publicado originalmente em 1980)

Laplanche, J., & Pontalis, J.-B. (1997). *Vocabulário de psicanálise* (Daniel Lagache, Dir.). São Paulo: Martins Fontes. (Publicado originalmente em 1982)

Meltzer, D. (1984). *Vida onírica*. Madrid: Tecnipublicaciones.

Meltzer, D. (1995). A apreensão do belo. Rio de Janeiro: Imago. (Publicado originalmente em 1988)

2. Simbolização: alguns pontos de contato entre a filosofia e a psicanálise

Não se pretende, neste capítulo, fazer uma revisão extensa das contribuições da filosofia ao conceito de simbolização. Entretanto, é interessante fazer uma pequena incursão revisando pelo menos dois autores, Cassirer e Susanne Langer, pela riqueza de sua contribuição e pela influência que tiveram sobre o pensamento psicanalítico, especialmente de Bion e Meltzer. Evidentemente, uma revisão mais consistente das contribuições da filosofia deveria incluir pelo menos Kant, por ser um interlocutor de Freud muitas vezes e pela influência de seu pensamento sobre Bion; deveria incluir também Heidegger, pelos pontos de contato entre suas ideias e o pensamento winnicottiano (Loparić, 1997). Deixo isso para outro trabalho, ou para outro colega mais capacitado que eu nessa área.

Cassirer (1944 /1997), em seu livro *Ensaio sobre o homem*, procura uma unidade na busca de algo que explique o "real caráter geral da cultura humana" (p. 43). Para isso, destaca a preocupação constante dos filósofos em descobrir a natureza do homem e afirma que o conhecimento de si mesmo é o objetivo da indagação filosófica.

Sócrates inaugura a visão antropológica da filosofia, procurando definir a natureza do homem. Tenta fazer isso por meio da descrição de suas virtudes (bondade, coragem, justiça etc.), pois acredita que a natureza do homem não pode ser detectada como a das coisas físicas. O que é realmente interessante é a colocação de Cassirer de que "o caráter do homem só pode ser compreendido nas suas relações imediatas com outros seres humanos" (p. 16). A verdade do homem deixa de ser entendida como algo que pode ser apreendida pelo pensador individual e passa a ser algo tangível no confronto, no diálogo, no pensamento dialógico ou dialético. "Só pode ser obtida mediante cooperação dos sujeitos em interrogação e resposta mútuas" (p. 17). Essas ideias são dignas de destaque pela sintonia com a valorização da construção intersubjetiva do significado na psicanálise para descobrir a natureza do inconsciente, nosso e de nossos pacientes.

No século XIX, Darwin, com seu livro sobre a evolução das espécies, coloca a biologia como a ciência hegemônica para a compreensão da inserção do homem na natureza (Cassirer, 1944/1997). A teoria da evolução das espécies coloca o homem numa linha contínua de evolução da vida, mas resta a questão a resolver quanto à *cultura humana*: como a compreendemos? "Será o mundo cultural, como o mundo orgânico, formado por mudanças acidentais?" (p. 38). A partir daí, desenvolvem-se, nos séculos XIX e XX, vários sistemas filosóficos (Nietzsche, Freud, Marx) para compreender o que põe o nosso pensamento e a nossa vontade em movimento, produzindo cultura como resultado. Perde-se um pensamento central (metafísico, teológico, matemático, biológico), caindo-se numa completa diversidade de pensamentos, cada área abordando o problema desde seu ponto de vista.

O ponto de vista que Cassirer desenvolverá – e que, por sua natureza, encontra-se tão extensamente citado neste capítulo – é que o símbolo é a chave para compreender a natureza do homem. Dirá que no homem, além dos sistemas receptor e efetor, encontrados em todos os animais, existe o *sistema simbólico*, que indica uma mudança qualitativa na evolução da espécie humana. Esta aquisição transformou o conjunto da vida humana.

Veremos o quanto isso se aproxima das ideias defendidas por Freud em "Formulações sobre os dois princípios do funcionamento mental" (1911/1969). "Existe uma diferença inconfundível entre as reações orgânicas e as reações humanas" (p. 48). A reação humana é mediada, "retardada por um longo, lento e complicado processo de pensamento" (p. 48). As últimas duas frases pertencem a Cassirer (1944/1997), mas poderiam ser confundidas com as de Freud no trabalho mencionado, como a afirmação de que a "linguagem, primariamente, não exprime pensamentos ou ideias, mas sentimentos e afetos" (p. 49), que poderia ser confundida com as afirmações de Bion que serão debatidas mais adiante.

A linguagem, o mito a religião e a arte são maneiras encontradas pelo homem para organizar seus sentimentos, desejos e pensamentos. A partir da análise dessas linguagens é possível construir uma teoria sobre o homem. O que é distintivo do homem em relação aos outros habitantes do planeta não é a sua natureza metafísica ou física, mas o seu trabalho, aquilo que ele produz: sua linguagem, seus mitos, sua religião, a arte, a ciência e a história. Essas produções estão unidas por um fio comum que é a produção de símbolos.

É também muito impressionante o quanto essa visão do homem coincide com as contribuições mais atuais de historiadores e antropólogos, como Yuval Harari (2020) em seu livro *Sapiens*. Baseado em várias evidências, Harari desenvolve a tese que o *Homo sapiens* prevaleceu sobre várias espécies de hominídeos que conviveram na mesma época, pois, graças à sua capacidade simbólica, pôde construir mitos que eram compartidos por grupos crescentes de indivíduos e, portanto, mais poderosos que outros grupos que não tinham essa capacidade. E também porque puderam começar a elaborar planos mais sofisticados de caça.

Traçando uma linha divisória entre o pensamento dos animais e do homem, o animal não compara duas coisas entre si, tampouco as confunde; não pensa *sobre* isso, mas apenas *isso* (Cassirer, 1944/1997). Ou seja, o animal não se coloca com distanciamento, discriminando o *self* do objeto do pensamento para julgá-lo ou compará-lo: simplesmente pensa o objeto no terreno do sensorial, do concreto. Também no desenvolvimento do indivíduo humano teremos uma evolução que vai de uma atitude concreta, sensorial, pragmática, a uma atitude simbólica, e aí temos um consenso entre a filosofia e a psicanálise. Confirmando isso, todos temos pacientes que, tendo dificuldade de ingressar no mundo simbólico, viverão no automatismo, e constataremos que, na sua maneira de se comportar, vivem num mundo de sinais, simplesmente operando, como se os fatos não tivessem significado simbólico para eles. E nos dirão: "Simplesmente fiz, não sei se significa isto ou aquilo, mas se tu estás dizendo...".

A descoberta do universo simbólico representa uma revolução mental por abrir novos horizontes, introduzindo o sujeito num mundo que transcende o mundo das coisas concretas, limitado às próprias coisas. Introduz o sujeito num mundo sem limites que é o do pensamento criativo, da criatividade humana, da cultura humana. "Uma vez de posse dessa chave mágica (a palavra), a continuação do progresso do homem está garantida" (Cassirer, 1944/1997, p. 63).

Um dos problemas dos quais a psicanálise passou a se ocupar é justamente este: em indivíduos nos quais houve um prejuízo ao desenvolvimento da função simbólica, ou um ataque a esta como forma de fuga da realidade interna (Bion, 1957/1988), temos uma mente que não pode crescer e se desenvolver. A apreensão do mundo interno e externo – com a finalidade de ser pensado, não apenas sentido – ocorre mediada pelo símbolo. Se a produção dele está prejudicada, haverá uma dificuldade ou incapacidade de pensar sobre si e sobre o mundo.

Finalmente, Cassirer define que o *espaço abstrato*, característico do homem, não tem nada a ver com o espaço dos sentidos. É um espaço simbólico, construído pela apreensão das relações abstratas entre as coisas. A geometria é um exemplo característico desse espaço. Muda-se o conceito de verdade, pois nele não estamos lidando com a verdade das coisas, mas com a verdade de proposições e juízos.

Na medida em que a psicanálise lida essencialmente com o espaço abstrato, simbólico, seus fenômenos definitivamente não pertencem ao domínio dos fatos, do mundo dos sentidos. Logo, o positivismo que se propõe a lidar essencialmente com fatos reais, não dá conta do objeto da psicanálise. Será preciso uma nova epistemologia que possa lidar com a verdade não como correlação aos fatos, mas como consenso simbólico (Rezende, 1997), como será estudado mais profundamente no capítulo acerca da construção da verdade possível em psicanálise.

Mesmo que entre animais superiores exista uma diferenciação individual (coisa que parece não existir em animais inferiores), com capacidades maiores em determinado indivíduo de uma espécie, essas capacidades não se transmitirão à espécie por uma incapacidade biológica e desaparecerão com a morte desse indivíduo. As capacidades do homem, mesmo que sujeito à mesma lei biológica, poderão sobreviver ao indivíduo na medida em que ele expressa e registra simbolicamente suas obras (Cassirer, 1944/1997). "Tomada como um todo, a cultura humana pode ser descrita como um processo da progressiva autolibertação do homem. Nas várias formas culturais, o homem descobre e experimenta um novo poder – o poder de construir um mundo só dele, um mundo ideal" (p. 371). Isso é válido também para o indivíduo: a capacidade de produzir símbolos que deem significado às suas experiências liberta o sujeito e lhe dá a sensação de poder, por habilitá-lo a construir um mundo só seu – o mundo onírico, na acepção de Meltzer (1984).

Marilsa Taffarel (1997) faz um interessante estudo de correlação entre a concepção de subjetividade na psicanálise e as contribuições de Cassirer, especialmente as de seu primeiro livro, *Filosofia das formas simbólicas*. Acha que as contribuições de Cassirer estão em maior sintonia com as contribuições de autores kleinianos.

Como veremos mais adiante, há uma correlação muito grande entre as ideias de Cassirer e as concepções kleinianas da simbolização, uma vez que, especialmente a partir de Segal (1957/1982), na teoria kleiniana se definem dois tipos claros de simbolização: a equação simbólica e o símbolo propriamente dito. Esta autora é quem faz claramente essa diferenciação. É somente na posição depressiva que poderá se originar o símbolo propriamente dito, fruto de diversas separações; o *self* compreende que o símbolo apenas representa o objeto, não o é, e suporta esta dor depressiva. Como em Cassirer, é concebida uma evolução que vai do concreto ao abstrato, o que será amplamente desenvolvido nas contribuições bionianas.

As contribuições de Susanne Langer (1941/1989) em seu livro *Filosofia em nova chave*, destacando a importância da simbolização na compreensão do homem, são tão relevantes quanto as de Cassirer. Diz ela que a moderna psicologia (a psicanálise) e a moderna lógica se desenvolveram além de suas expectativas pela descoberta que fizeram do poder da simbolização. Faz uma consideração epistemológica que interessa sobremaneira aos psicanalistas, afirmando que, se seguirmos os métodos científicos das ciências naturais, nos aproximamos da histologia, da fisiologia, da genética, da bioquímica; mas, se quisermos estudar a mente humana, ao usar esses métodos, nos afastamos cada vez mais daquilo de que deveríamos nos aproximar. O esquema científico do físico que tanto seduz os "psicólogos" é inútil para o estudo dos fenômenos mentais.

A nova preocupação com a simbolização, tanto por parte da epistemologia como pela psicanálise, mesmo que lidem com conceitos de símbolo diferentes, ajuda a iluminar a questão do funcionamento da mente humana, da "*resposta humana ao mundo*" (Langer, 1941/1989, p. 35).

A descoberta da importância da função simbólica no homem abalou o conceito de inteligência: não é uma memória prodigiosa, ou uma velocidade mental superior, ou uma percepção extremamente sensível (achados frequentemente em animais) que torna o homem mais inteligente, mas é sua capacidade de operar com símbolos, de falar, registrar, criar cultura, que designa sua superioridade sobre os outros animais. "Assim, nosso interesse pela mente deslocou-se cada vez mais da aquisição da experiência, o domínio do sentido, para os *usos* dos dados sensoriais, o reino da concepção e da expressão" (p. 38).

"A importância do emprego do símbolo, se admitida, logo se faz central no estudo da inteligência, pois, o ato essencial do pensamento é a simbolização (Ritchie citado por Langer, 1941/1989, p. 38). Passa-se a considerar que a chave, a via de acesso, para compreender a vida mental que é caracteristicamente humana, não animal, é a simbolização. Isso é centralmente importante, pois interliga a capacidade de criar e operar com símbolos com a inteligência do indivíduo, explicando por que temos a impressão de pouca inteligência em pacientes que apresentam dificuldades na capacidade simbólica.

O que mais impacta nas contribuições de Langer é sua conexão quase imediata com as ideias de Bion. Acredita que o homem possui *uma necessidade básica, que é a necessidade de simbolização, essencialmente humana*. Uma simbolização que pode ser tosca, primitiva, mas que deve existir.

> *A função de fazer símbolos é uma das atividades primárias do ser humano, da mesma forma que comer, olhar e andar. É o processo fundamental de sua mente e funciona o tempo todo. Às vezes estamos cônscios dele, às vezes, deparamos meramente com seus resultados, e compreendemos que certas experiências passaram por nosso cérebro e foram ali digeridas... Pois se o material do pensamento é o simbolismo, então o organismo pensante deve estar sempre fornecendo versões simbólicas de suas experiências a fim de que o pensar prossiga. Na realidade, a simbolização não é o ato essencial do pensamento, ela é essencial ao pensamento, é anterior a ele. A simbolização é o ato essencial da mente e a mente acolhe mais do que é comumente denominado pensamento. (p. 51)*

Langer (1941/1989) compreende o cérebro muito além de sua função ligada ao fisiológico; compreende-o como um órgão que está sempre em atividade, como coração, pulmões, rins, "seguindo sua própria lei, traduzindo ativamente suas experiências em símbolos" (p. 52), executando constantemente um processo de ideação. O cérebro, para ela, é um fazedor de símbolos, ideia aliás que será partilhada por Bion e Meltzer.

Para concluir este tópico, destaco sua concepção de que "a simbolização é pré-raciocinativa, mas não pré-racional. É mais geral (e anterior, eu diria) que o pensar, fantasiar ou empreender ação . . . Cada percepção é sugada pela corrente de símbolos que constitui a mente humana" (p. 52).

Referências

Bion, W. (1988). Diferenciação entre a personalidade psicótica e não-psicótica. In *Estudos psicanalíticos revisados*. Rio de Janeiro. (Publicado originalmente em 1957)

Cassirer, E. (1997). *Ensaio sobre o homem: Introdução a uma filosofia da cultura humana*. São Paulo: Martins Fontes. (Publicado originalmente em 1944)

Freud, S. (1969). Formulações sobre os dois princípios do funcionamento mental. In S. Freud, *Edição standard brasileira das obras psicológicas completas de Sigmund Freud* (Vol. XII). Rio de Janeiro: Imago. (Publicado originalmente em 1911)

Harari, Y. N. (2020). *Sapiens: Uma breve história da humanidade*. São Paulo: Companhia das Letras.

Langer, S. (1989). *Filosofia em nova chave*. São Paulo: Perspectiva. (Publicado originalmente em 1941)

Loparić, Z. (1997). O Édipo de Freud a Bion. *Boletim Científico da SPRJ*, *18*(3), 375-381.

Meltzer, D. (1984). *Vida onírica*. Madrid: Tecnipublicaciones.

Rezende, A. M. (1997). *Investigação em psicanálise: Uma procura da verdade*. Palestra proferida no Encontro de Ribeirão Preto, comemorando o centenário do nascimento de Bion.

Segal, H. (1982). Notas a respeito da formação de símbolos. In H. Segal, *A obra de Hanna Segal: Uma abordagem kleiniana à prática clínica*. Rio de Janeiro: Imago. (Publicado originalmente em 1957)

Taffarel, M. (1997). A subjetividade básica na psicanálise e na "Filosofia das formas simbólicas". *Revista Brasileira de Psicanálise*, *31*(2), 47-57.

3. A simbolização no alvorecer da psicanálise

A questão da simbolização e dos símbolos na obra de Freud, de modo geral, é bastante rica, complexa e plena de ambiguidades, como vários outros aspectos por ele estudados. Qualquer tentativa de simplificar, encontrar um conceito geral, empobreceria de tal modo o assunto que seria lamentável. De maneira que, com a ajuda de alguns autores, tentarei esclarecer como o assunto é desenvolvido por ele no alvorecer da psicanálise.

Freud, com sua veia clínica aguçada e seu espírito científico ímpar, descobriu e descreveu a existência de dois processos mentais distintos, com regras e leis diferentes – os processos primário e secundário. Descreveu exaustivamente e com grande precisão os conteúdos do processo primário: os pensamentos inconscientes, seus deslocamentos e condensações, suas vias associativas e substitutivas, entretanto, por receio de se confundir com quem combatia, não quis chamar de simbolizações essas relações de substituição de elementos reprimidos por outros. Descreveu com brilhantismo e riqueza as condensações e os deslocamentos, mas não precisou que eles ocorriam justamente pela possibilidade do estabelecimento de relações simbólicas.

No paradigma freudiano existe uma tendência vetorial, que vai da pulsão à verbalização, que forma relações de correspondência a partir de uma sucessão de retranscrições entre as diversas instâncias da mente. Cria-se uma série de relações em que umas remetem às outras. São relações não só de oposição (censura), "mas de colaboração, pois esta é a maneira passar de um sistema a outro, por exemplo de um conteúdo latente a um manifesto" (Green, 1975/1994, p. 77). E, embora Freud não as chamasse assim, Green acredita que essas são as *relações internas de simbolização*, que ligam os diferentes elementos de uma mesma formação (os sonhos, as fantasias inconscientes, os pensamentos etc.) e asseguram a continuidade e a descontinuidade psíquica.

O símbolo em Freud

Embora Freud tenha estudado as várias formas de *representação indireta* do inconsciente – como ele costumava mencionar – nos sonhos, nos sintomas e nas parapraxias, *não se referia a essas representações indiretas como símbolos*. Reservava o termo "símbolo", na maior parte de sua obra, para ser usado de modo bastante restrito, dentro da definição a que me referi anteriormente utilizando da descrição de Laplanche e Pontalis (1982/1997). Freud descreve, em vários trabalhos (1900/1969, 1901/1969, 1915b/1969, 1916/1969), os símbolos como elementos supraindividuais, pertencentes à cultura, dos quais o indivíduo, na sua tarefa de mascarar os elementos reprimidos do inconsciente, se utilizaria.

Parece-me que uma forma de entender as ideias de Freud a respeito dos símbolos seria estudando a área em que eles seriam mais evidentes, qual seja, seu estudo sobre os sonhos. Então, em sua obra maior, *A interpretação dos sonhos* (1900/1969), apesar de descrever processos riquíssimos de transformações simbólicas – em que representações reprimidas eram substituídas por outras por meio do deslocamento e da condensação –, uma vez que preenchessem condições de representabilidade, não os denominava simbolizações. Considerava que eram meros processos de substituição em que o inconsciente se utilizaria de elementos já prontos para serem utilizados. Diz ele textualmente:

> *De fato, ao examinarmos o assunto mais detidamente, devemos reconhecer o fato de que* o trabalho do sonho nada faz de original *ao efetuar essas substituições. Para atingir seus objetivos – neste caso, possibilitar uma representação tolhida pela censura – ele simplesmente percorre as vias que já encontra estabelecidas no inconsciente; e dá preferência às transformações do material recalcado que também se podem tornar conscientes sob a forma de chistes ou alusões, e de que se acham tão repletas as fantasias dos pacientes neuróticos. (p. 368, grifos meus)*

Freud acrescenta mais adiante:

> *Tudo leva à mesma conclusão, a saber, que* não há necessidade de se presumir a operação de qualquer atividade simbolizadora peculiar da mente no trabalho do sonho, *mas sim que os sonhos se servem de quaisquer simbolizações que já estejam presentes no pensamento inconsciente, por se ajustarem melhor aos requisitos da formação do sonho, em virtude de sua*

> *representabilidade, e também, em geral, por escaparem da censura. (p. 372, grifos meus)*

Nesse trecho, Freud esclarece definitivamente sua ideia de que não há qualquer atividade simbolizadora peculiar da mente durante os sonhos. Meltzer (1984), em *Vida onírica*, procurando entender essa posição de Freud, diz que aí se localiza, na verdade, um problema epistemológico, pois ele não podia conceber, pelo seu contexto histórico, uma atividade criativa durante o sono. Como se não lhe fosse possível imaginar, dadas as margens do pensamento filosófico da época, que a mente poderia ser criativa fora da vigília, embora tivesse descoberto a criatividade da mente fora da consciência. Penso que o trecho seguinte ilustra o que estou comentando:

> *Todos os atributos que tanto valorizamos em nossas cadeias de pensamento e que as caracterizam como realizações complexas de ordem superior são reencontrados nos pensamentos oníricos.* Não há, porém, necessidade de presumir que essa atividade de pensamento seja executada durante o sono, possibilidade esta que confundiria gravemente o que até aqui constituiu nosso quadro aceito do estado psíquico de sono *[estava referindo-se ao estado regressivo do sono]. Ao contrário, é bem possível que esses pensamentos se tenham originado no dia anterior, passado despercebidos por nossa consciência desde o início, e talvez já se tenham completado ao iniciar-se o sono. O máximo que podemos concluir daí é que isso prova que as mais complexas realizações do pensamento são possíveis sem a assistência da consciência . . . (Freud, 1900/1969, p. 631, grifos meus)*

Mesmo acreditando que não seriam simbolizações os processos de formação dos sonhos que estava estudando, Freud descobriu e descreveu atividades oníricas altamente criativas, que considerava meras atividades de disfarce e condensação. Ao estudar as condições de representabilidade nos sonhos, afirmou o seguinte:

> *Em alguns casos, esse tipo de mudança de expressão ajuda a condensação onírica ainda mais diretamente, descobrindo uma forma de palavras que, devido a sua ambiguidade, seja capaz de dar expressão a mais de um dos pensamentos do sonho. Dessa maneira, todo o campo do chiste verbal é posto à disposição do trabalho do sonho. Não há por que nos surpreendermos com o papel desempenhado pelas palavras na formação dos sonhos.* As palavras, por serem o ponto nodal de numerosas representações, *podem ser consideradas como predestinadas à ambiguidade; e as neuroses (por exemplo, na estruturação de obsessões e fobias), não menos do que os sonhos, servem-se à vontade das vantagens assim oferecidas pelas palavras para fins de condensação e disfarce" (p. 362, grifos meus)*

Ora, aqui Freud destaca o quanto as palavras, enquanto significantes, são carregadas de inúmeros significados, criando uma penumbra em torno de si. Essa ambiguidade das palavras permite que carreguem vários pensamentos condensados. Trata-se, em verdade, de um rico estudo de um tipo de simbolização – mesmo não tendo sido assim denominado –, que seria a transmutação de um tipo de linguagem em outro, estudada por Meltzer (1984) no capítulo sobre a questão da interpretação dos sonhos na prática clínica.

A grande preocupação de Freud era a seguinte: sendo os símbolos considerados elementos universais, unívocos, de significado constante, poderiam ser interpretados pelo analista diretamente, e não do modo como a boa técnica criada por ele preconizava, utilizando-se das associações do sonhador para entender o significado específico das substituições operadas na fabricação do sonho. Por isso queria diferenciar claramente o que chamava de representações substitutivas dos sonhos e de símbolos. E, coerente com isso, preconizava que, quando aparecessem os símbolos (no sentido restrito por ele considerado) nos sonhos, eles poderiam ser traduzidos diretamente, prescindindo das associações. Isso criava uma limitação técnica, pois achava que nem todos os psicanalistas tinham esse conhecimento dos símbolos. Alertava explicitamente para isso:

> *gostaria de externar uma advertência categórica contra a supervalorização da importância dos símbolos na interpretação dos sonhos, contra a restrição do trabalho de traduzir os sonhos a uma simples tradução de símbolos, e contra o abandono da técnica de utilização das associações do sonhador. As duas técnicas de interpretação dos sonhos devem ser complementares uma à outra; mas, tanto na prática como na teoria, o primeiro lugar continua a ser ocupado pelo processo que descrevi inicialmente e que atribui uma importância decisiva aos comentários feitos pelo sonhador, ao passo que a tradução de símbolos, tal como a expliquei, está também a nosso dispor como método auxiliar. (p. 383)*

Retoma essa preocupação em suas *Conferências introdutórias sobre psicanálise* de 1916, especialmente na Conferência X, sobre o "Simbolismo nos sonhos". Esse trabalho é considerado por Strachey o escrito mais importante sobre o simbolismo nos sonhos.

Inicia se referindo a elementos oníricos "mudos" em si mesmos, em relação aos quais o paciente não tem associações a trazer e que ele achava antes que se tratava de alguma falha técnica. Menciona alguns elementos simbólicos que sempre aparecem representando o mesmo nos sonhos e que ele, para elucidar essas situações, interpretava os elementos oníricos "mudos" (sem associações), com seus próprios recursos. Fazendo esse tipo de substituição, chegava ao sentido do sonho. Conseguiu assim inúmeras traduções uniformes para determinados elementos oníricos, da mesma forma que os livros populares de interpretações de sonhos. Diferencia essa técnica de interpretação, por meio da tradução dos símbolos, da *técnica associativa*. Apesar de parecer menos segura que a interpretação por associações, a experiência lhe mostrou que é útil e válida como elemento auxiliar.

Nesta conferência (Freud, 1916/1969), faz uma definição importante: chama de *relação simbólica* a associação *constante* entre um elemento onírico e a sua versão de uso comum. Seria o quarto tipo de relação do elemento onírico com a coisa "original" situada por trás deles. Os três tipos anteriores de relação seriam a da parte com o todo, a da alusão e a da representação plástica. A relação simbólica seria, portanto, um tipo muito específico de representação onírica.

Diz Freud:

> *o simbolismo é, talvez, o mais notável capítulo da teoria dos sonhos. Em primeiro lugar, como os símbolos são versões constantes, realizam até certo ponto o ideal da antiga, tanto como da popular, interpretação dos sonhos, do qual, com nossa técnica, nos afastamos muito. Permitem-nos em certas circunstâncias* interpretar um sonho sem fazer perguntas ao sonhador *que, de qualquer modo, realmente nada teria a nos dizer acerca do*

> *símbolo. Se estivermos familiarizados com os símbolos oníricos comuns, e, ademais disso, com a personalidade do sonhador, as circunstâncias em que ele vive e as impressões que precederam a ocorrência do sonho,* frequentemente estaremos em situação de interpretar um sonho com segurança – de traduzi-lo à vista, por assim dizer. *(p. 181, grifos meus)*

Penso que esse trecho ilustra toda a concepção de Freud a respeito do simbolismo onírico (versões constantes, não originais do sonhador e muito menos de um sonho particular) e sua preocupação em advertir para a semelhança com a interpretação de sonhos pré-psicanalítica. Em seguida, alerta também sobre como esse tipo de interpretação simbólica e não associativa do sonho pode causar uma impressão de virtuosismo à qual o analista deve resistir.

Freud, em sua genialidade, reconhecia que, mesmo que acreditasse que os símbolos tinham um significado universal e permanente, havia situações, determinados sonhos, em que eles deveriam ser entendidos num *sentido próprio e não simbolicamente*, ou seja, num novo sentido que não aquele universal; do mesmo modo que aceitava que em determinadas situações o sonhador não utilizava os símbolos universais para representar desejos reprimidos, mas qualquer outro elemento: "Muitas vezes, um símbolo tem de ser interpretado em seu sentido próprio, e não simbolicamente, ao passo que, em outras ocasiões, o sonhador pode tirar de suas lembranças particulares o poder de empregar como símbolos sexuais toda sorte de coisas que não são comumente empregadas como tal" (Freud, 1900/1969, p. 375). Ou seja, nessa passagem, ampliava seu conceito de símbolo e admitia que poderiam ser criados símbolos oníricos pessoais e idiossincráticos.

Laplanche (1980/1988) chama de "a simbólica" de Freud esse conjunto de símbolos fixos, universais, e diz que seria como uma linguagem herdada que transcende o indivíduo e também a cultura, um léxico universal, que aparece nos sonhos, mas também na cultura de diversas formas. Freud se preocupava com ela pois a interpretação dos sonhos por meio do simbolismo típico, como já mencionado, prescindia das associações livres e da biografia do sonhador, podendo ser decifrado somente pelo conhecimento do significado do símbolo. Como esse tipo de procedimento se confundia com as traduções oníricas de almanaque, preocupava-se que ameaçasse o método psicanalítico. E também, preocupado com alguns exageros de Stekel, Freud não queria aceitar totalmente a ambivalência do símbolo preconizada por ele. Não se desprendeu do caráter analógico do símbolo e queria colocar alguns limites à significação deste: *não se pode fazer com que qualquer coisa signifique qualquer coisa.*

Então, para Freud, o símbolo, além do seu caráter universal, coletivo, implica haver um poder interno de representação. Criará uma simbólica em que encontraremos relações biunívocas entre símbolos e simbolizados, sustentadas pela "semelhança", por uma relação "natural" entre eles. Pensará que "a imaginação não admite qualquer coisa, e um objeto sólido e comprido não pode ser um símbolo feminino, pelo fato que sua própria forma impõe limites à imaginação" (Laplanche, 1980/1988, p.246).

Jones, em seu clássico trabalho "A teoria do simbolismo", de 1916, dará consistência a essa concepção de simbolismo e estabelecerá um marco conceitual que influencia as concepções psicanalíticas por muitas décadas, mantendo-se, até hoje, a pertinência de muitas afirmações ali contidas. Inicia reunindo o que seriam as características gerais do simbolismo, para depois definir o que seria o verdadeiro simbolismo psicanalítico. Ele afirma: "a tese que nos propomos a demonstrar aqui é o verdadeiro simbolismo, no sentido restrito do termo, que deve ser distinguido de outras formas de representação indireta" (Jones, 1916/1925, p. 209). Então, o *verdadeiro simbolismo*, no sentido psicanalítico restrito, seria:

- **Representação de elementos psíquicos inconscientes:** é isso que o distingue de outras representações indiretas da mente; o processo de simbolização ocorre fora da mente, logo, o indivíduo não percebe o símbolo que está usando.
- **Significação invariável:** apesar de defender essa proposição, Jones acha que se deve atenuar um pouco essa afirmação – podem existir algumas variações, porém pequenas, muito limitadas, de acordo com a classe social ou cultural do indivíduo. Deixa implícito que é o indivíduo que se serve do símbolo que já existe pronto na cultura, sendo que o faz de modo inconsciente. Este é formado na cultura por uma sucessão de transformações realizadas ao longo do tempo e de variações culturais e linguísticas.
- **Independência em relação a fatores individuais:** atenua um pouco também essa característica, dizendo que não é completamente independente do indivíduo, mas *não é dependente do indivíduo*, ou seja, não está condicionado apenas pelos fatores individuais. A liberdade do indivíduo na criação do símbolo é restrita. Diz então, citando Freud, que "o indivíduo não pode escolher a ideia que será simbolizada, mas pode escolher, dentre os diversos símbolos possíveis, aquele que servirá para representar essa ideia (Freud, 1900/1969). O que não lhe é possível é dar um outro significado a um determinado símbolo corrente; ele pode escolher símbolos ou até criar um novo, mas todos que se servirão dele o utilizarão como o mesmo sentido" (Jones, 1916, p. 218).
- **Possui um sentido genético:** o simbolismo provém do funcionamento mental primitivo que tende a comparar

duas ideias. Mesmo no adulto, presume que é o "estado de espírito infantil primitivo", que persiste no inconsciente por toda a vida, que tende a fazer essas comparações que residem na base de toda metáfora e de toda simbolização. Esse funcionamento mental primitivo que se encontra nas crianças, nos selvagens e durante o sono identifica diferentes objetos, funde diferentes ideias, registra as semelhanças, e não as diferenças. Seriam os atributos mais fundamentais e primitivos da mente.

- **Possui conexões linguísticas:** o estudo da linguística e da semântica mostra como, em sua origem, determinadas palavras se ligavam com significados que carregam consigo.
- **Paralelos filogenéticos:** impressiona a ubiquidade dos mesmos símbolos em inúmeras culturas, em diferentes geografias e momentos históricos.

Jones afirmará ainda que o número de símbolos é relativamente alto, talvez na ordem dos milhares, mas as ideias simbolizadas são poucas: o corpo, o amor, o ódio, as relações com os parentes mais imediatos, o nascimento e a morte.

Quanto à gênese do simbolismo, o autor acredita, como foi assinalado, que ele provém do funcionamento mental primitivo que tende a comparar duas ideias. Entretanto, Jones acha esse fator da *insuficiência mental* o menos importante na gênese dos símbolos e o mais estático. Acredita que os fatores ligados ao princípio do prazer/desprazer e ao princípio da realidade são mais explicativos: a mente primitiva ignora as diferenças pois isso gera desprazer, enquanto igualar, sentir algo como sendo já conhecido, gera prazer. É a função de identificação (já descrita em 1913 por Ferenczi, que a seguir veremos) que forma *a base do simbolismo* e o adulto, quando sua força de adaptação sofre alguma diminuição, retorna a seus velhos "jogos infantis" esquecidos há muito. Acredita que toda criança recria ontogeneticamente os passos da civilização, derivando progressivamente a energia sexual em finalidades não sexuais, por meio da sublimação descrita por Freud.

Outro conceito interessante de Jones, mencionado nesse trabalho de 1916, é a ideia de equivalências simbólicas, que será, no meu entender, junto com o conceito de *identificação* de Ferenczi (1913/1992), o precursor do conceito de *equação simbólica* criado por Segal em 1957. Diz Jones que B é o *equivalente simbólico* de A, caso possa ser identificado com A e receba dele a sua significação. Ele ainda não é símbolo de A. Só será quando puder substituir integralmente A, num contexto em que A deveria aparecer. Em sua teoria, a principal condição necessária para que B simbolize A é que o último sofra uma *inibição afetiva.* A inibição afetiva poderá ter várias gradações, que determinarão o tipo de simbolismo em questão: quando a inibição está em seu grau máximo, estaremos frente à forma de simbolismo mais típica: "proponho reservar o nome 'simbolismo' apenas a essa forma típica por excelência" (p. 271).

O interessante é que Jones, mesmo que defina o símbolo psicanalítico no sentido restrito, deixa em aberto a possibilidade de pensar a simbolização como um fenômeno mais ubíquo, individual e onipresente nas formações substitutivas inconscientes em geral. Diz ele que, quando ocorre a repressão de alguma *tendência afetiva*, ela resulta seguidamente numa formação de compromisso na qual se acham fusionadas tanto as tendências reprimidas quanto as repressivas. O resultado dessa fusão se manifesta pelo produto de uma substituição.

Jones (1916/1925), então, define os símbolos psicanalíticos como outras formações de compromisso que envolvem elementos conscientes e inconscientes e portanto têm papel importante em certos sintomas neuróticos.

O curioso dessa ideia é que, pela afirmação inicial, eu pensaria que finalmente Jones define o simbolismo como ocorrendo *na* formação de todo sintoma neurótico. Entretanto, quando afirma que é apenas em *um certo número de sintomas neuróticos*, ele retoma a ideia de que o simbolismo é algo muito específico, restrito, que só ocorre em situações especiais. Talvez, na verdade, estejamos aqui a meio caminho entre a *simbólica* (Laplanche, 1997/1982) de Freud e uma concepção mais extensiva do simbolismo. No entanto, simultaneamente Jones no mesmo trabalho afirma que tudo que é reprimido é simbolizado e que apenas o reprimido precisa ser simbolizado, evidenciando que na realidade todo o sintoma neurótico é simbolizado e não apenas alguns.

Como síntese, poderíamos dizer que, apesar de os pioneiros da psicanálise utilizarem o conceito de símbolo no sentido restrito, não deixaram de descrever inúmeras relações de representação mental que hoje consideramos relações simbólicas. Embora houvesse um certo "engessamento" no uso do conceito, intuíam que o fenômeno da simbolização era mais onipresente que o uso restrito que faziam do conceito.

Já podemos ir adiantando, à guisa de conclusão desta seção, que, sem dúvida, e em concordância com os pioneiros, a simbolização de elementos reprimidos gera um tipo de simbolismo; outra conclusão, no mesmo sentido, é que a simbolização, no sentido psicanalítico, ocorre inconscientemente. Outra concepção de simbolização que discutirei posteriormente é a de Bion (1962a/1988, 1962b/1991), a qual ocorre na formação do mental, daquilo que pertence ao domínio do psíquico, passível de ser pensado, que *permite* a existência da repressão, e que Freud denominava diferentemente (associação de registros mnêmicos, formações substitutivas etc.). Outra diferença é que esse tipo de simbolização descrito por Bion na sua teoria da função alfa – a transformação de elementos não psíquicos em psíquicos – não ocorre apenas na gênese do inconsciente, mas faz parte da vida onírica diuturna, expandindo o inconsciente infinitamente (Rezende, 1994).

Freud: pensamentos, sintomas e simbolizações

Discuti no início deste capítulo a conceituação de símbolo, simbolismo e simbolização no início dos desenvolvimentos teóricos da psicanálise. Quero me dedicar agora a discutir as primeiras conceituações a respeito da construção do aparelho psíquico, bem como as transformações que nele ocorrem, seja para dar origem aos pensamentos inconscientes e conscientes ou aos sintomas, pois estes são, em última análise, transformações simbólicas. Não podendo fazer uma revisão de todos os trabalhos de Freud em que há essas ocorrências, escolhi alguns que me parecem ser ilustrativos.

No capítulo VII da *A interpretação dos sonhos* (1900/1969), enuncia um modelo do aparelho mental que manterá, salvo algumas modificações, por boa parte de sua obra e que, como veremos, servirá de base para a criação de modelos muito contemporâneos sobre a origem do pensar, como o de Bion. O modelo é o seguinte: o sistema perceptivo (*pcpt*) é bombardeado por percepções sensoriais na parte frontal e não tem memória para eles. Atrás dele há um segundo sistema, o mnêmico (*mnem*), que *transforma* (há uma primeira transformação) as excitações momentâneas do primeiro sistema em traços permanentes. E ressalta que aquilo que é retido é mais do que o simples conteúdo da percepção, indicando que já se agrega algum sentido ao que foi retido. Essas percepções serão registradas em vários sistemas mnêmicos simultaneamente, que manteriam associações entre si. As associações se realizam então no sistema *mnem*.

Essas lembranças são inconscientes e agem desde aí. Teríamos assim a origem do pensar inconsciente, que seriam as relações, as ligações, que se criam entre os vários registros mnêmicos das impressões sensoriais. O caráter será moldado nos traços mnêmicos dessas impressões da primeira infância, que causaram maior efeito sobre nós e que nunca se tornam conscientes, considerando todas as reorganizações ou reinscrições (Laplanche, 1997/1982) que poderão ser feitas *a posteriori*.

As lembranças que se tornam conscientes por sua associação a resíduos verbais (Freud, 1911/1969) retornam sem nenhuma qualidade sensorial, ou talvez mínima. É brilhante o modelo que cria, pois esses vários registros mnêmicos das experiências sensoriais se articulam com pontos de vista mais atuais, como os de Bion (1957/1988, 1962a/1988, 1962b/1991) e Stern (1988).

Bion, a partir de outro referencial, mas se referindo a eventos similares, eu penso, detalhou que essas primeiras transformações de elementos puramente sensoriais em registros mentais armazenáveis, já com significado emocional, seriam consequência da ação da função alfa, que resultaria nos elementos alfa. De seu lado, Stern menciona os "aglomerados", que seriam o registro na mente de experiências repetitivas com uma qualidade afetiva específica. Seriam registros pré-verbais, com um significado afetivo predominante. Esses registros seriam os precipitados das primeiras experiências vividas pelo bebê.

Em *O ego e o id* (1923/1969), Freud retoma o modelo citado de criação do pensar e afirma que o pensar consciente se origina das relações entre os registros mnêmicos e de sua ligação às apresentações de palavra. Mas, destaca que é possível o pensar consciente sem a ligação a apresentações de palavra, por meio uma reversão a registros visuais, que seria o pensar em imagens. Contudo, esse seria um pensamento primitivo, mais próximo dos processos inconscientes que o pensar em palavras.

Outra contribuição importante em relação ao pensamento nesse mesmo trabalho se encontra no capítulo em que estuda o papel das pulsões de vida e de morte no novo modelo da mente que introduz nesse momento histórico. Conceitua que libido dessexualizada deslocada para o ego é energia *sublimada* e, considerando a função de *ligação* e *união* da pulsão de vida, diz que essa energia ajuda a manter a unidade do ego. Comenta que se o pensar, como atividade do ego, inclui-se entre essas sublimações, então o pensar também é suprido pela pulsão de vida. Isso é da maior importância, pois evidencia a clareza que tinha de que o processo de pensar ocorre pela *ligação* que ocorre entre os elementos mentais, criando-se aí uma ponte para o que será descrito posteriormente por Bion (1957/1988): que quando predomina o oposto, a ação da pulsão de morte, ocorrerá um ataque aos elos de *ligação*, e uma impossibilidade de pensar.

Freud enriquece seu modelo mais adiante e talvez seja interessante destacar que em um de seus mais importantes trabalhos sobre a gênese do pensar, *Formulações sobre os dois princípios do funcionamento mental* (1911/1969) - que servirá como outro ponto de partida de Bion (1962a/1988) na criação de sua teoria sobre o pensar –, não consta a palavra "símbolo". Nesse trabalho, Freud descreve magistralmente a passagem do princípio do prazer ao princípio da realidade, ou, se preferirmos, do funcionamento mental visando ao alívio imediato das tensões por meio da descarga motora àquele em que o pensar se interpõe, permitindo uma maior tolerância à tensão por se constituir num tipo especial de ação. É o mesmo tipo de interposição que Cassirer (1941/1997) - muito provavelmente influenciado pelo próprio Freud - designará como característica da função simbólica que se interpõe entre o estímulo sensorial e a resposta motora.

A seguir, Freud (1911/1969) descreve sua ideia da evolução do pensamento, dizendo que ele só se torna perceptível à consciência após se ligar a resíduos verbais. A evolução que traça, já descrita anteriormente, parece ser a seguinte: a partir das percepções sensoriais, criam-se representações múltiplas, registros mnêmicos (que seriam pré-simbólicos, simples "notações" da realidade); a partir daí, seriam criadas relações entre apresentações de objeto significativas, dando origem ao pensar inconsciente, primitivo; só então, a partir da ligação a resíduos verbais, haveria a possibilidade do pensar consciente.

Em seu trabalho "O inconsciente" (1915a/1969), considerado por Strachey o artigo metapsicológico mais importante de Freud, faz importantes considerações sobre o aparelho psíquico, sua formação e sua dinâmica interna. Detalha o modo como se registram as experiências na mente e como são transformadas de um registro em outro, ou como adquirem qualidades simbólicas ou retranscrições simbólicas. Estuda o que são as *apresentações de coisa e de palavra* e suas implicações para a formação do inconsciente e da mente em geral. Freud comenta que:

Freud em *O Inconsciente tem insights geniais*, pois mostra que a palavra vai muito além de dar um nome à imagem sensorial, ela apreende a qualidade das *relações* entre as apresentações de objeto. Numa linguagem mais atual, eu diria que Freud havia se dado conta de que é nas associações *entre* apresentações de objeto que se localizava o significado emocional da experiência e acreditava que, para ser conscientizado, precisava ser transformado (simbolizado, eu diria), se não ficava em estado bruto na mente. Ele atribuía à palavra essa capacidade, o que fica ainda mais claro em seu clássico trabalho sobre afasia de 1891, quando diz que o *significado* (simbólico, eu também diria) é adquirido pela associação da apresentação de palavra com a apresentação de coisa correspondente e a *afasia assimbólica* resultaria da perda da ligação entre as apresentações de coisa e de palavra. Então, mesmo tendo descrito as inúmeras relações, associações, retranscrições, entre os vários conteúdos do psíquico, considerava que a simbolização apenas ocorria quando as apresentações de coisa se ligavam às apresentações de palavra, embora não chamasse o processo explicitamente de simbolização, como já foi descrito anteriormente.

Mesmo após descrever a sua segunda tópica, em 1923 e posteriormente (Freud, 1926/1969, 1938/1969), mantém sua ideia geral a respeito dos primeiros registros sensoriais, de seus armazenamentos na memória e sua ligação à palavra para ter acesso à consciência. Apenas situa esses processos nas novas instâncias descritas, ou, mais precisamente, no ego, agora descrito na sua atividade inconsciente e consciente.

Dedico algumas palavras, agora, à sublimação, considerada uma forma mais elevada de pensamento, e à simbolização. Embora o termo "sublimação" seja conceituado de modos distintos em passagens diferentes de sua obra, no primoroso estudo a propósito de Leonardo Da Vinci, Freud (1910/1969) organiza de um modo bastante completo suas ideias a esse respeito. Dirá que a sublimação é a capacidade da pulsão sexual de transformar seus objetivos imediatos em outros desprovidos de caráter sexual e que possam ser altamente valorizados.

Estudando a capacidade de pesquisa, a curiosidade científica, comenta que ela será possível de acordo com a "solução" dada à curiosidade sexual infantil, em última análise, às pulsões sexuais. Nesse sentido, diz que o *impulso à pesquisa* poderá ter três destinos. No primeiro caso, tem o mesmo destino da sexualidade infantil: sucumbe à repressão, a curiosidade fica inibida e a capacidade intelectual, comprometida pelo resto da vida; essa é uma inibição neurótica. No segundo caso, o desenvolvimento intelectual é "suficientemente forte para resistir à repressão sexual que o domina" (p. 74) e, um tempo depois de cessadas as pesquisas sexuais infantis, a inteligência, por sua própria força, retoma a associação entre pesquisa e sexualidade, ajuda a evitar a repressão e retoma as antigas atividades de pesquisa sob a forma, agora, de uma *curiosidade de pesquisa compulsiva*, erotizando o pensamento. Será um pensamento não livre, sexualizado e exposto ao prazer e à ansiedade próprios da sexualidade, caracterizando um pensamento neurótico compulsivo. O terceiro destino é mais raro e mais perfeito, segundo Freud, pois, escapa tanto à inibição quanto à compulsão neurótica. Freud diz que

> *é verdade que nele também existe a repressão sexual, mas ela não consegue relegar para o inconsciente nenhum componente instintivo do desejo sexual. Em vez disso, a libido escapa ao destino da repressão sendo sublimada desde o começo em curiosidade e ligando-se ao poderoso instinto de pesquisa como forma de se fortalecer (p. 74).*

Nesse caso, pela ocorrência da sublimação, em vez de retornar ao inconsciente, a pulsão poderá agir mais livremente a serviço da atividade intelectual, sem ligação à original pesquisa sexual infantil. A repressão ainda auxilia por afastar qualquer vinculação a temas sexuais. Ou seja, nessa definição, a sublimação está diretamente ligada aos destinos da sexualidade infantil, sua repressão e/ou sublimação, e pressupõe um estágio posterior do desenvolvimento.

Já em *O ego e o id* (1923/1969), Freud dará uma conceituação mais genérica de sublimação. Ao estudar a transformação da catexia erótica objetal abandonada em alterações do ego por meio da identificação com o objeto, comenta que há uma transformação de libido objetal em libido narcísica. Diz que essa transformação implica uma dessexualização, constituindo-se numa "espécie de sublimação" (p. 44), uma vez que, após a transformação e a dessexualização, é conferido a essa energia outro destino, não sexual, qual seja, o fortalecimento do próprio ego e de suas funções. Essa forma mais genérica de compreender a sublimação, vinculando-a aos destinos da pulsão libidinal de qualquer relação de objeto abandonada, penso que estará mais vinculada à forma como Ferenczi e Klein se referirão a ela, ou seja, sublimações podendo ocorrer desde o início do desenvolvimento libidinal.

De qualquer maneira, mesmo que a sublimação seja entendida como uma energia dessexualizada colocada a serviço do desenvolvimento das funções do ego, em geral, e do pensamento, em particular, não chega a ser conceituado que transformações simbólicas ocorrem nesse trajeto; ou melhor, que a sublimação ocorre justamente pela possibilidade de sucessivas transformações simbólicas em que o produto final guarda pouca relação com sua origem. Segal (1991/1993) lembra, inclusive, que Jones (1916/1925) diferenciará simbolização de sublimação, estreitando ainda mais o conceito de simbolização.

Quanto à formação dos sintomas, teremos algumas contribuições interessantes a partir do conceito implícito de simbolização em Freud. Com isso quero enfatizar novamente que Freud não explicitou que estava estudando a simbolização, é uma "garimpagem" que estou fazendo. No início de sua produção científica, em seu clássico "Projeto para uma psicologia científica", de 1895, ainda não tão rigoroso em sua utilização restrita do conceito de símbolo, refere-se extensivamente à participação da simbolização na compreensão do que chama de "obsessão histérica". Diz ele textualmente:

> *Antes da análise, A é uma ideia excessivamente intensa que irrompe na consciência com demasiada frequência, provocando a cada vez o pranto. A pessoa não sabe por que chora diante de A; acha absurdo, mas não consegue*

> *evitar. Depois da análise, descobriu-se que existe uma ideia B que, com toda a razão, é motivo de pranto, e que com toda a razão se repete frequentemente enquanto a pessoa não pratica contra ela uma determinada ação psíquica bastante complicada. O efeito de B não é absurdo; é inteligível para a pessoa e pode até ser combatido por ela. B mantém uma relação particular com A. Pois houve uma ocorrência que consistiu de B + A. A foi uma circunstância incidental; B foi apropriado para produzir um efeito duradouro. A reprodução desse evento na memória tomou agora uma forma de tipo tal que é como se A tomasse o lugar de B.* A tornou-se um substituto, um símbolo de B. *Daí a incongruidade: A é acompanhado de consequências que não parecem adequadas, que não se enquadram nele. (p. 459, grifos meus)*

Laplanche (1981/1992) nos diz que aí temos uma descrição de Freud da formação de um símbolo. Houve, segundo ele, uma relação de contiguidade entre A e B, sob forma de uma metonímia, sendo A um detalhe, ou uma parte, que representa B. Esse último, B, fica reprimido, sendo transferido para A o afeto que a ele estava ligado. Freud (1895/1969) acrescenta logo adiante que "a formação de símbolos também ocorre normalmente (fora dos quadros neuróticos). Um soldado é capaz de se sacrificar por um farrapo multicor preso a um mastro, porque isso se transformou para ele no símbolo de sua pátria, e ninguém considera isso neurótico" (p. 459). A diferença entre a simbolização no neurótico e na pessoa não neurótica seria que no primeiro o que é simbolizado fica reprimido, enquanto na normalidade, não. Laplanche (1981/1992), utilizando-se do exemplo de Freud, do cavalheiro que luta para obter a luva de uma dama, diz que, caso o cavalheiro reprimisse a ideia de que a luva representa a dama e perdesse de vista por que luta, ele no máximo se tornaria um colecionador de luvas, sem possibilidade de aproximar-se de sua amada...

Não é demais destacar novamente que aqui Freud se utiliza do termo "símbolo" numa acepção mais ampla do que utilizará posteriormente, quando a restringiu aos símbolos de sentido fixo e universal. Outro aspecto interessante para o qual Laplanche (1981/1992) chama atenção é que aqui Freud relaciona explicitamente o deslocamento (do afeto de B para A, ou de uma representação a outra) com a simbolização.

Uma conclusão de Laplanche (1980/1988, 1981/1992), que a mim parece muito interessante, é que nesse ponto chegamos ao conceito de simbolização em Freud, mesmo que não lhe fosse dada essa designação depois de 1895. Haveria uma simbolização quando um afeto, *desligado* de sua representação original pelo processo de repressão, fosse *ligado* a uma nova representação. Simbolizar seria "*ligar*, reter – e, evidentemente, controlar – o afeto puro, para impedir que surja de forma não especificada, não ligada, isto é, sob forma de angústia" (Laplanche, 1981/1992, p. 88, grifo meu).

Laplanche (1980/1988), partindo dessa conceituação da formação dos símbolos do "Projeto..." e da primeira teoria da ansiedade de Freud, ou seja, que a ansiedade decorre da liberação do afeto que se encontrava ligado à representação reprimida, tira conclusões muito interessantes a respeito do que seriam as simbolizações para Freud. Partindo da ideia básica de que simbolizar é juntar, unir, ele pergunta: o que junta a simbolização? Uma resposta é que a simbolização junta duas representações. Ela substitui uma representação pela outra, por exemplo, a série de equivalências entre as representações de fezes, pênis, bebês, ou o estudo da evolução das situações de perigo que faz em *Inibições, sintomas e ansiedade* (1926), em que traça uma linha evolutiva da ansiedade ligada à separação da mãe/perda do pênis/perda do amor do superego.

Outra resposta é que a simbolização junta um afeto e uma representação. Desde cedo, Freud descobriu que o afeto é flutuante, circulando entre uma representação e outra. Essa é a energia livre. A energia ligada é a que se ligou de maneira fixa a uma representação, sendo as fobias o exemplo clássico (o medo de Hans se liga à representação do cavalo). "O afeto é transposto, deslocado, de uma representação inconsciente para uma consciente, logo, temos uma simbolização" (Laplanche, 1980/1988, p. 275).

Estas são as funções da simbolização no paradigma freudiano, então: a substituição de uma representação por outra (pai pelo cavalo no caso do Pequeno Hans) e a "ligação" do afeto que ficou liberado pela repressão da representação à qual ele estava ligado a uma outra representação, a fim de evitar a angústia. Nesse sentido, uma simbolização permite uma nova organização psíquica, na medida em que surge como tentativa de ligar, dominar, uma energia livre e indiferenciada, gerada depois da autonomia adquirida em relação à sua representação original que foi reprimida. "É o afeto que é o objeto da simbolização" (Laplanche, 1980/1988, p. 281). O afeto vem sempre do "desmanche" de uma rede simbólica anterior. "A angústia, que é o protótipo do não-simbolizado em estado bruto, seria sempre do dessimbolizado em relação a uma simbolização anterior" (Laplanche, 1980/1988, p. 281). Como veremos posteriormente, esse ponto de vista está em perfeita harmonia com posicionamentos posteriores, por exemplo o de Bion (1962b/1991), que afirma que a impossibilidade de representação simbólica das experiências emocionais implica uma descarga bruta dos afetos: ou como ansiedade, como dizia Freud, ou como somatizações, ou como atuações, como dirá Bion.

E como fica a situação depois que Freud, em *Inibições...* (1926/1969), modifica sua teoria da ansiedade? Laplanche (1980/1988) acha que a teorização de *Inibições...* – de que é a ansiedade que produz a repressão, e não a repressão que produz a ansiedade – seria um retrocesso em relação à primeira teoria na medida em que valoriza demasiadamente o perigo real, externo, de castração, e não a ameaça que vem do pulsional, do afeto liberado de sua representação.

Freud (1926/1969) inicia diferenciando sintomas de inibições, descrevendo as inúmeras inibições possíveis como um prejuízo a funções do ego que se tornaram erotizadas. "Descobriu-se como ato geral que a função do ego de um órgão fica prejudicada se a sua erotogeneidade – *sua significação sexual* – for aumentada" (p. 110, grifos meus). Aqui, evidentemente, fala que uma atividade não sexual significa, simboliza, uma de caráter sexual que é inibida pelo que significa simbolicamente. Será quase inevitável que, nesse trabalho, venha a utilizar a palavra "símbolo", que vinha reservando para a outra conceituação. A seguir diz isso inequivocamente:

> *Logo que o escrever, que faz com que um líquido flua de um tubo para um pedaço de papel branco, assume o significado da copulação, ou logo que* o andar se torna um substituto simbólico *do pisotear o corpo da mãe terra, tanto o escrever como o andar são paralisados porque representam a realização de um ato sexual proibido.* O ego renuncia a essas funções, *que se acham dentro de sua esfera, a fim de não ter de adotar novas medidas de repressão – a fim de evitar entrar em conflito com o id. (p. 110, grifos meus)*

Daí em diante, em vários pontos do trabalho, falará desse tipo de representação simbólica, em que uma pulsão ou conflito reprimido será simbolicamente substituído por uma atividade do ego e, por isso, poderá resultar numa inibição. O mesmo ocorre ao falar dos sintomas: "Um sintoma é um sinal e um substituto de uma satisfação instintual que permaneceu em estado jacente; é uma consequência do processo de repressão" (p. 112).

Em sua teorização sobre a origem da ansiedade, remontará a um conceito que havia criado em "As neuropsicoses de defesa" (1894/1969) e depois abandonado, dizendo: "os estados afetivos têm-se incorporado na mente como precipitados de experiências traumáticas primevas, e quando ocorre uma situação semelhante são revividos como *símbolos mnêmicos*" (Freud, 1926/1969, p. 114). Ou seja, a ansiedade vivida em situações traumáticas fica registrada na mente por meio de símbolos afetivos. Aqui supõe que estados afetivos são inscritos na memória inconsciente como símbolos de determinadas experiências primitivas e que em situações semelhantes são reativados, liberados sob a forma de ansiedade. Ainda remete essas formações simbólicas a situações primitivas, como resquícios de tempos primevos, mas pode-se supor que num indivíduo esses símbolos mnêmicos também sejam criados em experiências traumáticas. Tanto é assim que traça um paralelo com os ataques histéricos.

O importante dessa mudança na teoria da ansiedade é que ela passa a ser concebida como desencadeada não apenas pela explicação econômica do represamento, mas por relações simbólicas de significação: porque isso (A) representa aquilo (B), o ego emite um sinal de ansiedade". Parece-me que essa teoria da ansiedade, por levar mais em conta os aspectos simbólicos envolvidos no desencadeamento da ansiedade, é mais humana, menos físico-energética e, portanto, mecanicista que a anterior.

Dando o exemplo do Pequeno Hans, mostra como o cavalo substituía o pai: desejara que o pai caísse e se ferisse, logo, temia ser atacado por ele. Explica que Hans fizera um deslocamento ao cavalo de seus sentimentos pelo pai. Fez esse deslocamento por ter a capacidade simbólica de simbolizar no cavalo a figura do pai, ou seja, houve a troca de uma representação por outra. Subjacente ao mecanismo de deslocamento está a capacidade simbólica. A essa representação simbólica, Freud dá o nome de "objeto substituto". O símbolo não deixa de ser um objeto substituto de algo.

Em todos os exemplos clínicos mencionados em *Inibições...* (Pequeno Hans, Homem dos Lobos, o jovem americano), sua compreensão da dinâmica de formação do sintoma denota uma visão mais "simbólica" do sintoma neurótico: os sintomas não são mais entendidos sob a ótica econômica preponderante anteriormente, mas compreendidos à luz de sua rede de significações simbólicas. O jovem americano, ao ler uma história, identifica-se com o personagem a ser comido (o que era feito de especiarias) e identifica seu pai no chefe árabe que queria comê-lo.

A frase "foi a ansiedade que produziu a repressão e não, como eu anteriormente acreditava, a repressão que produziu a ansiedade" (Freud, 1926/1969, p. 131) é genial não só por admitir de modo tão transparente a autocrítica, mas também por esclarecer que são os afetos (a ansiedade), reativados pelo significado simbólico da situação, que dão origem às defesas.

Quando descreve a neurose obsessiva, menciona um "simbolismo motor", que é um ato com uma significação simbólica inconsciente cuja finalidade é a anulação de um ato anterior.

> *O ponto de vista que numa fobia o ego é capaz de fugir à ansiedade por meio de evitação ou de sintomas inibitórios ajusta-se muito bem à teoria de que a ansiedade é apenas um sinal afetivo e de que não ocorreu nenhuma alteração na situação econômica. (p. 149)*

O interessante dessa passagem é que exclui, definitivamente, qualquer alteração econômica na geração da ansiedade, reduzindo-a exclusivamente a um sinal afetivo gerado por um símbolo mnêmico.

Assim, parece-me que Freud, embora mantivesse conceitualmente a definição restrita de simbolismo que já referi repetidamente, implicitamente operava, em muitos momentos de sua obra, com a ideia de que a simbolização, pessoal, idiossincrática, altamente variável de um indivíduo a outro, precisava ser elucidada para se compreender a formação dos sintomas e do funcionamento mental em geral.

Referências

Bion, W. R. (1988). Diferenciação entre a personalidade psicótica e não-psicótica. In W. R. Bion, *Estudos psicanalíticos revisados*. Rio de Janeiro: Imago. (Publicado originalmente em 1957)

Bion, W. R. (1988). Uma teoria sobre o processo de pensar. In W. R. Bion, *Estudos psicanalíticos revisados*. Rio de Janeiro: Imago. (Publicado originalmente em 1962a)

Bion, W. R. (1991). *Aprendiendo de la experiencia*. Ciudad de México: Paidós. (Publicado originalmente em 1962b)

Cassirer, E. (1997). *Ensaio sobre o homem: Introdução a uma filosofia da cultura humana*. São Paulo: Martins Fontes. (Publicado originalmente em 1944)

Ferenczi, S. (1922). Ontogênese dos símbolos. In S. Ferenczi, *Obras Completas* (Vol. 2). São Paulo: Martins Fontes. (Publicado originalmente em 1913)

Freud, S. (1969). Sobre a concepção das afasias: Um estudo crítico. In: S. Freud, *Edição standard brasileira das obras psicológicas completas de Sigmund Freud* (Vol. III). Rio de Janeiro: Imago, 1969. (Publicado originalmente em 1891)

Freud, S. (1969). As neuropsicoses de defesa. In S. Freud, *Edição standard brasileira das obras psicológicas completas de Sigmund Freud* (Vol. XII). Rio de Janeiro: Imago. (Publicado originalmente em 1894)

Freud, S. (1969). Projeto para uma psicologia científica. In S. Freud, *Edição standard brasileira das obras psicológicas completas de Sigmund Freud* (Vol. I). Rio de Janeiro: Imago. (Publicado originalmente em 1895)

Freud, S. (1969). A interpretação dos sonhos. In S. Freud, *Edição standard brasileira das obras psicológicas completas de Sigmund Freud* (Vol. IV). Rio de Janeiro: Imago. (Publicado originalmente em 1900)

Freud, S. (1969). Sobre os sonhos. In S. Freud, *Edição standard brasileira das obras psicológicas completas de Sigmund Freud* (Vol. V). Rio de Janeiro: Imago. (Publicado originalmente em 1901)

Freud, S. (1969). Leonardo Da Vinci e uma lembrança de sua infância. In S. Freud, *Edição standard brasileira das obras psicológicas completas de Sigmund Freud* (Vol. XI). Rio de Janeiro: Imago. (Publicado originalmente em 1910)

Freud, S. (1969). Formulações sobre os dois princípios do funcionamento mental. In S. Freud, *Edição standard brasileira das obras psicológicas completas de Sigmund Freud* (Vol. XII). Rio de Janeiro: Imago. (Publicado originalmente em 1911)

Freud, S. (1969). Sobre o narcisismo: uma introdução. In S. Freud, *Edição standard brasileira das obras psicológicas completas de Sigmund Freud* (Vol. XIV). Rio de Janeiro: Imago. (Publicado originalmente em 1914)

Freud, S. (1969). O inconsciente. In S. Freud, *Edição standard brasileira das obras psicológicas completas de Sigmund Freud* (Vol. XIV). Rio de Janeiro: Imago. (Publicado originalmente em 1915a)

Freud, S. (1969). Suplemento metapsicológico à teoria dos sonhos. In S. Freud, *Edição standard brasileira das obras psicológicas completas de Sigmund Freud* (Vol. XIV). Rio de Janeiro: Imago. (Publicado originalmente em 1915b)

Freud, S. (1969). Conferências introdutórias sobre psicanálise. In S. Freud, *Edição standard brasileira das obras psicológicas completas de Sigmund Freud* (Vol. XV). Rio de Janeiro: Imago. (Publicado originalmente em 1916)

Freud, S. (1969). O Ego e o id. In S. Freud, *Edição standard brasileira das obras psicológicas completas de Sigmund Freud* (Vol. XIX). Rio de Janeiro: Imago. (Publicado originalmente em 1923)

Freud, S. (1969). Inibições, sintomas e ansiedade. In S. Freud, *Edição standard brasileira das obras psicológicas completas de Sigmund Freud* (Vol. XX). Rio de Janeiro: Imago. (Publicado originalmente em 1926)

Freud, S. (1969). Esboço de psicanálise. In S. Freud, *Edição standard brasileira das obras psicológicas completas de Sigmund Freud* (Vol. XXIII). Rio de Janeiro: Imago. (Publicado originalmente em 1938)

Green, A. (1994). El analista, la simbolización, y la ausencia en el encuadre analítico. In A. Green, *De locuras privadas*. Buenos Aires: Amorrortu. (Publicado originalmente em 1975)

Jones, E. (1925). La théorie du symbolisme. In E. Jones, *Traité theorique et pratique de psychanalyse*. Paris: Payot. (Publicado originalmente em 1916)

Laplanche, J. (1988). *Problemáticas II: Castração, simbolizações*. São Paulo: Martins Fontes. (Publicado originalmente em 1980)

Laplanche, J. (1992). *Problemáticas IV: O inconsciente e o id*. São Paulo: Martins Fontes. (Publicado originalmente em 1981)

Laplanche, J., & Pontalis, J.-B. (1997) *Vocabulário de psicanálise*. (Daniel Lagache, Dir.). São Paulo: Martins Fontes. (Publicado originalmente em 1982)

Meltzer, D. (1984). *Vida onírica*. Madrid: Tecnipublicaciones.

Rezende, A. M. (1994). *A metapsicanálise de Bion: Além dos modelos*. São Paulo: Papirus.

Segal, H. (1982). Notas a respeito da formação de símbolos. In H. Segal, *A obra de Hanna Segal: Uma abordagem kleiniana à prática clínica*. Rio de Janeiro: Imago. (Publicado originalmente em 1957)

Segal, H. (1993). Simbolismo. In *Sonho, fantasia e arte*. Rio de Janeiro: Imago. (Publicado originalmente em 1991)

Stern, D. N. (1988). Affect in the context of the lived experience: some considerations. *Int. J. Psychoanal., 69*(pt. 2), 233-238.

4. Rumo a um conceito mais amplo de símbolo

Como afirmei anteriormente, parece-me que, dos pioneiros, foi Ferenczi quem se aventurou numa ampliação do conceito de símbolo e de simbolização, vindo a se constituir numa "ponte" para as conceituações de Melanie Klein.

O trabalho "O desenvolvimento do sentido de realidade e seus estágios" (Ferenczi, 1913a/1992), considerado um clássico na temática do desenvolvimento da simbolização, é referência para Freud e Klein. É considerado também o pioneiro no estudo do desenvolvimento das capacidades adaptativas do ego. Encontram-se nele, do mesmo modo, embriões do que Winnicott descreverá posteriormente, com mais detalhes e riqueza, sobre a ilusão de onipotência propiciada pelos pais à criança pequena e a passagem da subjetividade à objetividade. Ele toma como ponto de partida e de referência constante a obra "Formulações sobre os dois princípios do funcionamento mental" (1911/1969), de Freud. É notável que esse trabalho, freudiano em sua conceituação, posteriormente é ponto de partida e referência permanente para Isaacs (1943/1978) e Bion (1962/1991).

Ferenczi (1913a/1992) diz que Freud, ao descrever a passagem do princípio do prazer ao princípio da realidade, não especificou se isso ocorre imediatamente ou gradualmente e, nesse último caso, como se daria. Descreve, então, os vários estágios pelos quais passa o sujeito na sua trajetória de perda da onipotência, desde o nascimento até a vida adulta:

a) **Período da onipotência incondicional:** é o período intrauterino, em que os desejos e as necessidades pulsionais da criança eram atendidos de modo incondicional, sem frustração nem necessidade de nenhuma ação sobre o meio ambiente.

b) **Período da onipotência alucinatória mágica:** é o período em que o recém-nascido tenta restabelecer a experiência intrauterina, os bons-dias em que havia a gratificação onipotente de todos os seus desejos. Haveria o reinvestimento alucinatório do estado de satisfação perdido. Para a criança, a única mudança que ocorreu nessa fase é que necessita agora, para obter a satisfação completa de seus desejos, investir de modo alucinatório o que deseja; não precisa agir sobre o meio ambiente. A simples representação de sua satisfação é sentida como uma força onipotentemente poderosa. Só que, mesmo assim, advém a *frustração*, pois o ambiente não está sempre a postos. A criança passa a sentir que deverá intervir sobre o meio para satisfazer-se.

c) **Período da onipotência com a ajuda de gestos mágicos:** a criança passa a utilizar uma série de sinais a fim de que a situação ambiental se modifique. No início, são descargas motoras como sinais mágicos. Com o tempo, os sinais vão se tornando mais complexos e específicos. Mas, de novo, advém a *frustração*, obrigando o ego da criança a dar-se conta de modo mais evidente de que o mundo *objetivo* difere de seu mundo *subjetivo* e diferenciar entre o seu desejo e a resistência do mundo externo a eles em alguns momentos. Isso amplia a diferenciação eu/não eu.

d) **Período animista:** apesar da maior diferenciação eu/não eu, a criança atribui ao mundo as características de seu ego e de suas pulsões, "tenta reencontrar em cada coisa seus órgãos ou seu funcionamento" (p. 47). Investe o mundo com a sua libido, interessando-se pelos objetos que lhe lembram de suas atividades autoeróticas, ou que se prestam a ser "identificados". Essas são "relações profundas, persistentes a vida inteira, entre o corpo humano e o mundo dos objetos, a que chamamos de relações simbólicas" (p. 47). Com esse aprimoramento simbólico, a criança poderá assinalar os desejos que dizem respeito a seu corpo como aqueles que dizem respeito ao mundo externo, agora reconhecido como tal. O notável é que se localizam aqui os primórdios da simbolização: a partir da diferenciação eu/não eu e da frustração.

e) **Período dos pensamentos e das palavras mágicos:** o simbolismo gestual é gradualmente substituído pelo verbal, sons *identificados* com desejos e situações evoluem para palavras "que permitem uma versão muito mais econômica e precisa dos desejos. Ao mesmo tempo, o *simbolismo verbal torna possível o pensamento consciente* na medida em que, associando-se aos processos de pensamento em si mesmo inconscientes, confere-lhes qualidades perceptíveis. O pensamento consciente através de signos verbais é, portanto, a mais alta realização do aparelho psíquico, o único que permite a adaptação à realidade, retardando a descarga motora reflexa e a libertação do prazer" (p. 48, grifos meus). Mesmo aqui a criança segue acreditando em seu poder mágico, agora executado por meio de palavras e pensamentos.

Então, chega um momento do desenvolvimento em que o princípio do prazer cede lugar ao princípio da realidade, e *os sentimentos de onipotência são substituídos pelo reconhecimento da realidade com suas circunstâncias.* A ilusão de onipotência dá lugar ao reconhecimento das limitações e de que se depende de "condições" favoráveis para a realização do desejo. Isso se delineia na latência, eu acredito.

Em seu trabalho "Ontogênese dos símbolos" (1913b/1992), Ferenczi faz vários esclarecimentos. Primeiro, que nem toda comparação entre dois termos constitui um símbolo no sentido psicanalítico; apenas quando um dos dois termos for reprimido. Há uma "sexualização do universo" (p. 107). Do mesmo modo que os objetos do mundo são identificados com as partes do corpo da criança, ela identifica a parte de cima do corpo (boca, dentes, olhos) com a parte de baixo (ânus, vagina, pênis), mas só se tornam simbolizações depois que a educação cultural provoca a repressão do mais importante termo da analogia e o outro, mais insignificante na origem, recebe um suplemento de importância afetiva: ele se torna seu símbolo. Assim, a "identificação" entre dois termos é precursora da verdadeira simbolização.

Ferenczi, nesse trabalho, faz uma diferenciação entre *representação* e símbolos psicanalíticos. Diz ele:

> *Só podemos considerar símbolos, no sentido psicanalítico do termo, as coisas (representações) que chegam à consciência com um investimento afetivo que a lógica não explica nem justifica, e cuja análise permite estabelecer que elas devem essa sobrecarga afetiva a uma identificação inconsciente com uma (o símbolo) outra*

> *coisa (representação), à qual pertence efetivamente esse suplemento afetivo (p. 106).*

A diferenciação eu/não eu e a frustração, destacados por Ferenczi como ocorrências do período animista, serão considerados, acredito que pelos autores de todas as correntes psicanalíticas, pré-condições fundamentais ao desenvolvimento da capacidade simbólica em sua plenitude. Além disso, segundo Petot (1991a), Ferenczi será o autor da ideia – que é uma revolução de vértice – de que os objetos do mundo externo não interessam à criança: ela não os percebe, não os pensa, até que possa estender a eles a sua libido.

Finaliza seu artigo descrevendo a arte como o espaço em que o homem conserva a ilusão de onipotência e nega as limitações expostas pelo sentido de realidade, o que, como veremos, será amplamente desenvolvido e conceituado por Winnicott (1951/1975).

Klein: de Freud e Ferenczi a uma nova concepção da simbolização

No início do capítulo dedicado ao estudo de Freud, afirmei que qualquer tentativa de simplificação levaria a um empobrecimento, e o mesmo pode ser dito em relação às contribuições de Melanie Klein ao assunto da simbolização. Como ficará claro a seguir, encontraremos pelos menos três maneiras distintas de conceituar a simbolização e suas vicissitudes nesta importante autora.

A centralidade da libido

Petot (1991a, 1991b), em seu primoroso e detalhado estudo da obra de Klein, define o que seria o período protokleiniano, em que as contribuições teóricas de Melanie ainda não terão toda a originalidade e a independência adquiridas posteriormente. No que tange à simbolização, embora já exista originalidade nas conceituações, nota-se a presença marcante das contribuições de Freud, Jones e Ferenczi.

No período protokleiniano, então, a simbolização é entendida por Klein (1923a/1981, 1923b/1981) basicamente à luz das vicissitudes da libido, tal qual as descrições de seus contemporâneos. Aderindo às ideias de Ferenczi (1913b/1992), dirá que ocorre inicialmente uma *identificação* entre partes do corpo, especialmente da metade superior com a inferior, a partir de semelhanças superficiais (dentes/pênis, boca/vagina).

A *identificação* e – por influência da teoria do simbolismo de Jones (1916/1925) – toda a psicogênese do simbolismo eram baseadas no princípio do prazer, ou seja, na possibilidade de obter prazer semelhante em duas partes do corpo diferentes: terei com a boca o mesmo prazer que tenho com...; um pode, então, substituir o outro. Nesse sentido, a imagem do corpo não é uma construção feita a partir das funções cognitivas do ego, mas depende de um movimento da libido, regido pelo princípio do prazer. Assim, das equivalências libidinais entre partes do corpo, o sujeito evolui, a partir do investimento libidinal, para as equivalências entre sujeito e objeto, ou corpo e objetos da realidade. Os objetos da realidade não têm interesse em si mesmos, mas apenas na medida em que são libidinizados.

A *identificação* entre partes diferentes do corpo e do corpo com outros objetos é a precursora da simbolização, neste modelo teórico. Nesse período, há uma confusão primitiva do simbolizado com o símbolo (Petot, 1991a). Seria a partir da repressão da atividade sexual que a *identificação* se transformaria em símbolo.

As *sublimações primárias*, baseadas na *identificação*, ocorreriam pela atração da libido a atividades do ego geradoras de um prazer do órgão, não sexual (motricidade e fala). A catexia libidinal é que daria a essas atividades um caráter sexual. Já as *sublimações secundárias* não dependeriam de uma atração por um prazer do órgão anterior, mas ocorreriam por uma tendência da libido a buscar novas gratificações e levariam, ao longo do desenvolvimento, à formação de novos símbolos. Elas ocorreriam por uma propagação da libido a objetos da realidade e a interesses e atividades do ego já mais complexas, fazendo com que, por exemplo, o subir e descer, ou o altear e baixar a voz sejam equiparados ao ato sexual (Klein, 1923b/1981). Como podemos notar, muito semelhante a Ferenczi e Jones.

Petot (1991a) dirá que é um processo dialético, em que a criança enxerga o mundo a partir de seu corpo e dá novas representações a seu corpo a partir das coisas do mundo. Por exemplo, pode representar o interior de seu corpo, que só sentiu por sensações cenestésicas, a partir de objetos do mundo (o trem com carvão, por exemplo, poderá simbolizar o intestino com fezes). Do mesmo modo, o mundo será visto como uma extensão do próprio corpo, como muito bem ilustrado por Ferenczi (1923b/1992) a partir do menino que, ao olhar o Danúbio, comentou: "Quanto cuspe!". "O mundo exterior e o corpo simbolizam-se reciprocamente" (Petot, 1991a, p. 62).

Então, esclarecendo, o processo se desenvolve pois, como a libido não se satisfaz com essas substituições e gratificações substitutivas, vai em busca de novos substitutos, novos investimentos, numa repetição contínua de criação de novos símbolos e novas sublimações. Cria-se uma cadeia de sublimações, um verdadeiro edifício, sendo que a primeira das sublimações secundárias é o brincar. Para que esse processo ascendente ocorra sem inibições, é preciso que a sublimação anterior não tenha sido reprimida. Riqueza ou pobreza do brincar será diagnóstico de inibições ou não no processo de investimento libidinal (Petot, 1991a).

Melanie Klein (1923b/1981) dirá textualmente: "o impulso constante de efetuar, por meio de fixações, uma catexia libidinal de atividades recentes do ego e de interesses ligados geneticamente (isto é, por meio do simbolismo sexual) uns aos outros, e de criar novas atividades e interesses, seria a força propulsora na evolução cultural da humanidade" (p. 146). Ou seja, está em pleno acordo com Freud (1910/1969) quanto à sublimação ocorrer por uma transformação dos objetivos sexuais em novas atividades, com novas finalidades. Apenas acrescenta que isso ocorre porque uma simboliza o outro. O que é relevante, pois a sublimação deixa de ser entendida apenas do ponto de vista energético, econômico, e passa a ser entendida na ótica dos processos simbólicos. Mesmo sua ideia das sublimações primárias, ocorrendo muito primitivamente, aproxima-se muito do conceito de Freud apresentado em *O ego e o id* (1923/1969) – curiosamente, lançado no mesmo ano! –, já discutido anteriormente, em que ele fala do fortalecimento de atividades do ego por uma energia dessexualizada e diz que seria uma *espécie de sublimação*.

Essa *identificação* permitirá que ocorram as *sublimações primárias* a partir da catexia libidinal de partes do corpo e atividades e interesses do ego originalmente não investidos dessa maneira. Seriam sublimações na medida em que a libido receberia nova finalidade, qual seja, investir e reforçar atividades não sexuais. A fala e o movimento corporal, por exemplo, seriam as primeiras habilidades/atividades investidas, tornando-se identificadas com atividades sexuais. Posteriormente, com o desenvolvimento, ocorreriam as *sublimações secundárias*, que ocorreriam por uma propagação da libido a objetos da realidade e a interesses e atividades do ego já mais complexos. Como é possível notar, o conceito de sublimação se amplia, sendo utilizado com muito mais liberdade, a exemplo do de simbolização.

Mesmo que a libido perca, logo a seguir, o seu papel de motor do processo de simbolização para Klein e venha a adquirir um papel secundário, veremos que aspectos dessa teorização seguirão sendo utilizados posteriormente (Isaacs, 1943/1978).

O sadismo e a simbolização

O segundo momento de teorização kleiniana a respeito da simbolização tem a ver com a introdução da ideia de que o sadismo terá o papel primordial no processo da simbolização. Com a primazia da agressividade, a ideia da natureza libidinal da sublimação é mantida não mais como um processo primário, mas secundário aos investimentos agressivos. Ela será secundária à reparação do objeto pela libido, após a verificação do dano causado em fantasia. O esquema geral da gênese do simbolismo é preservado, mas às custas de uma radical mudança de perspectiva: o conjunto do processo é atribuído à pulsão de morte. A ansiedade endógena gerada pela pulsão de morte dá partida aos mecanismos de defesa – projeção –, gerando objetos perseguidores pelos quais o sujeito se interessará para defender-se de sua ameaça. Petot (1991a) dirá que "o trem foi ligado a outra locomotiva, mas a ordem dos vagões é a mesma" (p. 75). A nova locomotiva é o sadismo.

Em seu clássico trabalho "A importância da formação de símbolos no desenvolvimento do ego", Klein (1930/1981) parte da premissa de que há na fase oral um incremento do sadismo em grau máximo (que declinará na primeira etapa da fase anal) que leva a criança a querer devorar o seio da mãe ou a mãe toda. Essa é a fase em que se inicia o Édipo, fazendo com que seu início coincida com o período de grande sadismo.

Desse modo, a criança espera encontrar no interior do corpo da mãe: a) o pênis do pai; b) excrementos; c) crianças; sendo todos homologados como comestíveis. A teoria sexual infantil desse período consiste na crença de que, durante o coito, o pênis, ou o pai inteiro, é incorporado pela mãe. Assim, os ataques sádicos ao corpo da mãe visam aos dois, mãe e pai. Esses ataques dão origem à ansiedade persecutória de ser atacada vingativamente por ambos os pais, com a mesma fúria.

Klein explora a seguir as defesas do ego utilizadas nesse momento primitivo. Diz que, em relação ao sadismo, a defesa *é a sua expulsão* e, em relação ao objeto atacado (que se transforma imediatamente em fonte de perigo), *é a sua destruição.*

Utiliza novamente Ferenczi (1913a/1992) e Jones (1916/1925) para fundamentar sua teoria da simbolização: a teoria da identificação como precursora do simbolismo de Ferenczi, e de Jones a ideia de que, pelo princípio do prazer, a criança equaciona duas coisas diferentes por uma semelhança de prazer e interesse.

Comenta que, em seu trabalho de 1923, descobriu que o simbolismo era o fundamento de toda a sublimação, uma vez que é por meio da *equação simbólica* que as coisas, as atividades e os interesses se convertem em tema de fantasias libidinosas. Diz que pode acrescentar agora que o sadismo também interfere nesse processo. Junto com o interesse libidinal, é a angústia, produto do sadismo, que põe em funcionamento o mecanismo da identificação. Como deseja destruir os órgãos (seio, pênis, vagina) que representam os objetos, teme-os.

> *A ansiedade contribui a que equipare os referidos órgãos com as outras coisas; devido a essa equiparação, estas, por sua vez, se converterão em objetos de ansiedade. E assim a criança se sente impelida a fazer novas*

> *equações que constituem a base de seu interesse em novos objetos, e do seu simbolismo . . . O simbolismo, portanto, não constitui apenas o fundamento de toda a fantasia e sublimação, mas também* sobre ele *se constrói toda a relação do sujeito com o mundo exterior e a realidade em geral. (p. 297, grifos meus)*

Como o objeto do sadismo e do impulso epistemofílico é o interior do corpo da mãe, para Klein, nesse momento, essas fantasias sádicas constituem a relação primeira e básica com o mundo exterior e com a realidade. De início, a criança vive numa realidade fantástica em que se sente rodeada de objetos equacionados a fezes e órgãos carregados de sadismo e que lhe causam grande ansiedade. Aos poucos seu ego deverá poder desenvolver uma relação mais realística com a realidade e, para isso, deverá ocorrer um equilíbrio em sua personalidade.

> *Uma quantidade suficiente de ansiedade é base necessária para abundante formação de símbolos e fantasias; para que a ansiedade possa ser elaborada, para que essa fase fundamental tenha um desenlace favorável e para que o ego possa desenvolver-se com êxito, é essencial que o ego tenha adequada capacidade para tolerar a ansiedade. (p. 298)*

Entretanto, caso o ego não possa tolerar essa ansiedade, montará defesas que inibirão o processo de formação de símbolos. A inibição agora será entendida em função da ansiedade decorrente do sadismo e de uma intolerância a ela.

Exemplifica sua teoria com o caso Dick, no qual, por um desenvolvimento num ambiente paupérrimo de amor, por uma incapacidade completa, constitucional, de tolerar a ansiedade e, portanto, pela *formação de uma defesa prematura* contra o intenso sadismo, a formação de símbolos se deteve. O ego cessou de se interessar pela realidade e de desenvolver sua vida de fantasia. Isolado e sem relação com a realidade, não podia realizar novas sublimações. Cessaram as equações necessárias à exploração da realidade pela ansiedade intolerável que isso causava. Compreende que *o que causava a parada na formação de símbolos era o temor ao castigo que sofreria (por parte do pênis do pai) quando houvesse penetrado no interior do corpo da mãe.* Além disso, pela ansiedade intolerável que provocava, desenvolveu fortes defesas contra seus próprios impulsos destrutivos, o que resultou num impedimento ao desenvolvimento. Era incapaz de agressão. As defesas contra os impulsos sádicos redundaram na cessação das fantasias e na parada da formação de símbolos.

Não havia na mente de Dick *relações afetivas ou simbólicas* com os objetos. Independentemente das divergências que possamos ter com sua conceituação, esse trabalho é genial, pois, a exemplo de Freud com Dora, com Dick Klein transforma o obstáculo ao tratamento, que era a não formação de símbolos, num desenvolvimento da técnica da maior importância: o trabalho de auxiliar o paciente a desenvolver sua capacidade de realizar representações simbólicas. Ela própria reconhece que teve de realizar uma modificação em sua técnica habitual e que só pôde retomá-la depois de haver desenvolvido sua capacidade simbólica. De novo, em que pesem as restrições que se possam fazer às suas teorizações, no que diz respeito à preocupação de desenvolver a capacidade simbólica dos pacientes que disso necessitam, foi a precursora do que há de mais atual na técnica psicanalítica.

Ela deu um significado inicial aos brinquedos que para ele não tinham significado algum: era o trem/Dick e o trem/papai, ao que ele acrescentou a estação que ela chamou de mamãe. Encorajado pelas intervenções de Klein, foi se interessando pelos objetos que adquiriam novo significado e, na medida em que foi "entrando no corpo escuro da mãe", foi sentindo ansiedade e desenvolvendo um sentimento de dependência de Klein.

Klein supõe que, por um desenvolvimento prematuro do ego, sentia uma empatia com o sofrimento dos objetos, o que teria inibido seus impulsos agressivos. Na medida em que ia diminuindo a ansiedade latente e podendo manifestar mais a ansiedade, foi deixando aparecer cada vez mais seu sadismo e, progressivamente, estendendo seu interesse a novos objetos e ampliando seu vocabulário. A extensão do interesse a novos objetos permite que a ansiedade seja mitigada, tornando-se mais tolerável ao ego. E, depois que a ansiedade se tornou manifesta, pôde resolvê-la pela interpretação.

A importância dada ao sadismo na simbolização continua em seu trabalho de 1932, "Primeiros estádios do conflito edípico e a formação do superego". Nele, Klein afirma que o medo dos objetos perseguidores introjetados faz com que a criança desloque a origem desse medo e o situe no mundo exterior.

> *Por esse processo, seus órgãos, seus objetos, suas fezes, seus objetos internalizados, assim como todo o resto é* equacionado *por ela com os objetos externos; ela distribui, ao mesmo tempo, seu medo de um objeto externo por um grande número de objetos,* equacionando-os *uns aos outros. (p. 200, grifos meus)*

Comenta que esse funcionamento, baseado na angústia e numa série de *equações*, será a base das fobias.

Descreve a passagem do interesse libidinal e agressivo pelo único objeto, o seio, que representa a mãe no início, à multiplicação desse interesse: interesse libidinal e agressivo pelo interior do corpo da mãe (objeto também dos impulsos epistemofílicos).

> *Com o incremento de suas fantasias sádicas, ela se apossa, em imaginação, do interior do corpo de sua mãe, e essa parte do corpo passa a representar a pessoa inteira da mãe como objeto,* simbolizando, *ao mesmo tempo o mundo exterior e a realidade. (p. 201, grifo meu)*

Então, originalmente foi o seio que representou o mundo exterior e agora é o interior do corpo da mãe, com sua multiplicidade de objetos e graças ao investimento libidinal e agressivo, que o representa. "Assim, as fantasias sádicas em relação ao corpo da mãe constituem uma relação fundamental com o mundo exterior e a realidade" (p. 201). Em seguida, complementa que não só a agressividade, mas também a libido tem um papel fundamental, pois ela permite contrabalançar o medo dos inimigos internos e externos com a crença nos objetos protetores e bondosos. É por meio do investimento libidinal e da percepção da realidade dos objetos que os objetos terríficos do superego primitivo se abrandam. E é também por meio dele que a reparação será possível.

Os processos reparatórios têm base nas pulsões genitais, que, para Klein, estão presentes desde o édipo primitivo: o decréscimo do sadismo é que permite a reparação, especialmente a partir da culpa proveniente dos ataques realizados ao objeto amado. De acordo com Petot (1991b), é nesse trabalho de 1932 que Klein (1932/1975) descobre a reparação, antes ainda de estruturar melhor suas concepções sobre a posição depressiva.

A posição depressiva e a chegada a uma conceituação mais definitiva da simbolização

Klein (1934/1981), em "Uma contribuição à psicogênese dos estados maníaco-depressivos", define que, à medida que o ego amadurece, aproximam-se mais da realidade as *imagos* – como chamava na época os objetos internos – internalizadas, passa-se da relação com objetos parciais à relação com o objeto total e a criança passa a se preocupar com sua preservação. A diminuição da clivagem permite que a criança constate que o "mau" objeto atacado é o mesmo que o "bom" objeto, amado. Diz então que "somente depois que o objeto tenha sido amado como *um todo* poderá ser sua perda sentida como *um todo*" (p. 358, grifos meus).

É nesse momento do desenvolvimento que aparecerá a ambivalência e a verdadeira culpa do ponto de vista kleiniano. Diz Petot (1991b):

> *Como todo amor e toda sublimação repousam na reparação, derivam da forma de culpa que se prolonga nesse mecanismo. A ansiedade depressiva só é verdadeiramente completa quando os sentimentos de culpa são plenamente experimentados e as condutas* reparadoras simbólicas são bem-sucedidas. *(p. 9, grifos meus)*

Petot (1991b) comenta que o trágico acidente ocorrido em 1934, a morte de seu filho Hans nas montanhas suíças, embora tenha envolvido Klein num processo de luto importante, não foi o responsável por esta criação teórica, e sim todas as suas elaborações teóricas anteriores.

Nos grandes trabalhos de síntese de 1952, publicados no livro *Os progressos da psicanálise* (Klein, 1946/1978, 1952a/1978,

1952b/1978), completa e consubstancia o conceito das posições depressiva e esquizoparanoide, estabelecendo que em cada uma delas se estabelecerá um tipo de relação objetal que determinará a qualidade do processo de simbolização. Essas contribuições, com os esclarecimentos e os aprofundamentos posteriores de Susan Isaacs (1943/1978) e Hanna Segal (1957/1982, 1991/1993), serão originais e marcarão forte presença na teorização psicanalítica a respeito da simbolização.

Klein (1946/1978, 1952a/1978, 1952b/1978) descreve na posição depressiva uma ampliação dos interesses das crianças, um fortalecimento e um desenvolvimento do ego, uma organização libidinal maior e, como consequência, uma ampliação do âmbito das fantasias, com maiores elaboração e diferenciação destas, bem como uma modificação em sua natureza. Os processos de síntese nas relações objetais ganham a primazia e a ambivalência passa a existir. Cria-se a noção de objeto total e o temor de perdê-lo pelos ataques sádicos anteriores.

Os processos de síntese e integração do ego permitem uma maior apreensão tanto da realidade psíquica como da realidade exterior. A noção de objeto total e a culpa pelo dano possível ao objeto amado faz com que as tendências reparatórias se fortaleçam. Cria-se "uma urgência superlativa de fazer a reparação e de preservar ou reanimar o objeto amado e danificado" (Klein, 1952a/1978, p. 233). Como as tendências reparadoras provêm do instinto de vida, trazem consigo fantasias e desejos libidinais. A tendência reparadora passará a fazer parte das sublimações e será o grande meio pelo qual a depressão é elaborada e mantida sob controle.

O desenvolvimento adequado da posição depressiva depende de como se realizou o desenvolvimento anterior, ou seja, se foi estabelecida uma incorporação adequada do bom objeto como núcleo integrador do ego e, portanto, se os processos de divisão do ego não foram excessivos. Na posição depressiva, por meio da reparação do objeto amado e atacado, este se reinstala no mundo interno recuperado e restaurado. Evidentemente, aqui há a referência a uma reconstrução mental do objeto, na fantasia, supondo já um elevado grau de simbolização. Mas a fantasia inconsciente e alguma espécie de simbolização existem, de acordo com Klein e Isaacs (1943/1978), já na posição esquizoparanoide, desde o início da vida.

Já vimos também que, em suas primeiras teorizações, Klein supunha sublimações desde o início da vida e, mesmo que tenha mudado algumas ideias quanto ao que punha em marcha o processo de simbolizações e sublimações, seguiu acreditando nisso. Logo, torna-se necessário entendermos, à luz das ideias kleinianas, como ocorre o desenvolvimento dos pensamentos e do aparelho mental desde o início da vida.

O estudo mais completo talvez seja o de Susan Isaacs, juntamente com as contribuições posteriores de Segal. Em "A natureza e a função da fantasia", Isaacs (1943/1978) mostra uma grande preocupação em precisar e detalhar o funcionamento mental descrito por Klein e, ao mesmo tempo, tentar articulá-lo com as contribuições freudianas. Ela primeiro conceituará o que entende por fantasias inconscientes e, posteriormente, detalhará toda uma linha evolutiva destas.

A sua primeira definição é que elas são sempre inferidas, ou seja, o conceito psicanalítico de fantasia implica que sejam sempre inconscientes. Para ela, "as fantasias são o conteúdo primário dos processos inconscientes" (p. 96). Faz uma ponte com Freud quando este diz que o id recebe dos processos somáticos as necessidades instintivas e dá-lhes expressão mental. Assim, "a expressão mental do instinto é a fantasia inconsciente . . . Não existe impulso, ou ímpeto, ou reação instintiva, que não sejam experimentados como 'fantasia' inconsciente" (p. 96). Acha que "os primeiros processos mentais, os representantes dos instintos libidinais e destrutivos, tem que ser encarados como os primórdios das fantasias" (p. 96). Mas dirá, em sua conceituação, que *não só as pulsões, mas as defesas e todos os sentimentos são experimentados em fantasias* que lhes incutem vida mental. Logo, depreende-se, a fantasia é o modo como as vivências assumem qualidade mental, passam a ser conteúdos da mente propriamente dita, deixam de ser somáticos, deixam o terreno da sensorialidade, e passam ao mental.

Isaacs descreve também as características onipotentes e concretas das fantasias inconscientes: primitivamente, em seus primeiros dias, a criança não só deseja algo, mas sente que está fazendo o que deseja. "Só lentamente aprende a diferenciar entre desejo e ato" (p. 99). Aqui, fica claro que as primeiras fantasias são tão concretas que se confundem com percepções, como na satisfação alucinatória do desejo, descrita por Freud em "Formulações sobre os dois princípios..." (1911/1969).

Acrescenta que as primeiras fantasias estão muito longe das palavras e do pensamento lógico. Apenas posteriormente é que poderão ser expressas no brinquedo e, ainda depois, em palavras. Ou seja, os significados estão na mente muito antes dos significantes verbais. Mas estes serão o corolário de todo o processo de simbolização. Entretanto, Isaacs deixa claro seu ponto de vista de que fantasias complexas em termos de significado podem existir em forma visual e auditiva. Isto é, elementos visuais ou auditivos funcionando como símbolos mentais de vivências afetivas complexas. Acrescenta que os sonhos ilustram o quanto podemos ter uma vivência complexa e dramática apenas representada em termos visuais. E, pela arte, sabemos que "uma riqueza de significações pode residir num contorno, numa cor, uma linha, um movimento, uma massa, uma composição de forma ou cor, ou de melodia e harmonia numa música" (p. 103).

Descreve, com maior precisão ainda, que as fantasias mais remotas e rudimentares estão muito próximas à experiência sensorial e são *interpretações afetivas das sensações corporais*. Destaquei esse trecho pois ele pressupõe, em seu conceito, que, primitivamente, o que ocorre não são apenas registros mnêmicos da experiência sensorial; já existe, nesses registros, um significado afetivo. Esse processo primário domina a mente no início, mas logo, já no segundo mês, "existe um grau muito considerável de integração em percepção e comportamento, com sinais de memória e previsão" (p. 112), ou seja, já começa o desenvolvimento do processo secundário de ordenação da experiência.

Na sequência, Isaacs traça um eixo evolutivo das fantasias:

a) *As mais primitivas são de ordem somática oral* (paladar, olfato, tato bucal), sensações cenestésicas e viscerais.

b) Essas sensações constituem experiências corporais concretas, sentidas no corpo. Essas *sensações internas não se discriminam de percepções externas*. Não há ainda a noção de pele continente, discriminação interno/externo. Predomina a sensação de estar vivendo no mundo das coisas. Talvez, nesse momento evolutivo e no seguinte, estejamos no domínio da posição esquizoparanoide e no nível das equivalências simbólicas (Jones, 1916/1925) ou equações simbólicas (Segal, 1957/1982).

c) O elemento visual aumenta lentamente. *As primeiras imagens são muito concretas*, confundindo-se com percepções.

d) Gradualmente, *diferencia interno/externo* e daí criam-se *verdadeiras "imagens"* de objetos com a discriminação que o objeto está fora e a imagem está dentro. Aqui parece haver o domínio da posição depressiva e do simbólico propriamente dito.

e) Tais imagens afetam a mente por estarem dentro dela, como faziam suas precursoras somáticas que agora teriam sido reprimidas, estão no inconsciente. Esse inconsciente, formado por essas fantasias primitivas, é sentido como formado pelas pulsões e pelos objetos a que se referem.

O estabelecimento e o fortalecimento do elemento visual na trajetória evolutiva da fantasia inconsciente são colocados como o ponto de virada: a partir deles, começam as discriminações interno/externo e o caráter mais simbólico dos conteúdos mentais. A descrição de Isaacs de como se iniciam as fantasias a partir das primeiras impressões sensoriais, desde o início da vida, fazem lembrar muito o modelo de Bion que veremos a seguir. Coloca a frustração com o caráter evanescente da gratificação alucinatória do desejo, como um estímulo à adaptação e a pensar sobre a realidade externa.

Refere que a libido se estende aos objetos, utilizando-se da primeira teoria do investimento libidinal como estudado em *A centralidade da libido*, e menciona a sua adesão à teoria de Ferenczi. "O mundo físico externo é, de fato, libidinizado em grande parte através do processo de formação de símbolos" (p. 125). Ou seja, em 1943 esses aspectos do modelo de simbolização de 1923 seguiam válidos. Diz que o interesse pela realidade ocorre porque ela simboliza o corpo, logo, sua exploração são sublimações. Mas, a partir dos trabalhos de Klein de 1946 e 1952, ficará claro que o verdadeiro simbolismo ocorrerá na posição depressiva, vinculado diretamente aos processos reparatórios.

Segal: uma integração das ideias kleinianas

Segal (1957/1982, 1991/1993) terá um papel fundamental na ordenação do conceito de símbolo e da simbolização nas contribuições kleinianas, integrando os vários elementos mencionados até aqui. O seu trabalho "Notas a respeito da formação de símbolos" é um clássico genial que, apesar de escrito em 1957, conserva extraordinária atualidade. Expressando uma das ideias mais contemporâneas da psicanálise, diz que muitas vezes, mais que se interessar pelo conteúdo simbólico na mente do paciente, o analista deve se interessar pelo processo pelo qual se formam os símbolos, ou seja, pela simbolização, especialmente naqueles pacientes que mostram alguma inibição na formação ou no uso dos símbolos.

Segal faz uma rápida apreciação dos conceitos de Jones (1916/1925), discordando dele quanto ao uso restrito que faz do conceito de símbolo. Acha que a diferenciação feita por ele entre símbolos e sublimações restringe demasiadamente o conceito. Para ele, quando havia uma sublimação, ou seja, quando o afeto pela ideia simbolizada sofria uma transformação em sua qualidade, isso não consistia numa simbolização. Esta ocorria apenas quando o símbolo substitui o simbolizado, de modo inconsciente, sem a transformação do afeto. Segal, partindo da descoberta de Klein, já em 1923, de que o jogo da criança - uma atividade sublimada - era uma expressão simbólica de suas ansiedades e desejos, acredita que o conceito de símbolo deve se estender também às sublimações. Faz a pergunta: *como ocorreriam as sublimações senão pela formação de símbolos?* Ela acha que a ampliação do conceito de símbolo o aproxima da maneira como é usado em outras áreas do conhecimento.

Por outro lado, ela concorda com Jones (1916/1925) em sua afirmação de que é a partir do interesse da criança pelo seu corpo e pelo de seus pais que, por meio da simbolização, surgem os outros interesses. Deixa claro que esses deslocamentos de interesses são possíveis graças à simbolização.

Define inicialmente a simbolização como um fenômeno intrapsíquico e uma relação entre três termos: a coisa simbolizada, a coisa que simboliza e a pessoa para quem um representa o outro. E a seguir acrescenta, antecipando a ideia mais contemporânea de Bion de compreender a simbolização como um fenômeno intersubjetivo, que "os problemas da formação de símbolos devem ser sempre examinados no contexto da relação do ego com seus objetos" (p. 81).

Finalmente, temos aqui a integração teórica do conceito de simbolização com a teoria das relações de objeto e das posições esquizoparanoide e depressiva de Klein, deixando de ser entendido como um processo da esfera apenas do indivíduo, unipessoal. A formação de símbolos começa com o início das relações objetais e se transforma à medida que muda a natureza da relação do ego com seus objetos e com a realidade. Na medida em que predomina a identificação projetiva, na posição esquizoparanoide, ocorrem perturbações na diferenciação entre o ego e os objetos e, por conseguinte, entre o simbolizado e seu símbolo. Formam-se o que ela conceituará como *equações simbólicas*, dando origem a uma representação que é tomada concretamente como se fosse o próprio objeto original simbolizado. O sujeito trata essas equações simbólicas como trataria o próprio objeto perseguidor, ou seja, por via da aniquilação, causando um empobrecimento permanente na medida em que os produtos do pensamento precisam ser eliminados.

Na medida em que ocorre o desenvolvimento, há uma transformação gradual nos símbolos primitivos até se formar o verdadeiro simbolismo. Este ocorrerá apenas a partir da posição depressiva, ou seja, a partir do momento que diminuem os processos projetivos e a clivagem e, portanto, passa a haver melhor diferenciação entre mundo interno e externo, ego e objeto, podendo ser criadas verdadeiras representações simbólicas. Estas são tomadas como produções do ego e, portanto, abstratas, produtos do pensar, e não elementos concretos do mundo material. A culpa, o medo de perder o objeto amado e atacado, resulta num anseio por restaurar, reparar e, finalmente, recriar o objeto no mundo interno. É interessante notar que a verdadeira simbolização, nesse contexto teórico, desliga-se necessariamente da repressão de um dos termos e se vincula à diminuição dos processos projetivos. Aliás, seria inevitável que a nova ótica introduzida por Klein, enfatizando a importância dos processos primitivos na constituição e na estruturação da mente, afetasse também o conceito de simbolização.

A necessidade de proteger o objeto, agora total, de suas próprias agressividade e possessividade faz com que haja uma inibição dos objetivos pulsionais diretos, tanto libidinais quanto agressivos. Essa necessidade de redirecionar as pulsões se torna um poderoso estímulo à formação de símbolos: símbolos dos objetos para onde possa se deslocar, por exemplo, a agressividade, diminuindo a culpa e o medo da perda. O objetivo desse deslocamento é deixar o objeto original a salvo. Os símbolos são criados no mundo interno e projetados no mundo externo, que, a partir disso, ganha novos significados simbólicos.

Segal (1957/1982) admite que, mesmo já havendo atingido a posição depressiva, exista a possibilidade de regressão a modos mais primitivos de simbolização nas situações em que o ego regride a um modo mais primitivo de funcionamento e relacionamento objetal. Bion (1957/1988) ampliará esse conceito: não se trata apenas de regressões cronológicas, mas de modos de representação diferentes nas diferentes partes da personalidade. Posteriormente, em 1962, Bion dará um novo caráter às posições esquizoparanoide e depressiva, definindo-as num contexto sincrônico, numa oscilação constante entre modalidades de funcionamento mental. Segal descreverá ainda outra importante função do ego na posição depressiva, que é a de simbolizar conflitos anteriores, inclusive da posição esquizoparanoide, a fim de atenuar a ansiedade e solucionar esses conflitos.

Enquadrando a questão da simbolização dentro da problemática de ausência/presença do objeto, Segal define que as equações simbólicas, por sua concretude, servem para negar a ausência do objeto, pois criam a ilusão da sua presença. O símbolo propriamente dito, disponível para a sublimação, é sentido como *representando* o objeto ausente. Ele é usado para sobrepujar a perda, e não para negá-la, como ficará ilustrado no material clínico que descreverei.

Preenchendo uma lacuna que, de meu ponto de vista, ficava nas descrições freudianas das retraduções entre tópicas diferentes da mente, Segal definirá que a comunicação tanto interna quanto externa é realizada por meio de símbolos que não precisarão ser necessariamente verbais, numa conceituação que, parece-me, difere da de Freud. A comunicação interna, entre as fantasias inconscientes e seus derivados, realiza-se mediante transformações simbólicas, redundando no fato de que as pessoas que têm mais capacidade de realizar essas transformações estarão *mais em contato consigo mesmas*. Aqui se localizam concepções teóricas que levarão a mudanças na teoria da técnica, no sentido de dar maior destaque à importância de incrementar a capacidade de realizar transformações simbólicas como forma de ampliar o contato do sujeito consigo mesmo.

Assim, vemos que se evidenciam nessa contribuição de Segal as várias junções, ligações, realizadas pelo processo de simbolização (passado/presente; inconsciente/consciente; sujeito/objeto etc.) e, na medida em que o símbolo é aquilo-que-liga, poderíamos dizer que é uma das manifestações mais correntes da pulsão de vida.

Em 1991, em seu trabalho "Simbolismo", Segal (1991/1993) retoma seus conceitos de 1957 de equação simbólica e símbolos propriamente ditos, ou verdadeiros, porque *representam* o objeto e *não são sentidos como sendo o objeto.* É interessante pois menciona uma evolução gradual entre as equações simbólicas e o simbolismo verdadeiro, com etapas intermediárias em que um símbolo incipiente se concretiza com facilidade.

Ainda preocupada com o tema da evolução das equações simbólicas ao símbolo, dirá que simbolização concreta provavelmente subjaz ao luto patológico. Se sentimos a pessoa morta como um corpo concreto dentro, ou fezes, então o luto não é possível. A elaboração do luto só é possível se pudermos sentir que a pessoa morta está simbolicamente introjetada e que o objeto interno simboliza a pessoa perdida. Só então a reparação interna, necessária à superação do luto, poderá ser atingida. Uma pessoa morta não pode ser trazida à vida de novo, assim como as fezes não podem se tornar leite. Menciono essa última ideia sua pois se relaciona diretamente com o caso clínico que apresentarei a seguir.

Retoma também a ideia de que, especialmente depois do conceito de identificação projetiva, esclareceu-se a questão da formação de símbolos. Quando esta predomina, perde-se a relação tríplice simbolizado, símbolo, pessoa que simboliza. As fronteiras se confundem, perde-se a diferenciação, confunde-se sujeito e objeto e o símbolo, que é criação do ego, confunde-se com o simbolizado. Somente com o advento da posição depressiva, em que a separação e a perda são experimentadas, é que a representação simbólica mais plena pode ocorrer.

O uso da identificação projetiva visa negar a realidade psíquica interna, livrando-se de uma parte de si e tomando e controlando um objeto. "Os símbolos *são necessários* para superar a perda do objeto e para proteger o objeto da agressividade do sujeito. Um símbolo é como um precipitado do luto pelo objeto" (Segal, 1991/1993, p. 54, grifos meus). O símbolo apenas *representa* o objeto e, portanto, pode ser usado livremente para expressar a agressividade do sujeito para com ele.

Segal, nesse mesmo trabalho, contribui para articular a questão do Édipo e da triangulação com a simbolização. Incluindo o Édipo no contexto da posição depressiva, afirma que é fundamental para o desenvolvimento da capacidade simbólica a aceitação de que a mãe e o pai formam um casal e que o luto pela mãe se inclui nesse contexto: a aceitação do pai como uma pessoa total, parceiro da mãe, e não como um objeto parcial, possessão da mãe, confundido com ela, como um objeto combinado.

Numa contribuição interessante, que explicita a importância da triangulação na formação de símbolos, coloca o pai como um interceptador da corrente de identificações projetivas na mãe. *Ele passa a ser visto como necessário para a formação adequada de símbolos.* Os processos depressivos permitem que a criança reconheça o pai como objeto separado e, ao mesmo tempo, "descobri-lo" como tal se torna um fator necessário na elaboração posterior da posição depressiva. Esse processo permitirá uma crescente capacidade de abstração que será fundamental para a capacidade de verbalização.

Do ponto de vista de Ferro (1988), a partir das contribuições kleinianas haverá uma mudança na maneira de compreender o símbolo psicanalítico e a simbolização:

> *O símbolo não é mais algo deformado a ser desvelado com um valor pré-constituído, mas algo deslocado do interno ao externo e de um objeto a outro que se introduz na relação fantasmática da criança (ou do paciente) com os próprios objetos. A capacidade de simbolizar,*

> *seja devido à análise de crianças ou de psicóticos, será vista como uma capacidade que pode desenvolver-se, sofrer interrupções ou até ser perdida. (p. 292)*

Concordo com Ferro que, na teoria kleiniana, há o avanço de se considerar a simbolização no calor da relação objetal. Entretanto, desde seu ponto de vista, com o qual também concordo, mesmo que Segal defina a simbolização como um processo a três termos (símbolo, coisa simbolizada e pessoa que simboliza), na ótica kleiniana clássica a simbolização ainda compreende o processo apenas intrapsiquicamente, observando o mundo interno do paciente, seus objetos, suas fantasias, com relativa exclusão da *presença da mente do outro* no processo. Isso só mudará a partir das contribuições bionianas.

Referências

Bion, W. R. (1988). Diferenciação entre a personalidade psicótica e não-psicótica. In W. R. Bion, *Estudos psicanalíticos revisados*. Rio de Janeiro: Imago. (Publicado originalmente em 1957)

Bion, W. R. (1991). *Aprendiendo de la experiencia*. Ciudad de México: Paidós. (Publicado originalmente em 1962)

Ferenczi, S. (1992). O desenvolvimento do sentido de realidade e seus estágios. In S. Ferenczi, *Obras Completas* (Vol. 2). São Paulo: Martins Fontes. (Publicado originalmente em 1913a)

Ferenczi, S. (1992). Ontogênese dos símbolos. In S. Ferenczi, *Obras Completas* (Vol. 2). São Paulo: Martins Fontes. (Publicado originalmente em 1913b)

Ferro, A., & Gaburri, E. (1988). Gli sviluppi kleiniani e Bion. In: A. A. Semi (Org.). *Trattato di psicanalisi.* Milano: Raffaello Cortina Editore.

Freud, S. (1969). Leonardo Da Vinci e uma lembrança de sua infância. In S. Freud, *Edição standard brasileira das obras psicológicas completas de Sigmund Freud* (Vol. XI). Rio de Janeiro: Imago. (Publicado originalmente em 1910)

Freud, S. (1969). Formulações sobre os dois princípios do funcionamento mental. In S. Freud, *Edição standard brasileira das obras psicológicas completas de Sigmund Freud* (Vol. XII). Rio de Janeiro: Imago. (Publicado originalmente em 1911)

Freud, S. (1969). O ego e o id. In S. Freud, *Edição standard brasileira das obras psicológicas completas de Sigmund Freud* (Vol. XIX). Rio de Janeiro: Imago. (Publicado originalmente em 1923)

Isaacs, S. (1978). A natureza e a função da fantasia. In M. Klein et al., *Os progressos da psicanálise.* Rio de Janeiro: Zahar. (Publicado originalmente em 1943)

Jones, E. (1925). La théorie du symbolisme. In E. Jones, *Traité theorique et pratique de psychanalyse.* Paris: Payot. (Publicado originalmente em 1916)

Klein, M. (1981). O papel da escola no desenvolvimento libidinal da criança. In M. Klein, *Contribuições à psicanálise.* São Paulo: Mestre Jou. (Publicado originalmente em 1923a)

Klein, M. (1981). A análise infantil. In M. Klein, *Contribuições à psicanálise.* São Paulo: Mestre Jou. (Publicado originalmente em 1923b)

Klein, M. (1981). A importância da formação de símbolos no desenvolvimento do ego. In M. Klein, *Contribuições à psicanálise.* São Paulo: Mestre Jou. (Publicado originalmente em 1930)

Klein, M. (1975). Primeiros estádios do conflito edípico e a formação do superego. In M. Klein, *Psicanálise da criança*. São Paulo: Mestre Jou. (Publicado originalmente em 1932)

Klein, M. (1981). Uma contribuição à psicogênese dos estados maníaco-depressivos. In M. Klein, *Contribuições à psicanálise*. São Paulo: Mestre Jou. (Publicado originalmente em 1934)

Klein, M. (1978). Notas sobre alguns mecanismos esquizoides. In M. Klein et al., *Os progressos da psicanálise*. Rio de Janeiro: Zahar. (Publicado originalmente em 1946)

Klein, M. (1978). Algumas conclusões teóricas sobre a vida emocional dos bebês. In M. Klein et al., *Os progressos da psicanálise*. Rio de Janeiro: Zahar. (Publicado originalmente em 1952a)

Klein, M. (1978). Sobre a observação do comportamento dos bebês. In M. Klein et al., *Os progressos da psicanálise*. Rio de Janeiro: Zahar. (Publicado originalmente em 1952b)

Petot, J-M. (1991a). *Melanie Klein* (Vol 1). São Paulo: Perspectiva.

Petot, J-M. (1991b). *Melanie Klein* (Vol 2). São Paulo: Perspectiva.

Segal, H. (1982). Notas a respeito da formação de símbolos. In H. Segal, *A obra de Hanna Segal: Uma abordagem kleiniana à prática clínica*. Rio de Janeiro: Imago. (Publicado originalmente em 1957)

Segal, H. (1993). Simbolismo. In H. Segal, *Sonho, fantasia e arte*. Rio de Janeiro: Imago. (Publicado originalmente em 1991)

Winnicott, D. W. (1975). Objetos transicionais e fenômenos transicionais. In: *O brincar e a realidade*. Rio de Janeiro, Imago. (Publicado originalmente em 1951)

5. Os contemporâneos: Bion, Meltzer, Winnicott e contribuições posteriores

Meltzer (1984) acredita que Klein e Bion ampliaram a metapsicologia psicanalítica para além das quatro dimensões metapsicológicas iniciais definidas por Freud, quais sejam: a dinâmica, a genética, a econômica e a topográfica. Melanie, com seus conceitos de mundo interno e de interior do objeto, criou uma dimensão metapsicológica nova, a *dimensão geográfica* da mente, com todas as suas implicações: as noções de dentro/fora do *self* e dentro/fora do objeto. Bion, além de desenvolver o estudo da geografia dos espaços mentais e da comunicação entre eles e de ampliar o conceito de identificação projetiva criado por Klein, criou a *dimensão epistemológica* da mente ao caracterizar a importância central do conhecimento, da criação dos pensamentos e do pensar na estruturação do aparelho mental. Veremos que essas ampliações afetarão também nosso objeto de estudo, a simbolização.

Bion, os pensamentos e o pensar

Bion (1957/1988, 1959a/1988, 1959b/1994, 1959c/1994, 1962a/1988, 1962b/1991), partindo de Freud e Klein, fará contribuições geniais ao tema da simbolização. Ao longo de sua obra, definirá que o que move o processo de formação de símbolos não é a libido (L - *love*, amor), tampouco a pulsão de morte (H - *hate*, ódio), mas o desejo de conhecer (K - *knowledge*, conhecimento), desde que L e H estejam subordinados a K. Aqui, o desejo de conhecer é elevado ao *status* de pulsão (Meltzer, 1988). Definirá, como veremos a seguir, que a capacidade de pensar cria-se não na posição esquizoparanoide, nem na posição depressiva, mas na oscilação permanente entre elas (Ps « D). Definirá também que as transformações simbólicas dependerão não do sujeito, nem do objeto, mas do vínculo e do afeto vivido entre eles, ou seja, da relação entre continente e contido.

Partindo do princípio de serem conhecidas de todos, farei uma rápida síntese das principais ideias de Bion que interessam ao tema que estou discutindo.

Nota-se a forte presença de Freud quando, em *Aprender da experiência*, Bion (1962b/1991) se interessa em estudar "a relação que existe entre o 'princípio do prazer' e o 'princípio da realidade' e a escolha que um paciente pode fazer confrontado com a possibilidade de modificar uma frustração ou evadi-la" (p. 22), numa referência explícita a *Formulações sobre os dois princípios do funcionamento mental* (1911/1969).

Os conceitos de Klein de *splitting*, identificação projetiva, posição depressiva, posição esquizoparanoide e inveja são, de outro lado, basilares em sua conceituação (Bion, 1959c/1994). Destaco isso pois tenho escutado, por vezes, uma discussão - estéril, de meu ponto de vista - a respeito de Bion ser ou não kleiniano. Klein é tão central em Bion quanto o é Freud. Ora, penso que Bion foi além de Klein, e neste sentido não é um kleiniano clássico; mas, se retirarmos Klein de Bion, não existe Bion! Os conceitos centrais de Bion não operam sem os conceitos de Klein. Vamos, finalmente, às suas ideias.

Bion (1959c/1994), em "Dream-work-a", descreve uma série de funções mentais que afirma já serem bem conhecidas da psicanálise. Sua descrição é a origem do que, posteriormente, chamará de função alfa. As características, então, de alfa: 1) é contínua dia e noite; 2) opera sobre estímulos recebidos de dentro e de fora da mente e sobre a contraparte ideativa dos fatos externos. Afirma que alfa transforma as impressões sensoriais brutas de modo que possam ser armazenadas e relembradas. A impressão sensorial é transformada em ideograma, ou "ideogramatizada". Por exemplo, se a experiência é de dor, o psiquismo poderá receber uma imagem de uma face com lágrimas, ou de um cotovelo arranhado... E, numa articulação explícita com *Formulações sobre os dois princípios...* (1911/1969), diz que se o *princípio de realidade for dominante* (tolerada a frustração), os ideogramas criados servirão para armazenagem (pela memória) e serão relembrados (pela atenção) posteriormente e também poderão ser sintetizados uns com outros. Se o *princípio do prazer/dor for dominante*, o ideograma servirá para ser evacuado.

É interessante ter chamado a essa função de *trabalho de sonho alfa*, pois é uma antecipação não só daquilo que descreverá como função alfa, mas também da capacidade de *rêverie*. *Rêverie* se origina da palavra francesa *réver*, que significa sonhar. Bion utiliza esse termo não no sentido do sonho propriamente dito, mas de que as experiências emocionais e sensoriais "brutas" precisam ser "sonhadas", transformadas, para sair do domínio da sensorialidade e passar ao domínio do mental.

Relaciona a seguir o trabalho de sonho alfa com a identificação projetiva: um sonho, por exemplo, pode ter a finalidade de simplesmente evacuar no analista um conjunto de emoções, e não uma destinação ao registro e à elaboração psíquica. Imagina que poderá ser perguntado: se foi criada uma imagem, não houve o trabalho de alfa e, portanto, uma simbolização visual? Responde que em certo modo, sim. Parece realmente que alguns sentimentos foram ideogramatizados, mas não para o propósito de uma digestão mental, e sim para ser colocados num receptáculo que dê a sensação de que se está livre deles.

"Nesse caso a imagem visual é usada como um alvo para a identificação projetiva e então usada como contendo um míssil para posterior identificação projetiva" (p. 66). O sonho, nesse caso, é sentido como um "objeto real" e serve de continente para uma identificação projetiva, não é sentido como um fenômeno saudável, é sentido como se fosse uma alucinação.

Posteriormente (Bion, 1962b/1991), ordenando e ampliando suas ideias, criará o seguinte modelo: a função alfa opera sobre as impressões sensoriais e sobre as emoções, chamadas por ele de elementos beta, transformando-as em elementos alfa.

> *Os* elementos alfa *são as imagens visuais, modelos auditivos, olfativos, e são adequados para serem empregados nos pensamentos oníricos, no pensar inconsciente de vigília, em sonhos, barreira de contato, memória. (p. 48)*

"Os elementos alfa se assemelham, e na realidade podem ser idênticos, às imagens visuais com que estamos familiarizados nos sonhos" (p. 26) e são considerados por ele formas mentais capazes de serem pensadas ou armazenadas, enquanto os elementos beta são equiparados às coisas em si, pertencendo ao campo dos fenômenos e não das ideias, ou seja, não passíveis de serem pensados.

Os elementos alfa pertencem ao domínio do pensar e os elementos beta, ao domínio do sensorial. A função alfa é necessária para o pensar consciente e para relegar ao inconsciente determinado pensamento, caso se queira liberar a consciência deste. Se só existem elementos beta, que não podem ser inconscientes, não pode haver repressão. A função alfa permite, então, a formação da barreira inconsciente/consciente (barreira de contato): assim, na vigília o sujeito pode ficar "adormecido" para percepções e experiências emocionais que são armazenadas no inconsciente por ela. A função alfa permite o sonhar por formar elementos alfa que originarão os pensamentos oníricos. Permite também o desenvolvimento do sentido de realidade, que, no modelo teórico bioniano, é tão importante para a mente quanto a comida, a bebida, o ar e a evacuação o são para o corpo. A barreira de contato, como veremos a seguir, resulta da aderência entre os elementos alfa.

Logo, para aprender com a experiência, será preciso que a função alfa opere sobre a experiência emocional, seja na vida diurna ou noturna, transformando-a em conhecimentos e memórias que possam ser armazenados.

Quanto à gênese dos pensamentos, Bion (1962b/1991) acredita que os pensamentos propriamente ditos ocorrem na ausência do objeto esperado, ou seja, numa não realização, ou no contexto da frustração. Bion dirá literalmente:

> *Os pensamentos, então, ou estes elementos primitivos que são protopensamentos, são objetos maus, que são necessitados e que se deve livrar deles porque são maus. Pode-se livrar deles pela evasão ou modificação. O problema se soluciona através da evacuação, se*

> *a personalidade é dominada pelo impulso de fugir da frustração, ou pensando se a personalidade é dominada pelo impulso de modificar a frustração. (p. 115)*

Ou seja, o passo seguinte, fugir da frustração ou modificá-la, dependerá da capacidade de tolerância à frustração. Se puder tolerar a frustração, o não seio, objeto mau, protopensamento, transforma-se num pensamento, dando início ao que Freud chamou de princípio da realidade. Caso não a possa tolerar, fugirá dela, e "o que deveria ser um pensamento torna-se um objeto mau, indistinguível de uma coisa-em-si, e que se presta apenas à evacuação" (p. 103). No predomínio da intolerância à frustração, serão tomadas medidas permanentes para fugir dela, intensificando a identificação projetiva, confundindo a distinção entre *self* e objeto externo, impedindo, consequentemente, a percepção de dualidades, a formação de verdadeiros símbolos, e desenvolvendo, em vez de um aparelho de pensar, um aparelho de evacuar pensamentos.

É importante destacar a aparição em Bion da importância da frustração e da diferenciação *self*/objeto na simbolização, já destacada em Ferenczi (1913/1992), como salientado. Então, no modelo bioniano, se uma pré-concepção seguida de uma não realização conduz a um pensamento propriamente dito, uma pré-concepção seguida de uma realização, ou seja, da presença do objeto esperado, resultará num conceito.

Uma das formulações surpreendentes de Bion, e muito interessante, é a de que os pensamentos precedem a capacidade de pensá-los, o que implica que o fato de ter pensamentos não quer dizer que o paciente tenha capacidade de pensar. Dependerá de como e para que são usados os pensamentos: se são evacuados ou articulados entre si; se são usados simplesmente para a descarga ou para modificar o meio. No primeiro caso, são similares ou idênticos a elementos beta. A mente, nesses casos, funcionará como um músculo que descarrega continuamente elementos beta, os quais se prestam apenas à evacuação, são sentidos como coisas e podem ser percebidos sensorialmente no corpo como somatizações e na realidade externa como alucinações. Fica implícito que inúmeros quadros clínicos em que predominem os processos evacuativos no soma, na passagem ao ato, ou sob forma de alucinações, serão entendidos como tendo na sua base problemas na capacidade de transformação simbólica.

Os elementos alfa, por outro lado, podem ser pensados porque podem se integrar, estabelecer ligações entre si. Caper (1996/2002), em artigo interessante a respeito da função alfa, esclarece que, no sentido bioniano, a qualidade de ter significado está ligada à possibilidade de estabelecer conexões. Ou seja, uma ideia é significativa se pode ser conectada a outra ideia. Logo, uma ideia é potencialmente pensável se pertence a uma rede de ideias interconectadas.

No trabalho "Diferenciação entre a personalidade psicótica e a personalidade não-psicótica" (1957/1988), Bion evidencia sua ideia de que o psicótico, ou a parte psicótica da personalidade, por uma intolerância à percepção de uma realidade penosa, ataca partes da personalidade capazes de perceber a realidade. Descreve, particularmente, um ataque aos elos de ligação que se estabelecem no interior dos próprios processos de pensamento. Referindo-se explicitamente a Freud (1911/1969), dirá que o pensamento primitivo ocorre pela possibilidade de estabelecer ligações entre as impressões sensoriais. São essas ligações que dão sentido às impressões sensoriais. Diz Bion:

> *Todos esses elos são agora atacados, até que finalmente fica impraticável juntar dois objetos de modo a que cada um, não obstante conservar, intactas, as respectivas*

> *qualidades intrínsecas, possa, ainda assim, gerar um novo objeto mental, através de sua conjugação com outro. Consequentemente, a formação de símbolos, cujo efeito terapêutico depende da habilidade de unir dois objetos para que fique patente sua semelhança, e se atenue a diferença entre eles, agora se torna difícil. (p. 51)*

Logo adiante, dirá que o paciente ataca e expulsa da mente aquilo-que-liga. Nesse parágrafo genial, evidenciam-se várias ideias que interessam ao meu objetivo: Bion concebe e denomina "formação de símbolos" os primitivos processos, já mencionados por Freud e citados por mim anteriormente, de associação, ligação das impressões sensoriais, e antecipa, em 1957, o que nomeará posteriormente como *trabalho de alfa* (1959c/1994) e *função alfa* (1962b), ou seja, que as impressões sensoriais, para adquirir sentido e significado, precisam estabelecer conexões e associações entre si. Outro fato que gostaria de destacar – e que desenvolverei a seguir – é que quando Bion fala num elemento que liga (aquilo-que-liga), está pressupondo uma relação a três: um elemento, outro elemento e aquilo que os liga. Dana Birksted-Breen (1996) descreveu o pênis – não o falo – como estrutura mental, como aquilo que liga o pai e a mãe criativamente. Veremos isso mais adiante.

Os elementos alfa, pela sua capacidade de articulação, dão origem a um retículo que Bion (1962b/1991) chamou de tela alfa. A tela alfa formaria uma barreira de contato que, de um lado, separa o consciente do inconsciente e, de outro, permite o contato entre os dois. Então, é ela que cria a possibilidade de existir o inconsciente na medida em que cria os elementos mentais capazes de ser ordenados e carregar o significado das experiências emocionais que formarão o inconsciente. Caper (1996/2002) faz uma correlação direta entre a capacidade de formar símbolos descrita por Segal (1957/1982) e a barreira de contato de Bion. Assim, como eu já havia adiantado, em Bion, é a capacidade de formar símbolos que permitirá a repressão.

A tela de elementos beta, que não podem se articular entre si, presta-se mais à expulsão e visa provocar reações no analista. O uso que é feito das palavras é mais uma ação para liberar o psiquismo de um acréscimo de estímulos que uma linguagem propriamente dita.

Bion (1962b/1991) descreve também a possibilidade de *inversão da função alfa*. Haverá uma destruição da barreira de contato de modo que "os elementos alfa são despojados de todas as características que os distinguem dos elementos beta e são logo projetados, formando, deste modo, a tela beta" (p. 46). Formam-se, desse modo, elementos bizarros.

Um dos grandes diferenciais de Bion em relação a Klein é que, além de criar um modelo teórico a propósito do que se passaria intrapsiquicamente, ele concebe a relação mãe/bebê de tal modo que o que se passa dentro da mente do lactente se torna inseparável do vínculo estabelecido com a mãe e do que se passa na mente dela. No início da vida, o bebê, confrontado com as frustrações inevitáveis, precisará se livrar dos elementos beta e os projetará para dentro da mãe. Bion (1962a/1988, 1962b/1991), então, dando um novo passo teórico, considera que a mãe terá um papel modulador essencial, "manejando" a personalidade do bebê para que este possa desenvolver a sua mente. Ou seja, esse desenvolvimento não dependerá apenas das características constitucionais do bebê (quantidade de pulsão de morte/vida e tolerância à frustração), mas *também* da capacidade mental da mãe de "metabolizar" e transformar as projeções iniciais do bebê.

Considerando que a função alfa não opera desde o início da vida, o bebê dependerá da função alfa da mãe e de sua capacidade de *rêverie* para "alfabetizar" (Ferro, 1995) suas experiências emocionais. A *rêverie* da mãe é entendida por Bion (1962a/1988) como o "órgão receptor da colheita de sensações" (p. 106) do bebê que foram projetadas para dentro dela. É a *rêverie* que satisfaz a necessidade de amor e compreensão do lactente. Se a mãe que alimenta não tem capacidade de *rêverie* ou se a *rêverie* ocorre, mas sem amor ao bebê *ou ao seu pai* (!!), este fato será comunicado ao bebê, mesmo que lhe seja incompreensível. "A 'rêverie' *é fator da função* alfa da mãe" (p. 59). Ou seja, a partir de Bion, a mãe passa a ser vista desempenhando funções estruturantes da mente do bebê. Assim como o alimenta de leite, alimenta-o de "pensamentos" por colocar a sua função alfa a serviço do bebê. Isso é muito mais que apresentar o objeto da necessidade ou do desejo do bebê.

Bion (1962a/1988, 1962b/1991), então, acrescentará uma nova forma de operar a identificação projetiva *normal*, qual seja, com finalidades comunicativas: o bebê desperta na mãe sensações desagradáveis das quais deseja se livrar; a mãe acolhe essas sensações e "reage terapeuticamente" (1962a/1988, p. 105), modificando o projetado de modo que o bebê sente, depois de reintrojetar o que foi projetado, que está recebendo de volta sua personalidade de forma tolerável. Essa seria uma relação +continente/contido que levaria ao desenvolvimento do aparelho de pensar. Se, ao contrário, a mãe, reagindo com ansiedade e incompreensão, não acolhe as projeções, ou acolhe, mas não as atenua e as devolve incrementadas da sua própria ansiedade, o bebê sente que está em relação com um objeto mau, despojador, invejoso e se sente invadido por um *terror sem nome*. Esse estado emocional conduzirá, por sua vez, a um novo incremento da identificação projetiva, contribuindo para o desenvolvimento não do aparelho de pensar, mas de um aparelho que serve mais para a evacuação. Retornarei depois ao detalhamento da relação continente/contido.

Bion (1962b/1991) faz uma contribuição original ao vincular a *tolerância à frustração* com a capacidade de fazer identificações projetivas realistas, normais; se a tolerância à frustração é menor, a identificação projetiva tem uma contraparte menos real na realidade externa, chamada por Klein de *excessiva*. Leva a um *excesso* de expulsão pela intolerância maior aos sentimentos indesejados e sem levar em conta os dados da realidade. Nesse caso, a transformação da experiência dependerá mais ainda da capacidade de *rêverie* materna. Caso a mãe falhe, haverá uma nova sobrecarga sobre a escassa capacidade de tolerância à frustração do bebê, aumentando a identificação projetiva. Numa situação oposta, um lactente, para sobreviver frente a uma mãe sem capacidade de *rêverie*, precisará ter uma enorme tolerância à frustração. Descreve, então, um espectro de relações proporcionais entre capacidade de *rêverie* materna e tolerância à frustração do bebê.

Partindo da ideia de que os pensamentos precedem a capacidade de pensá-los, Bion (1962b/1991) descreve um segundo fator responsável pelo desenvolvimento do aparelho de pensar, que é a oscilação Ps « D (Grinberg, Bianchedi & Sor, 1991), sendo o primeiro fator a possibilidade de se estabelecer uma relação continente/contido positiva. A oscilação Ps « D terá, como veremos a seguir, inúmeras implicações para a técnica psicanalítica. Partindo de ideias do matemático Poincaré, Bion descreve que, a partir das experiências emocionais sucessivas, a função alfa forma elementos alfa que, num primeiro momento, carecem de coerência e organização. Em determinado momento, a partir de um fato selecionado, eles podem se organizar num modelo coerente e adquirir um sentido para o sujeito. O fato selecionado seria "o nome de uma experiência emocional, a experiência emocional de um sentido de descobrimento da coerência" (Bion, 1962b/1991, p. 104). Assim, o fato selecionado precipita o modelo mental a ser criado.

Mas, para que a experiência emocional possa ser usada para a criação desse modelo, é preciso que seus dados sensoriais tenham sido transformados em elementos alfa, a fim de poderem ser unidos, articulados, organizados. O modelo, nessa descrição, seria já uma abstração da experiência emocional e uma concretização de abstrações posteriores passíveis de serem realizadas. A mente é descrita numa linha de desenvolvimento que vai da experiência concreta a graus crescentes de abstração advindos de transformações simbólicas sucessivas. Em sua atividade clínica, o psicanalista deverá ter capacidade negativa para tolerar os momentos de incoerência característicos de Ps até que um fato selecionado permita chegar a D e, só então, criar um modelo do que se passa na sessão. O pensar depende de se chegar a uma integração, a uma síntese (D), depois de um período de incoerência e fragmentação (Ps). Ogden (1996) afirma que o inverso também é verdadeiro: para se chegar a um novo pensamento, é preciso sair de D, é preciso haver uma "desestruturação" do já conhecido. Ficar sempre em D teria mais a ver com a onisciência que com o verdadeiro conhecimento.

Acho que já é possível, à título de tentativa, realizar algumas integrações e levantar a seguinte hipótese: para Bion, as primeiras simbolizações, que ele chama de pensamentos "propriamente ditos" (o não seio), relacionam-se inequivocamente com a ausência do objeto e a capacidade de *conter* a ansiedade decorrente dessa ausência; os registros realizados na presença do objeto, que ele chama de conceitos, talvez possam ser o que Freud chamou de registros mnêmicos de impressões sensoriais. Esses registros, eu penso, se tornariam registros simbólicos se, *a posteriori*, submetidos à função alfa, ligados ao afeto vivido na experiência, articulassem-se, transformassem-se em elementos alfa e passassem a evocar, representar, o ausente, carregado do significado da experiência afetiva em questão.

O pensar e os vínculos

Bion (1962b/1991) é categórico ao afirmar que uma experiência emocional não pode ocorrer isolada de uma relação. E supõe três tipos de vínculo que podem unir X e Y: X ama Y; X odeia Y; X conhece Y. Usa os três signos já conhecidos para se referir a amor, ódio e conhecimento, partindo dos termos em inglês (*love*, *hate* e *knowledge*) e definindo, então, L, H e K. O vínculo K é uma experiência emocional entre X e Y e é um vir a ser, não é algo que se possui. É a busca da verdade daquilo que se tenta conhecer. O sentimento inerente a essa experiência parece ser doloroso e, para prosseguir, dependerá da tolerância à frustração.

O resultado do vínculo K é a produção de um enunciado que represente a experiência emocional vivida, e o sentido de verdade é assegurado pelo senso comum, por uma correlação de sentidos. Essa representação é uma abstração da experiência. Em nosso meio, Rezende (1998), estudando o *status* científico da psicanálise e seus critérios de verdade, classificará essa metodologia, em meio a outros critérios de verdade utilizados pela psicanálise, como a verdade por correlação simbólica.

Fica implícito nas teorizações de Bion que lhe parece que o modelo freudiano em *Formulações sobre os dois princípios...* esclarecia como a consciência e a atenção apreendiam as qualidades sensoriais da experiência e que, para ele, a questão vai além, ou seja, visa esclarecer também como são apreendidas as qualidades psíquicas em que não concorrem os dados sensoriais. Bion (1962b/1991) afirma que, para as personalidades incapazes de um sonhar verdadeiro, ou seja, de transformação de beta em alfa, descrever a consciência como órgão de apreensão das qualidades psíquicas não é satisfatório – não é uma descrição falsa, mas insatisfatória, pois a consciência só poderá apreender as qualidades psíquicas caso haja essa transformação; caso contrário só poderá apreender qualidades sensoriais.

O interessante é notar que, apesar de Bion acreditar que o que constrói a mente é a possibilidade de criar enunciados sobre as experiências vividas ou, se preferirmos, representações simbólicas das experiências, ele coloca a emoção vivida no vínculo no centro do processo, inaugurando o que será chamado de dimensão ou modelo estético da psicanálise, que será abordado em capítulos subsequentes deste livro.

Aprofundando um pouco mais seus conceitos, Bion (1962b/1991) dirá que a primeira manifestação de um vínculo K é na relação mãe-bebê e que continente e contido são impregnados e unidos pela emoção: L e H são fatores de K. Ou seja, chegar a K dependerá da emoção que liga continente e contido. Se predomina L no vínculo K, estabelece-se uma relação de tipo comensal, pois tanto a mãe como o bebê obtêm crescimento mental dessa experiência. Esta atividade compartilhada é introjetada pelo bebê "de tal forma que o aparelho continente/contido se instala no lactente como parte do aparelho da função alfa" (p. 123).

O desenvolvimento do continente ocorre pela formação de um retículo em que os espaços são como vacúolos a serem preenchidos por pensamentos e os fios que compõem a malha são a emoção. O conjunto crescente continente/contido provê a base de um aparelho para aprender com a experiência. Assim, dos pensamentos e do desenvolvimento dos pensamentos, surge o aparelho para pensá-los. A aprendizagem depende de esse aparelho ter, ao mesmo tempo, integração e flexibilidade. Cria-se assim um estado mental em que o indivíduo pode reter seus conhecimentos e experiências e ao mesmo tempo estar preparado para reconstruir as experiências passadas à luz de uma nova experiência. A emoção desempenha um papel fundamental ao unir continente e contido para que se produza uma relação comensal e, portanto, K. Mas, segundo Bion, não são todas as emoções. Há emoções que conduzem a −K, o vínculo constituído por *não* compreender, ou seja, uma compreensão distorcida (*misunderstanding*).

Considera a inveja como um dos fatores que conduzem a −K quando ela é a emoção que une continente e contido. Considerando a inveja como expressão da pulsão de morte, aquilo que desliga, entende que não conduza à produção criativa de algo. A inveja impossibilita uma relação comensal. Em −K, o bebê sente que o seio despoja o que há de bom e força dentro dele um resíduo sem valor. "O bebê que começou com medo de morrer termina contendo um terror sem nome" (p. 128).

A relação continente/contido negativa "apresenta-se como um objeto superior que afirma sua superioridade mostrando falhas em tudo" (p. 130). Existe um ódio a qualquer novo desenvolvimento, como se este fosse um rival a ser destruído. A busca da verdade é recebida com ataques destrutivos. Os contidos são incluídos em um continente que os despoja de valor e os priva de sentido. Esse despojamento invejoso contrasta com o processo de abstração próprio da relação continente/contido de K. Ocorre uma inversão: −continente/contido converte elementos alfa em beta. Ou seja, o abstrato é convertido em coisas-em-si-mesmas, ao contrário de +continente/contido.

O aparelho de pensar se desenvolve, então, por meio da oscilação Ps ↔ D e da relação continente/contido. Continente e contido integram a função alfa. Esse aparelho integrado e flexível, como descrito anteriormente, podendo acolher e transformar as experiências emocionais, amplia-se infinitamente, levando a um permanente crescimento mental.

A título de conclusão preliminar, poderíamos dizer que Bion insere a simbolização não só no calor da relação objetal, como

Klein já havia feito, mas na dependência de que esse objeto desempenhe funções de continência e transformação da experiência emocional. Ou seja, o funcionamento mental do objeto passa a ser levado em conta. E, mais que isso, coloca a emoção como motor e ponto de partida do processo de simbolização. Posteriormente, o indivíduo, identificado com a função continente do objeto, conquistará a capacidade de "alfabetizar" suas experiências emocionais e, assim, construir seu aparelho psíquico. A afirmação é que a atividade da função alfa permanente, diuturnamente, pressupõe uma ampliação permanente da tela alfa e da própria mente.

O protomental, o uníssono e o negativo

Embora Bion tenha feito questão de deixar em aberto, recobertos por uma penumbra de incertezas, os conceitos de função alfa e elementos alfa, outros autores (Meltzer, 1984, 1988/1995; Segal, 1991a/1993, 1991b/1993; Green, 1975/1994; Ogden, 1996; Ferro, 1995, 1998; Gaburri & Ferro, 1988) deixam claro que é o processo de simbolização que está sendo estudado por Bion.

Talvez Bion, com sua preocupação reconhecida em estimular a abertura a novas ideias, evitando que elas sejam equiparadas mecanicamente a ideias já conhecidas, tenha evitado utilizar velhos nomes. Se pudermos assimilar as novas ideias de Bion, preservar sua originalidade e o que trazem de novo, penso que podemos usar nomes já utilizados. Como bem mostra Ogden (1996) em seu belo livro *Os sujeitos da psicanálise*, desde que possamos preservar a originalidade e a pureza dos diversos conceitos psicanalíticos, é preciso tentar articulá-los, botá-los em relação, aproximá-los até o limite máximo e depois diferenciá-los. Isso permite explorar o potencial criativo da teoria psicanalítica.

Meltzer (1984) equipara os elementos alfa aos símbolos e a função alfa à simbolização e dirá textualmente:

> *Ao igualar elementos alfa e símbolos, sigo a sugestão de Bion de que os elementos alfa são, em si mesmos, inobserváveis . . . o símbolo não é um signo, é um recurso para intercambiar o significado, uma forma de vinculação que expressa congruência, mas que leva em si um incremento de significado para ambos os termos. (p. 81)*

Só que, no contexto teórico bioniano, teremos símbolos e simbolização entendidos como algo sumamente dinâmico, constante, criado no âmbito de uma relação emocional e sujeito às mais diversas vicissitudes. Será descrita quase que uma psicopatologia da simbolização: a inversão da função alfa, a apropriação por uma parte perversa da personalidade, a expulsão da mente da possibilidade de efetuar ligações, tudo isso levando a perturbações na constituição ou no funcionamento do próprio aparelho mental.

Em suas várias contribuições ao estudo da simbolização, além de esclarecer as contribuições de Bion, Meltzer (1975/1979, 1984, 1988/1995; Meltzer et al., 1986/1990) ainda acrescenta originalidade a vários conceitos. Por exemplo, dirá que Bion, ao definir a relação continente/contido como fundamental na geração dos símbolos e do pensar, complementa Klein no sentido de que ela descreveu a introjeção e a projeção, mas não se preocupou em descrever como surge na mente o conceito de espaço interno.

Então, à descrição de Bion da necessidade de a mãe funcionar como um continente e da internalização dessa função pelo bebê, Meltzer, em *Explorações do autismo* (1975/1979), descreverá a passagem da bidimensionalidade à tridimensionalidade. Nesse livro, a partir de ideias de Esther Bick (1967/1991) sobre a pele, ele mostra como a possibilidade de utilizar a identificação projetiva, simbolizar e pensar depende do desenvolvimento da noção de que o *self* e o objeto possuem um espaço interno. No funcionamento mental bidimensional, não há a possibilidade de simbolização, uma vez que não há a noção de dentro/fora, logo, como tudo está unido borda a borda, não há o que representar. Não há uma percepção discriminada dos objetos.

Em *Os estados sexuais da mente*, Meltzer (1973/1979) havia descrito a criatividade como advinda da internalização do casal de pais unidos num coito criativo. Dizia, poeticamente, que o sujeito não cria, apenas descobre aquilo que os pais internos criaram! Treze anos depois, em *Metapsicologia ampliada* (Meltzer et al., 1986/1990), livro em que se dedica ao estudo da aplicação clínica das contribuições de Bion, se referirá ao *misterioso processo de geração de símbolos* como o núcleo da criatividade humana. A área simbólica passará a ser entendida como a essência da mente, cuja finalidade é criar símbolos para representar o significado das experiências emocionais a fim de que sejam armazenadas como recordações, usadas para pensar e transformadas em uma variedade de formas simbólicas para a comunicação de ideias e para a criação artística.

Cada vez mais, Meltzer (1988/1995) salientará o caráter criativo, estético, da simbolização, na medida em que esta cria uma forma que carrega o sentido e a emoção da experiência. Penso que isso se ilustra na seguinte afirmação:

> *A mente é a função geradora de metáforas que usa o grande computador (cérebro) para escrever sua poesia e pintar seus quadros de um mundo cintilante de significado. E significado é, em primeira instância, a*

> *manifestação fundamental das paixões da relação íntima com a beleza do mundo. (p. 35)*

A forma poética em que Meltzer tenta descrever as ideias de Bion e a sua visão estética do processo se ilustra também neste seu comentário:

> *Mediante um misterioso ato criativo da mente, os dados proporcionados pelos diferentes sentidos são introduzidos dentro do continente ("a câmara obscura do pensamento virginal" – Keats) aonde a sede de conhecimentos (vínculo K) e a dinâmica da preocupação pelos objetos amados (Ps ↔ D, catalisados pelo fato selecionado) são capazes de produzir uma imagem onírica aonde fica apreendido o sentido, pegando emprestada uma imagem de Bion, "como a luz de um diamante". Esse misterioso processo pode ser revertido, "a meio caminho", para produzir uma trama de mentiras e representações falsas. (Meltzer et al., 1986/1990, p. 112)*

Preocupado em discriminar relações humanas que acontecem no calor das emoções de outras delas destituídas, diferenciará entre duas áreas da experiência humana. Há uma área da vida e do desenvolvimento humano que é desmentalizada e se assemelha aos estímulos recebidos pelos filhotes de animais, onde o que predomina é o aprendizado por meio do treinamento, a mímica e o condicionamento. Essa seria a área marcada pela presença dos signos e das convenções, mais que pelos símbolos propriamente ditos. É uma área essencial para sobreviver. Mas espera-se que no ser humano se desenvolva uma outra área, em que se estabeleçam relações íntimas carregadas de experiências emocionais e que se possa aprender a respeito delas por meio do pensar, a partir do que a imaginação constrói uma imagem do mundo. Levando Bion às últimas consequências, nesse aspecto, dirá que a emoção é a primeira manifestação do "sentido" de uma experiência e a significação simbólica é a sua elaboração. Ou seja, é a emoção que dá a qualidade daquilo que é experimentado e, desde que haja uma possibilidade de continência, isso é elaborado, registrado e armazenado, por meio da representação simbólica.

Meltzer, finalmente, definirá com clareza, a fronteira do *protomental* com o *mental*: ela é delimitada pela função alfa, responsável pelo misterioso processo de formação dos símbolos (Meltzer et al., 1986/1990). E dirá também que o aparelho protomental instiga à ação para fora (atuação) ou para dentro do sujeito (psicossomático), sendo que o aparelho mental restringe a ação e promove o pensar, traçando um paralelo entre os elementos beta – que já haviam sido chamados por Bion de protopensamentos e pertenceriam ao protomental – e os elementos alfa, que constituiriam o mental. Assim, diversos fenômenos ligados ao alívio de estímulos, às experiências sensoriais e seus registros, pertenceriam ao domínio do protomental.

Segal (1991b/1993), em seu artigo "Espaço mental e elementos do simbolismo", fará uma integração teoricamente importante entre os seus próprios conceitos e os de Bion. Destaca toda a relevância clínica da teoria do pensar de Bion, particularmente a função continente do objeto e a identificação com essa função para se desenvolver um aparelho mental capaz de simbolizar. Diz que uma boa relação continente/contido pressupõe um espaço no continente para conter o contido e que será isso que dará origem ao espaço mental. Sempre que a criança ou o paciente sentem não haver espaço mental para acolher suas projeções, estas voltam pioradas.

Faz várias tentativas de articulação entre os elementos beta e as equações simbólicas. Primeiro dirá que "são como uma forma muito primitiva do que eu chamo de 'equações simbólicas'" (p. 64). Depois, que talvez que as equações simbólicas sejam formadas por elementos beta. Mas em seguida afirma – e é a visão à qual ela se inclina – que talvez fosse melhor considerar que as equações simbólicas são o meio caminho entre beta e alfa. Conclui que não podem ser equiparados, pois as equações simbólicas não estão sempre diminutamente fragmentadas e, portanto, são mais reconhecíveis; seu significado é reconhecido com mais facilidade e elas já tem algum significado simbólico. Se seguirmos sua sugestão, talvez cheguemos à seguinte linha de evolução: *elementos beta → início da transformação em alfa → equações simbólicas → elementos alfa → símbolo propriamente dito.*

Quanto aos elementos alfa, dirá, de acordo com Bion, que são os elementos do pensamento onírico, do mito e do simbolismo, e a função alfa, como Meltzer, ela acredita que está intimamente relacionada à função simbólica. O caráter insaturado dos elementos alfa faz com que sejam passíveis de inúmeras articulações, abertos a infinitas transformações. Disso decorre que pode haver muitos símbolos para uma situação e um símbolo pode representar diversas situações. Ocorreu-me a partir daí que se poderia imaginar o retículo alfa como uma estrutura tridimensional em que cada ponto se articula com inúmeros outros, em vários planos diferentes. Penso que disso resulta a relatividade simbólica (Rezende, 1988/1998). Cada articulação dessas dá uma ênfase, um sentido, um significado diferenciado. Cada um desses sentidos existirá na dependência do tipo de articulação que será realizada a cada momento.

Voltando a Segal (1991b/1993), ela coteja a sua ideia de a passagem da equação ao símbolo estar ligada à passagem PS → PD com a concepção de Bion de oscilação Ps ↔ D. Acho que são concepções diferentes: a oscilação concebida por Bion é muito mais uma oscilação de estado mental que de posições bem delimitadas no desenvolvimento; é um conceito mais sincrônico que diacrônico.

Gaburri e Ferro (1988) dirão que Bion estudou menos o símbolo, entendido como conteúdo mental, e mais a simbolização enquanto função mental criativa, a mente como geradora de símbolos. Inclusive, toda a técnica que Ferro preconizará dirá respeito à ampliação da capacidade simbólica (Ferro, 1995, 1998). Ele dirá, em seu trabalho de 1988, que as conceituações atuais do símbolo se relacionam com o modo de conceber a identificação projetiva: se esta serve à comunicação e se a formação do pensamento ocorre através da mente do outro, a *simbolização se torna um processo a dois e o símbolo, um êxito relacional.* Dá-se menor importância à "veracidade" do significado simbólico em si e assume menor relevância a relação do paciente com seus próprios objetos e fantasias:

> *existe uma outra mente, a do analista, com objetos e fantasias próprias, que transformando as emoções e operando "em uníssono" favorece a função do simbolizar. Por isso a revelação de significados pré-constituídos pode acompanhar-se da formação de novos significados, novas ligações, novas possibilidades. (Gaburri e Ferro, 1998, p. 297)*

A simbolização passará a ser vista como uma conjunção criativa: a área simbólica é aquela divisória compartida por dois objetos imersos em uma relação recíproca e a configuração criativa será o elemento crucial da formação dos símbolos (Gaburri e Ferro, 1998). Isso terá inúmeras implicações para a técnica psicanalítica, como veremos a seguir.

Se até agora vimos e estudamos ideias a respeito da formação de símbolos, que seria uma representação da "verdade" da experiência emocional, Meltzer (1984) dá seguimento às ideias de Bion preocupando-se em compreender o que ele chama de antissímbolos. Faz, então, uma descrição de seu conceito de *mentira.*

> *A credibilidade de uma mentira não depende de sua relação quantitativa com a verdade, mas de sua congruência estrutural ou funcional, igual ao que sucede com os símbolos. A mentira é uma desfiguração da verdade, em que se empregam* falsos símbolos. *(p. 86, grifos meus)*

"A formação de símbolos está a serviço da representação da verdade e a formação de antissímbolos, a serviço da desfiguração da mesma" (p. 88). Meltzer, em conversa pessoal, chega a dizer que Bion legou aos pensadores futuros da psicanálise desenvolver uma forma negativa da grade que abarcaria a formação das mentiras, prevendo que a mentira possa ser criada em vários níveis do pensamento e sirva para diferentes usos. Acrescenta que não podemos considerar que os sonhos dizem sempre a *verdade*. "A verdade que dizem, é o tratamento que recebem as experiências emocionais nas profundidades da mente, mas ali nem sempre se impõe a verdade, uma vez que esta implica em dor mental" (p. 101).

Na visão da metapsicologia ampliada, a dimensão geográfica da mente coloca algumas dificuldades na apreensão dos sonhos: *a mente não é una e o mundo mental se divide em múltiplos espaços.* Assim, na metáfora do *teatro gerador de significados* utilizada por Meltzer (1984), é útil acompanhar os papéis dos diversos aspectos da personalidade nos sonhos, bem como a localização geográfica da ação onírica. Meltzer destacará a importância de delimitar que parte da personalidade está de posse da "direção" do sonho e se essa parte está interessada em produzir uma verdade, mesmo que dolorosa, ou uma mentira como forma de se aliviar da dor psíquica.

Em *Metapsicologia ampliada* (Meltzer et al., 1986/1990), Meltzer segue com sua ideia da necessidade de criação de uma grade negativa para descrever a gênese das mentiras ou das representações equivocadas da verdade. Dirá que o "misterioso processo [de formação de símbolos] pode ser revertido, 'a meio caminho', para produzir uma trama de mentiras e representações falsas" (p. 112). Na sua concepção, é como se a função alfa formasse o símbolo, que, por gerar muita dor, precisaria ser recoberto com um manto de mentiras. Aqui há uma diferença importante com Bion: Meltzer acredita que a inversão da função alfa não destrói os elementos alfa recém-criados, mas os cobre com um "manto de mentiras". Se é assim, diz Meltzer, "o verdadeiro símbolo não é destruído, mas coberto, deixando a esperança que possa voltar a brilhar através dessa cobertura e, assim, iluminar a mente de sua penumbra" (p. 116). O tema do negativo no que diz respeito à simbolização será abordado em outro capítulo deste livro: a criação de falsos símbolos, as "des-representações", no dizer de Meltzer, ou os próprios objetos bizarros de Bion (1957/1988, 1962a/1988, 1962b/1991).

Com tudo apresentado até agora das ideias de Meltzer, cria-se uma concepção em que o mundo externo adquire significado a partir daquele que é gerado no mundo interno. Dirá Meltzer (1984) textualmente: "A vida onírica é o teatro gerador de significado e o mundo externo é desprovido de significado até que este se crie no mundo interno e se estenda para fora" (p. 104).

O espaço mental, o espaço transicional, a triangulação e a integração das experiências primitivas

Como já comentei anteriormente, Klein introduziu uma dimensão metapsicológica nova ao definir a geografia dos espaços mentais. Descreveu o mundo interno, as fantasias sobre o interior do corpo materno e o interjogo entre eles por meio dos processos projetivos e introjetivos. Bion descreveu como se cria a noção de espaço interno a partir da introjeção da relação continente/contido. Além disso, Klein remeteu o complexo de Édipo, com tudo que representa para a noção de triangulação, aos primórdios do desenvolvimento. Winnicott (1951/1975, 1971/1975) dará uma enorme contribuição ao conceituar a existência de um espaço que se situa entre o interior do sujeito e o interior do objeto, a saber, o espaço transicional. Todos esses conceitos sobre a geografia dos espaços mentais e sobre a triangulação terão implicações fundamentais à noção contemporânea de simbolização.

Em relação ao *terceiro objeto*, Segal (1991b/1993) destacará a noção de Bion de que, quando há uma boa relação continente/contido, isso dá origem a um terceiro objeto, de modo que os dois objetos compartilham um *terceiro com vantagem* para os três, e, quando a relação não é boa, dá origem a um *terceiro que é destrutivo* para os três.

A posição depressiva; a percepção do pai como terceiro elemento; a importância disso na diminuição dos processos projetivos e da identificação projetiva dando origem à percepção discriminada sujeito/objeto; e a relação continente/contido dando origem ao terceiro são fatores que contribuem para a formação do espaço mental, a discriminação sujeito/objeto e, portanto, a formação simbólica. Britton (1989/1992) descreverá que o *espaço triangular*, com seus três vértices, implica o reconhecimento das três pessoas da relação edípica e de suas relações potenciais. O terceiro, que pode observar os outros dois de modo benevolente e interessado, não destrutivamente, é crucial para o desenvolvimento de um espaço mental onde é possível observar, ver, compreender, ter *insight*, sendo a base para a curiosidade epistemofílica. Segal (1991b/1993) dirá que o espaço triangular é também um espaço para um novo bebê, insaturado. Ele permite o nascimento de novos pensamentos: dois podem se juntar como os pais no coito, para produzir um terceiro e novo pensamento.

Winnicott (1962/1979, 1971/1975) deu inúmeras contribuições à temática da simbolização, mas vou me ater especialmente a duas: o espaço transicional e a constituição da alteridade, ou do objeto objetivo. Uma de suas grandes contribuições ao estudo da "geografia" dos espaços mentais e à simbolização se deu por meio de seus conceitos de espaço e objeto transicionais. Em 1951, produz seu clássico trabalho "Objetos transicionais e fenômenos transicionais" (1951/1975), ampliado em 1971 em *O brincar e a realidade* (1971/1975). Descreve uma área intermediária da experiência humana, que se situa entre o mundo interno e externo: uma área intermediária da *experimentação* na qual contribuem tanto a realidade interna como a externa. Está estudando a esfera da *ilusão*, que, na vida adulta, é inerente à arte e à religião. É uma área intermediária entre o subjetivo e o objetivo.

O bebê, por meio da criatividade primária, cria um objeto, subjetivo, exatamente no local e no momento em que esse se apresenta na realidade. A capacidade materna de se adaptar às necessidades do bebê lhe passa a ilusão de que ele criou o objeto. A mãe, a seguir, deverá ter também a capacidade de o desiludir gradualmente por meio de frustrações em doses suportáveis. Essa evolução gradual permite que vá se constituindo, pouco a pouco, a percepção da mãe enquanto objeto objetivo.

Na verdade, em 1962, Winnicott descreveu mais que isso. Disse que o *holding* materno propicia a integração do ego do bebê e o desenvolvimento do sentimento de ser "eu", "eudade", no dizer de Ogden (1996). A seguir viria a noção de não eu e, logo depois, de existir intercambiando experiências com o não eu. O objeto transicional se situa exatamente nesse processo como a primeira possessão não eu, objeto material, mas que não é a mãe e está sob o controle do bebê. Tudo isso estará diretamente ligado à capacidade de simbolização.

Winnicott (1971/1975) descreve, então, uma série de atividades com o próprio corpo ou com objetos de seu uso pessoal, que são chupados ou acariciados e podem se tornar vitalmente importantes para o dormir, por exemplo. São fenômenos transicionais e constituem uma defesa contra a ansiedade depressiva. O objeto utilizado se torna um objeto transicional.

Em seguida, estuda o que seria a relação do objeto transicional com o simbolismo:

> *É verdade que o cobertor (ou o que quer que seja) é símbolo de algum objeto parcial, tal como o seio. No entanto, o importante não é tanto o seu valor simbólico, mas a sua realidade. O fato dele não ser o seio da mãe é tão importante quanto o fato dele representar o seio (ou a mãe). (p. 395)*

Na verdade, parece que, embora Winnicott reconheça uma ligação entre seu conceito de objeto transicional e o de símbolo, recomenda que se mantenha a diferença do que quer descrever com a noção de símbolo. Quando o símbolo é usado, o bebê já diferencia fantasia e fato, objetos internos e externos, criatividade primária e percepção objetiva. Winnicott defende o uso do termo objeto transicional, pois este parece estar a meio caminho, abre espaço ao processo de se tornar capaz de aceitar *a diferença e a similaridade*. Está a meio caminho entre os objetos subjetivos e objetivos; entre a onipotência e a percepção da realidade; entre a indiferenciação e a diferenciação eu/não eu. Acha que ele está na *raiz da capacidade de simbolizar*.

Embora existam as características próprias do objeto transicional (a sua materialidade, por exemplo), é interessante notar que o que Winnicott diz a propósito dele vale também para o símbolo em geral: para o psiquismo, o fato de o símbolo não ser a coisa em si é tão importante quanto representá-la. Essa relação dialética de ser e não ser ao mesmo tempo está na essência da simbolização. Essa é justamente a característica das relações simbólicas: assegurar a continuidade (um elemento remete a outro) e a descontinuidade (um não é o outro). Isso é que torna a simbolização tão fundamental ao funcionamento mental.

Parece-me que outra grande contribuição de Winnicott, que também terá repercussões na técnica psicanalítica, é conceber que os objetos transicionais e os fenômenos transicionais, que marcam o início da formação simbólica, no seu entender, são criados no espaço *entre* a mãe e a criança. No cotejo das ideias de Bion e Winnicott, Segal (1991b/1993) diz que há grandes diferenças entre eles porque em Bion é um espaço mental ativo que desempenha a função alfa transformadora, "não se trata de espaço neutro. Esse espaço não está entre a mãe e a criança – *é um espaço mental interno formado pela introjeção de um seio capaz de conter as identificações projetivas do bebê e dar um sentido a elas*" (p. 69).

Embora eu esteja de acordo com Segal quanto a haver grandes diferenças entre os conceitos de espaço continente (Bion) e espaço transicional (Winnicott), penso que cada um dos dois tem uma riqueza própria e, portanto, são conceitos úteis para se pensar a simbolização, por exemplo. Uma das utilidades do conceito winnicottiano – além de compreender um fenômeno evolutivo extremamente frequente e toda uma área da criatividade humana – é esclarecer que o verdadeiro símbolo se cria na dinâmica presença/ausência, depende da diferenciação eu/não eu, subjetivo/real.

Em *Além do princípio do prazer*, embora não descrevesse o mesmo tipo de fenômeno que Winnicott, Freud (1920/1969), com sua genial intuição, descreve o desenvolvimento de uma atividade lúdica, o *fort-da*, de caráter simbólico, que tinha o objetivo de elaborar a ansiedade depressiva de um menino de 18 meses nos momentos de separação da mãe. Ocupa-se, sem descrevê-la explicitamente, da mesma dinâmica presença/ausência – implícita na dinâmica da criação do objeto transicional – e da força motriz dessa dinâmica para a formação simbólica: é para elaborar a ansiedade depressiva que o carretel é posto a ir e vir...

O artigo "Falo, pênis e estrutura mental", de Dana Birksted-Breen (1996), no meu ponto de vista, deve ser incluído entre os clássicos da psicanálise. Estuda com profundidade a problemática da triangulação e sua importância na formação do espaço mental e na simbolização. Diferencia duas estruturas mentais: o *pênis* como vínculo e o *falo*. O pênis seria uma estrutura de nível mais genital que admite a falta, a incompletude e a relação entre os pais estabelecida por meio dele e, portanto, implica a triangulação. Já o falo seria equiparado a um objeto idealizado que, quando possuído pelo sujeito, levaria ao sentimento narcisista de autossuficiência, completude e superioridade.

A introjeção do pênis como um vínculo conduz à *ampliação do espaço mental*, pois admite a ligação entre dois objetos (masculino/feminino) para criação de um terceiro (bebê/nova ideia). Já a introjeção do falo leva à *constrição* do espaço mental, pois consiste na fusão com o objeto idealizado e, portanto, leva à onisciência. A conexão que talvez eu fizesse com as ideias de Bion seria que o pênis, assim concebido, seria algo equivalente ao descrito por Bion como aquilo-que-liga. Mesmo que sejam conceitos diferentes, nos dois se pressupõe que é preciso haver na mente uma estrutura que liga dois para se criar um terceiro e que isso é central para a simbolização.

O desejo de *ter ou ser o falo* é uma tentativa de suprir a função estruturante do pênis como um vínculo quando esta falta, o que pode ser obtido temporariamente na estrutura fálica. Esta "solução", pelo seu *caráter maníaco* e sua *concretude*, é falha, o que leva à necessidade de atuação permanente.

A ampliação do espaço mental se deve à admissão – no caso do pênis como um vínculo – da *terceira posição*, do terceiro, logo, de uma perspectiva nova, mais distanciada do *self*. Permite que os pensamentos se unam, se conectem, o que implica a diminuição da compulsão ao *acting out*.

> *O espaço mental e a capacidade para pensar são criados pela estrutura que permite* a separação e o vínculo entre os objetos internos, entre o *self* e o outro, *em vez de fusão e fragmentação. O pênis como um vínculo representa ambos, a separação e o vínculo da relação parental, e forma a espinha dorsal do bom funcionamento mental, que é um funcionamento bissexual. (Birksted-Breen, 1996, p. 655, grifos meus)*

Assim, o *aumento da capacidade de sonhar* seria o acesso à possibilidade de se ver, se observar, desde a terceira posição. O sonho implicaria a presença de ambos os pais na mente do sujeito: a função materna de conter o paciente, acalmá-lo, e, ao mesmo tempo, a paterna de possibilitar um certo distanciamento e, portanto, representação dessa experiência. Parece-me que fica clara a importância dada à triangulação no aumento da capacidade simbólica.

Enfocando pelo ângulo da psicopatologia, André Green escreverá um artigo monumental em 1975, chamado "O analista, a simbolização e o enquadre" (1975/1994), e, embora volte a citá-lo em tópico seguinte, menciono-o aqui por ter ligação com o que estou comentando. Referindo-se a pacientes fronteiriços, diz que o modelo implícito para a sua compreensão nos remete à contradição formada pelo par angústia de separação/angústia de intrusão. O efeito dessa dupla angústia não recai sobre a problemática do desejo, como nas neuroses, mas sobre a formação do pensamento. Cria-se um branco do pensamento, uma inibição das funções de representação.

Descreve, então, o quadro da *psicose branca*, em que se cria uma impossibilidade de pensar por uma triangulação defeituosa que se realiza: um objeto mau, sempre presente, invasor, e um objeto visto como bom, porém inacessível ou fracamente acessível. O primeiro *impede o pensar porque não há a ausência* e o segundo, por não ser possível trazê-lo ao espaço pessoal, tampouco formá-lo como uma presença imaginária ou metafórica. É uma falsa triangulação, pois, na verdade, os dois são duas partes do mesmo objeto, geralmente o objeto materno. Green chama isso de "*bitriangulação*", ou seja, uma triangulação numa relação dual. Cria-se um vazio na capacidade de pensar, concentrar-se e memorizar, o que é substituído por um falso pensar, como ruminações, pensamentos compulsivos ou ideias subdelirantes.

Não poderia encerrar este item sem mencionar rapidamente algumas contribuições importantíssimas de René Roussillon (2013). Partindo de Freud, Didier Anzieu e Piera Aulagnier, Roussillon proporá dois níveis básicos de simbolização, as chamadas simbolizações primárias e secundárias. As simbolizações primárias se apoiam na sensorialidade e são inscritas a partir da relação com um objeto significativo na primeira infância. Inscrevem-se como pictogramas a partir das primeiras interações com os objetos primários. Embora Roussillon parta da ideia de traços mnêmicos de Freud, sua descrição vai além da simples marca da experiência de satisfação em si. Essas simbolizações iniciais registram o encontro com o objeto ainda indiferenciado do sujeito, contendo partes do próprio sujeito e também do objeto. Entendo que se aproxima muito do pictograma afetivo descrito por Piera Aulagnier. Além de inscritas no psiquismo, essas formas simbólicas primitivas participam das primeiras comunicações não verbais na interação sujeito/objeto.

Posteriormente, essas simbolizações primárias são retomadas no universo da linguagem nominando os traços mnêmicos e as representações-coisa por meio de sua ligação às representações-palavra correspondentes. Essa ligação verbal permite conter e transformar as redes de afetos e de representações-coisa detalhadamente, provocando um impacto sobre a cadeia associativa. Cria-se uma integração entre corpo e mente, em que os afetos de determinada narrativa, por exemplo, se expressam também na mímica e na postura corporal. Como diz Roussillon explicitamente, o sujeito

> *fala com as representações-palavra, transmite, em sua gestualidade, sua mímica, suas posturas, seus atos, as representações-coisa e representações que as movem, expressa através de todo seu corpo os representantes-afetos que acompanham outras formas de expressividade. (p. 16)*

Ou seja, neste referencial de Roussillon, as simbolizações secundárias integram toda a gama de experiências sensoriais, afetivas, gestuais, mímicas com os significantes verbais, fazendo com que a narrativa verbal seja atravessada por todas os registros das experiências mais primitivas do sujeito.

O conflito estético

Dedico um item à parte – embora pequeno – à questão do conflito estético enunciado por Meltzer (1988/1995; Meltzer et al., 1986/1990), por sua originalidade, por sua pertinência à temática da simbolização e por formular questões sobre as quais devemos pensar, mesmo que discordemos dele. E também porque coloca em destaque a dimensão estética da psicanálise, inaugurada por Bion e desenvolvida mais adiante neste livro. Algumas hipóteses lançadas, verdadeiras conjecturas imaginativas, caso verídicas, revolucionam alguns conceitos basilares da psicanálise. Citarei literalmente algumas de suas ideias centrais a fim de não se perder a beleza estética, poética, de seu pensamento.

Meltzer (1988/1995) advoga, com muita beleza poética, pela centralidade do conflito estético no desenvolvimento humano e do pensamento criativo:

> *A devotada mãe comum apresenta ao seu lindo bebê comum um objeto complexo de enorme interesse, tanto sensorial como infra-sensorial. Sua beleza externa, como deve ser concentrada nos seios e na face, complicada em cada caso pelos mamilos e pelos olhos, bombardeia o bebê com uma experiência emocional de qualidade passional, resultando que o bebê seja capaz de ver esses objetos como "lindos". Mas permanecem desconhecidos para o bebê o significado do comportamento de sua mãe, do aparecimento e do desaparecimento do seio e da luz de seus olhos, de uma face na qual as emoções passam como sombras de nuvens sobre a paisagem. . . . A mãe lhe é enigmática. . . . Mesmo naqueles momentos onde há a mais satisfatória das*

> *comunicações, mamilo na boca, a mãe dá uma mensagem dúbia. . . . O bebê não consegue discriminar se a mãe é Beatrice ou sua Belle Dame Sans Merci. Isso é o conflito estético, que pode ser enunciado de modo mais preciso em termos do impacto estético do exterior da "linda" mãe, disponível aos sentidos, e do enigmático interior que precisa ser construído pela imaginação criativa. (p. 44)*

Essa centralidade do conflito estético e sua colocação como ponto de partida do desenvolvimento têm implicações revolucionárias, tanto em relação a Klein como a Bion: determinam que o pensamento criativo, ou seja, o esforço para dar representação simbólica à intensa experiência emocional primitiva desencadeada pela beleza e pelo mistério da mãe e do mundo seja acionado na *presença* do objeto, e não pela sua ausência, como dizem Bion e Klein.

Quanto a Klein, Meltzer acredita que foi um engano acreditar que é apenas no sofrimento e na dramaticidade da perda do objeto da posição depressiva, situada cronologicamente num momento posterior do desenvolvimento, que há uma "recriação" do objeto. Diz que era uma estrutura linear de posse e perda que estava formulada. Ele pensa que é na experiência em si mesma, pautada pela presença/ausência e pela oscilação Ps ↔ D, que o pensamento criativo é estimulado. Adota e enaltece o aporte de Bion da oscilação Ps ↔ D pelo que ela implica, em termos de desenvolvimento, ao substituir a noção diacrônica pela noção de experiências sincrônicas de desintegração/integração. Parece diferir de Bion quanto à importância que este dá à ausência do objeto para o desenvolvimento dos "pensamentos propriamente ditos".

Coloca a hipótese de uma inversão fundamental, suspeitando que o ponto de partida do desenvolvimento seria o impacto estético do objeto em uma atitude do bebê compatível com a posição depressiva e que posteriormente, como defesa a esse conflito, o bebê usaria mecanismos esquizoparanoides. Diz ele textualmente:

> *Caso este impacto estético seja aquilo que recepciona o lindo bebê comum com sua devotada mãe comum em sua emergência do útero para o mundo externo, então o conflito estético e a posição depressiva seriam algo primário para o desenvolvimento, e a posição esquizoparanóide seria secundária – e a conseqüência do bebê cerrar suas portas perceptuais em função do ofuscamento do nascer do sol. (p. 51)*

Estejamos ou não de acordo com essa hipótese, ela é, de todo modo, um estímulo à reflexão e mais uma prova da complexidade do alvorecer da mente humana. Para sermos fiéis à herança do pensamento científico de Freud, Klein, Bion, entre outros, penso que não devemos – em busca de uma ilusão de segurança – cerrar posições prematuras em torno de A ou B, mas exercer o potencial criativo do cotejo de A e B no sentido de ampliar o nosso horizonte de compreensão.

Embora exista a diferença assinalada entre Bion e Meltzer (quanto ao pensamento ser estimulado na ausência ou na presença do objeto), também há pontos em comum. Nos dois, caso haja um excesso de identificação projetiva, a simbolização estará prejudicada. Em Bion, já estudamos como o excesso de identificação projetiva prejudica o pensar. Em Meltzer, também é necessária uma identificação projetiva não intrusiva para que o interior do objeto seja respeitado como uma área de intimidade e não ocorra a intrusão. Apenas nesse caso o pensamento especulativo, a imaginação, será estimulado, visando construir uma imagem do interior desconhecido do objeto. No caso das intrusões descritas em *O claustro* (Meltzer, 1992), teremos equações simbólicas, e não o pensamento criativo sugerido na descrição do conflito estético, uma vez que a fantasia de intrusão maciça no objeto é tão intensa que a sensação é de estar vivendo concretamente no seu interior, condicionando inclusive a visão do mundo.

Avanços na compreensão da simbolização e suas implicações na técnica psicanalítica

As mudanças teóricas trazidas por Klein e, posteriormente, por Bion tiveram uma influência decisiva nos avanços na compreensão da simbolização e diversas consequências para a técnica. O fato de trabalharem com crianças e pacientes regressivos (psicóticos e fronteiriços) em busca da compreensão de ansiedades muito primitivas os colocou em contato com a problemática da constituição do aparelho psíquico e da superação das ansiedades iniciais e, caso isso não ocorresse, com os danos causados ao aparelho mental.

Isso se evidencia em Klein já em 1930, no caso Dick, e também em Bion, que, desde seus primeiros trabalhos sobre o pensar, fazia um paralelo com o atendimento psicanalítico. Bion porá a ênfase definitiva no trabalho sobre o continente, e não tanto sobre o conteúdo, especialmente em pacientes mais comprometidos que atacam o seu aparelho de pensar e o do analista para fugir da dor psíquica (Bion, 1957/1988, 1959a/1988). Porá a ênfase na necessidade de o analista "sonhar" e ajudar o paciente a "sonhar" suas experiências emocionais, ou, melhor dizendo, simbolizar essas experiências. E Bion (1962b/1991) já alertará para a possibilidade de o paciente atacar a criação simbólica (o terceiro que une os dois no *setting*), a interpretação, o que será amplamente desenvolvido por inúmeros autores (Ferro, 1995, 1998; Ogden, 1996; Favalli, 1998).

Green (1975/1994), ocupando-se das mudanças de enfoque na técnica psicanalítica ao longo de sua história, dirá que,

> *como nasceu com a experiência das neuroses, a psicanálise tomou como ponto de partida os pensamentos de desejo. Hoje podemos afirmar que há pensamentos de desejo porque há pensamentos, caso dermos a este termo uma acepção muito ampla, que inclua suas formas mais rudimentares. (p. 65)*

Ele localiza, então, três movimentos da evolução da teoria e da técnica psicanalítica: 1) *realidade histórica do paciente*: conflito, inconsciente, representações do desejo, fixações etc.; 2) *relações de objeto*: quando foi descoberta a importância das relações de objeto, passou-se a descrever as ações mútuas do sujeito e do objeto. Prestou-se muita atenção no que ocorria no objeto e no sujeito e pouca na relação, no vínculo, até Bion dizer que o que interessa é a sua natureza; 3) *funcionamento mental do paciente e enquadre*. Comenta então que em alguns pacientes terá de se analisar o continente ao invés do contido. Entretanto, focaliza a questão não tanto no aparelho mental, mas no enquadre analítico, utilizando-se dos conceitos de Bion. Comenta que passou a fazer falta analisar, além das relações objetais desenvolvidas na dupla analítica, o enquadre dentro do qual isso se passava.

Green descreve situações clínicas em que o analista se sente envolvido por uma atmosfera pouco clara, que não adquire formas, visuais ou verbais, conhecidas e que se desenvolve seguindo o padrão das moções pulsionais, aumento e alívio, e que só depois de um certo tempo, após muito esforço mental, ele consegue dar um significado àquela experiência. O analista teve de realizar esse trabalho de simbolização porque o paciente tem uma estruturação fraca que não possibilita que essa experiência adquira sentido.

No funcionamento psíquico normal (de nível neurótico), diz Green quase textualmente que existe uma tendência vetorial que vai da pulsão à verbalização que permite formar relações de correspondência entre as diversas funções da mente. Cria-se uma série de relações que remetem umas às outras. São relações não só de oposição (censura), "mas de colaboração, pois esta é a maneira de passar de um sistema a outro, por exemplo, de um conteúdo latente a um manifesto" (p. 77). Essas relações internas de simbolização asseguram a continuidade e a descontinuidade psíquica. É isso que permite que, no trabalho analítico, o paciente tome o analista pelo que é e pelo que não é, estabelecendo o que Baranger e Baranger (1961/1969) chamaram de ambiguidade essencial do *setting* analítico.

"Nas estruturas fronteiriças, existe grande dificuldade de estabelecer as relações internas de simbolização porque os diversos materiais psíquicos são tratados como 'coisas'" (Green, 1975/1994, p. 77). Os sonhos assumem um caráter evacuatório; as fantasias, um caráter de preenchimento do vazio; os afetos, uma função de representação; e os atos não são para transformar a realidade. Todo o funcionamento psíquico está impregnado pelo modelo do ato. Uma das consequências, eu diria, é que a transferência perderá sua ambiguidade (Baranger & Baranger, 1961/1969) e se tornará como uma "coisa em si". O enquadre deverá ter a possibilidade de tolerar essas tensões extremas e se oferecer como um espaço potencial para auxiliar a desenvolver aquilo que ainda não está presente.

Ferro (1995, 1998) desenvolve de modo detalhado a aplicação clínica do modelo bioniano, com suas ideias sobre as interpretações insaturadas, a ampliação do continente e inúmeras outras que mostram a importância de "alfabetizar", utilizando um termo seu, as experiências emocionais vividas no campo analítico.

Um autor em quem gostaria de me deter um pouco mais é Thomas Ogden (1996), embora tenha sido estudado profundamente por Favalli (1998) em seu esclarecedor trabalho sobre o campo analítico. A verdade é que vários autores contemporâneos da psicanálise, como Bion, os Baranger, Ferro e Ogden, têm enfatizado a importância de compreender os acontecimentos da sessão como decorrência da interação das duas mentes em questão no encontro psicanalítico: a do paciente e a do analista. Ou seja, determinado material trazido pelo paciente seria o resultado de inúmeras tensões existentes na mente do paciente e entre a mente deste e a do analista.

Sinteticamente, na visão de Ogden (1996), o sujeito psicanalítico se cria a partir de diversas tensões dialéticas. A sua compreensão depende da possibilidade de se articularem óticas de diferentes sistemas teóricos: o sujeito freudiano se constitui na síntese da tensão dialética entre o inconsciente e o consciente; o sujeito kleiniano, na resultante da tensão dialética entre as posições esquizoparanoide e depressiva (desintegração/integração) e da oscilação introjeção/identificação projetiva; e o sujeito winnicottiano, na tensão entre o existir e o não existir, o eu e o tu, o sujeito e o objeto. O que me agrada em Ogden é que ele apreende toda a complexidade e a riqueza da psicanálise atual. Coloca em destaque a visão sincrônica pressuposta nas teorias kleiniana, bioniana e winnicottiana, ou seja, de que persistem na mente simultaneamente o infantil e o adulto, o psicótico e o neurótico, o processo primário e o secundário, a integração e a desintegração, numa oscilação permanente e num conflito constante.

O sujeito se organiza em torno dos dois eixos, o sincrônico e o diacrônico. A importância dessa visão para o tema da simbolização é que o aqui e agora da sessão analítica passará a ser entendido numa visão muito mais plástica e dinâmica. O encontro analítico será entendido como o encontro de duas subjetividades que geram uma terceira, intersubjetiva, no espaço potencial *entre* o paciente e o analista, ou seja, é "a terceira área da experiência que se encontra entre eu e não-eu, entre realidade e fantasia . . . *É no espaço criado entre esses* polos que os símbolos são criados e a atividade imaginativa se dá" (p. 50).

O primeiro momento do encontro analítico é marcado pelas identificações projetivas cruzadas, pela confusão eu/não eu e pelo predomínio de Ps. As experiências são vividas concretamente e, muitas vezes, a única forma de lidar com elas é por meio do *acting out*. A interpretação passará a ser entendida como uma transformação simbólica, a partir da capacidade de *rêverie* do analista principalmente, mas também da do paciente, da experiência emocional intersubjetiva criada e vivida no espaço entre os dois. A possibilidade de representá-la simbolicamente e, portanto, pensá-la permite a reapropriação das individualidades e a discriminação eu/não eu (Baranger & Baranger, 1961/1969; Ogden, 1996).

A interpretação assim compreendida, como símbolo criado entre analista e paciente, preenche os requisitos estudados até agora para definir o que é um verdadeiro símbolo: ela une e ao mesmo tempo discrimina analista e paciente; enriquece os dois, visto que acrescenta significado a eles; é criada no calor da experiência emocional entre eles vivida e a representa; e, por último, mas não menos importante, é estruturante no sentido de que provoca uma reação catastrófica, força uma reacomodação de todo o conhecimento anterior. Ela é o terceiro que nasce da relação fértil estabelecida entre analista e paciente. Claro que, uma vez formulada, teremos de ver o que o paciente fará com esse terceiro; se será acolhido num continente em que predomine o vínculo L, propiciando o nascimento de mais uma nova ideia e assim infinitamente; ou se será invejosamente ou destrutivamente despojado de sentido, atacado, levando a um esvaziamento.

Em pacientes com um prejuízo na capacidade simbólica, a primeira meta do tratamento será, por meio da possibilidade de o analista "sonhar" as experiências brutas trazidas ao campo, "alfabetizá-las", dar-lhes um sentido, uma representação simbólica, o que permitirá o desenvolvimento dessa função no paciente. Em pacientes que a capacidade simbólica esteja preservada, ou relativamente preservada, a experiência analítica a desenvolverá ainda mais, na medida em que é da essência dessa própria experiência transformar simbolicamente as emoções vividas.

Referências

Baranger, W., & Baranger, M. (1969). La situación analítica como campo dinámico. In W. Baranger, & M. Baranger, *Problemas del campo psicoanalítico*. Buenos Aires: Kargieman. (Publicado originalmente em 1961)

Bick, E. (1991). A experiência da pele em relações de objeto arcaicas. In E. B. Spillius (Ed.), *Melanie Klein hoje: Desenvolvimentos da teoria e da técnica* (Vol. 1). Rio de Janeiro: Imago. (Publicado originalmente em 1967)

Bion, W. R. (1988). Diferenciação entre a personalidade psicótica e não-psicótica. In W. R. Bion, *Estudos psicanalíticos revisados*. Rio de Janeiro: Imago. (Publicado originalmente em 1957)

Bion, W. R. (1988). Ataques ao elo de ligação. In W. R. Bion, *Estudos psicanalíticos revisados*. Rio de Janeiro: Imago. (Publicado originalmente em 1959a)

Bion, W. R. (1994). Scientific method. In W. R. Bion, *Cogitations*. London: Karnac. (Publicado originalmente em 1959b)

Bion, W. R. (1994). Dream-work-a. In W. R. Bion, *Cogitations*. London: Karnac. (Publicado originalmente em 1959c)

Bion, W. R. (1988). Uma teoria sobre o processo de pensar. In W. R. Bion, *Estudos psicanalíticos revisados*. Rio de Janeiro: Imago. (Publicado originalmente em 1962a)

Bion, W. R. (1991). *Aprendiendo de la experiencia*. Ciudad de México: Paidós. (Publicado originalmente em 1962b)

Birksted-Breen, D. (1996). Phallus, penis, and mental space. *Int. J. Psychoanal.*, *77*(pt. 4), 649-657.

Britton, R. (1992). O elo perdido: A sexualidade parental no complexo de Édipo. In J. Steiner (Org.), *O complexo de Édipo hoje: Implicações clínicas*. Porto Alegre: Artes Médicas. (Publicado originalmente em 1989)

Caper, R. (2002). Sobre a função alfa. In R. Caper, *Tendo mente própria: Uma visão kleiniana do self e do objeto*. Rio de Janeiro: Imago. (Publicado originalmente em 1996)

Favalli, P. H. (1998). *O campo psicanalítico (considerações sobre a evolução do conceito)*. Dissertação para membro efetivo da Sociedade Psicanalítica de Porto Alegre.

Ferenczi, S. (1992). O desenvolvimento do sentido de realidade e seus estágios. In S. Ferenczi, *Obras Completas* (Vol. 2). São Paulo: Martins Fontes. (Publicado originalmente em 1913)

Ferro, A. (1995). *A técnica na psicanálise infantil – A criança e o analista: Da relação ao campo emocional*. Rio de Janeiro: Imago.

Ferro, A. (1998). *Na sala de análise: Emoções, relatos, transformações*. Rio de Janeiro: Imago.

Freud, S. (1969). Formulações sobre os dois princípios do funcionamento mental. In S. Freud, *Edição standard brasileira das obras psicológicas completas de Sigmund Freud* (Vol. XII). Rio de Janeiro: Imago. (Publicado originalmente em 1911)

Freud, S. (1969). Além do princípio do prazer. In S. Freud, *Edição standard brasileira das obras psicológicas completas de Sigmund Freud* (Vol. XVIII). Rio de Janeiro: Imago. (Publicado originalmente em 1920)

Gaburri, E., & Ferro, A. (1988). Gli sviluppi kleiniani e Bion. In A. A. Semi (Org.), *Trattato di psicanalisi*. Milano: Rafaelo Cortina.

Green, A. (1994). El analista, la simbolización, y la ausencia en el encuadre analítico. In A. Green, *De locuras privadas*. Buenos Aires: Amorrortu. (Publicado originalmente em 1975)

Grinberg, L., Bianchedi, E. T., & Sor, D. (1991). *Nueva introducción a las ideas de Bion*. Madrid: Tecnipublicaciones.

Klein, M. (1981). A importância da formação de símbolos no desenvolvimento do ego. In M. Klein, *Contribuições à psicanálise*. São Paulo: Mestre Jou. (Publicado originalmente em 1930)

Meltzer, D. (1979). *Os estados sexuais da mente*. Rio de Janeiro: Imago. (Publicado originalmente em 1973)

Meltzer, D. et al. (1979). *Exploraciones del autism*. Buenos Aires: Paydos. (Publicado originalmente em 1975)

Meltzer, D. (1984). *Vida onírica*. Madrid: Tecnipublicaciones.

Meltzer, D. (1995). *A apreensão do belo*. Rio de Janeiro: Imago. (Publicado originalmente em 1988)

Meltzer, D. (1992). *The claustrum: An investigation of clautrophobic phenomena*. Perthshire: Clunie Press.

Meltzer, D. et al. (1990). *Metapsicología ampliada: Aplicaciones clínicas de las ideas de Bion*. Buenos Aires: Spatia. (Publicado originalmente em 1986)

Ogden, T. (1996). *Os sujeitos da psicanálise*. São Paulo: Casa do Psicólogo.

Rezende, A. M. (1998). A relação sujeito-objeto no contexto do sétimo elemento de psicanálise: narcisismo-socialismo. *Revista Brasileira de Psicanálise*, *32*(4), 781-794.

Roussillon, R. (2013). Las simbolizaciones primarias y secundarias. *Revista de Psicoanálisis de la Asociación Psicoanalítica de Madrid*, Madrid, *69*, 219-241.

Segal, H. (1982). Notas a respeito da formação de símbolos. In H. Segal, *A obra de Hanna Segal: Uma abordagem kleiniana à prática clínica*. Rio de Janeiro: Imago. (Publicado originalmente em 1957)

Segal, H. (1993). Simbolismo. In H. Segal, *Sonho, fantasia e arte*. Rio de Janeiro: Imago. (Publicado originalmente em 1991a)

Segal, H. (1993). Espaço mental e elementos do simbolismo. In H. Segal, *Sonho, fantasia e arte*. Rio de Janeiro: Imago. (Publicado originalmente em 1991b)

Winnicott, D. W. (1975). Objetos transicionais e fenômenos transicionais. In D. W. Winnicott, *O brincar e a realidade*. Rio de Janeiro: Imago. (Publicado originalmente em 1951)

Winnicott, D. W. (1979). La integración del ego en el desarrollo del niño. In D. W. Winnicott, *El proceso de maduración en el niño: Estudios para una teoría del desarrollo emocional*. Barcelona: Laia. (Publicado originalmente em 1962)

Winnicott, D. W. (1975). *O brincar e a realidade*. Rio de Janeiro: Imago. (Publicado originalmente em 1971)

Parte II

Não simbolizações e transformações em intimidade

6. As não simbolizações: um mapeamento metapsicológico dos antissímbolos e das "dessimbolizações"[1]

Houve mudanças significativas na forma como a psicanálise se aproximou da questão do simbólico ao longo de sua história. Inicialmente, há uma preocupação predominante com o estudo do simbolismo; secundariamente, com a simbolização, como espero ter deixado claro nos capítulos anteriores; e, finalmente, com os prejuízos nos processos simbólicos que terminam por criar situações de não simbolizações.

A psicanálise contemporânea tem se preocupado em estudar especialmente as situações-limite em que houve prejuízos nos processos simbólicos. André Green (2010) publicou um livro, *O trabalho do negativo*, no qual se propõe a estudar as várias formas do negativo, fazendo uma revisão das contribuições da psicanálise sob esta ótica. Estuda desde as formas mais conhecidas do negativo em psicanálise, a própria repressão e a formação do inconsciente, até as

---

1 Este capítulo está baseado e reproduz em grande parte o meu artigo intitulado: "From symbolizing to non-symbolizing within the scope of a link: From dreams to shouts of terror caused by an absent presence". *Int. J. Psychoanal.*, *93*(4), 837-862, 2012.

formas menos estudadas, seja aquilo que não pode ser simbolizado ou que o foi, porém foi destruído. Neste capítulo, darei um enfoque especial a esta forma de negativo: o que se poderia chamar de *dessimbolização* ou *desrepresentação*. Aquilo que permanece no quarto sentido do negativo descrito por Green (2010), o do *nada*. O que não pode existir na mente, ou como irrepresentável, ou como desrepresentado. Algo que não aparece no mental sob forma de material simbólico produzido pelos processos de transformação em alfa (Bion, 1962b/1988). Esta negatividade no âmbito do mental costuma ser, estar, "positivada" no território do corpo, da conduta ou do alucinatório (Bion, 1962a/1988, 1962b/1991, 1965/2004).

Estou de acordo com Botella e Botella (2002) quando dizem que a psicanálise clássica se dedicou ao estudo das representações e de sua topografia e que a psicanálise contemporânea tem estudado também as não representações e o irrepresentável, o negativo em termos de representações. Estas vivências que permanecem na sua negatividade no plano mental geram não só uma impossibilidade de simbolização, mas uma impossibilidade de serem "esquecidas" (Alvarez, 1994), criando um aparente paradoxo. Permanecem presentes, em estado bruto, criando-se uma presentificação da emoção bruta que não pode ser inserida na trama simbólica inconsciente e elaborada.

Neste trabalho, inicialmente, focarei a atenção nas contribuições de autores contemporâneos que se interessaram mais pelo processo de produção de símbolos, a simbolização, chegando a seu máximo com as contribuições de Bion (1957/1988, 1959a/1988, 1959b/1994, 1962a/1988, 1962b/1991, 1963/1988, 1965/2004). Ele estudou todo o processo de criação simbólica, desde seus primeiros instantes até o funcionamento do aparelho de pensar. A maior contribuição de Bion foi colocar todo esse processo de criação simbólica ocorrendo – e só podendo ocorrer – no calor de um vínculo. Isso deu origem a uma transformação importante na concepção da relação analítica e consubstanciou o conceito de campo analítico (Baranger & Baranger, 1961/1969; Ferro, 1995, 1998, 2007) e o de intersubjetividade (Ogden, 1996). Pretendo, em seguida, deter-me um pouco mais no estudo das contribuições bionianas que focalizam os processos de não simbolização, também estudados por autores franceses (Green, 1975/1994, 1990, 1994, 2002/2008, 2010; Botella & Botella, 2002).

Dentro da multiplicidade de situações em que os processos simbólicos poderão estar prejudicados, neste trabalho, me proponho também a detalhar algumas formas da grade negativa e articulá-las com a clínica, especialmente uma contribuição bioniana, o negativo do símbolo, o menos símbolo. Na medida em que o símbolo, do ponto de vista bioniano (1965/2004), é a não coisa, pois representa a ausência do objeto, Bion conceitua que a destruição do símbolo cria o menos não coisa (–não coisa), que caracteriza uma presença ausente.

Antes de prosseguir, gostaria de fazer um breve esclarecimento. Em função de minha inspiração teórica estar mais ligada às escolas kleiniana, pós-kleiniana e bioniana, utilizarei predominantemente o conceito de símbolo, embora em alguns momentos venha a usar o termo representação, porém me referindo ao complexo processo mental de geração de um novo elemento, descrito por Meltzer e colegas (1995). Isso ocorrerá pois em muitos momentos me valerei de referências da escola francesa, que utiliza correntemente o conceito de representação.

O pensar e os vínculos

Bion (1962b/1991) é categórico ao afirmar que uma experiência emocional não pode ocorrer isolada de uma relação. Descreve com maestria a primitiva relação que existe entre o bebê e sua mãe, destacando a comunicação primitiva entre os dois. A mãe, por meio de sua capacidade continente e de sua *rêverie*, acolherá os estados emocionais de seu bebê, e sua função alfa permitirá a transformação dessas emoções num enunciado ou num gesto com significado. Ou seja, o bebê, por meio da identificação projetiva, comunica à mãe uma emoção bruta e, normalmente, recebe de volta algo transformado, com significado.

Essa atividade compartilhada é introjetada pelo bebê, "de tal forma que o aparelho continente/contido instala-se no lactente como parte do aparelho da função alfa" (p. 123). Assim, a introjeção de um objeto com capacidade continente e função alfa operantes possibilitará ao sujeito o contato com sua vida emocional e a sua transformação em elementos alfa, logo, a expansão da sua mente. O desenvolvimento do continente ocorre pela formação de um retículo, em que os espaços são como vacúolos a serem preenchidos por pensamentos e os fios que compõem a malha são a emoção. O conjunto crescente continente/contido provê a base de um aparelho para se aprender com a experiência. Assim, dos pensamentos e do desenvolvimento dos pensamentos, surge o aparelho para pensá-los. A aprendizagem depende de este aparelho ter, simultaneamente, integração e flexibilidade. Cria-se, assim, um estado mental em que o indivíduo pode reter seus conhecimentos e suas experiências e, ao mesmo tempo, estar preparado para reconstruir as experiências passadas à luz de uma nova experiência.

A negatividade no pensar: as não simbolizações

Se a formação de símbolos é a representação da "verdade" da experiência emocional, devemos estudar o que ocorre quando essa "verdade" precisa ser distorcida, atacada ou destruída pela dor psíquica que ela acarreta ou pelo significado insuportável que ela carrega. Aqui, teremos destinos psicopatológicos diferentes caso a experiência emocional seja representada e reprimida; representada e distorcida; se não houver possibilidade de simbolização; ou, ainda, se houve simbolização e o seu símbolo foi destruído. Evidentemente, ao ingressar no terreno das experiências emocionais que não puderam ser simbolizadas adequadamente, ou daquelas cuja simbolização tenha sido destruída, estamos no terreno do traumático, que posteriormente abordarei.

Meltzer faz incursões importantes no território das mentiras, preocupando-se em compreender o que ele chama de antissímbolos. Faz, então, uma descrição de seu conceito de *mentira*:

> *A credibilidade de uma mentira não depende de sua relação quantitativa com a verdade, mas de sua congruência estrutural ou funcional, igual ao que sucede com os símbolos. A mentira é uma desfiguração da verdade, em que se empregam* falsos símbolos. *(Meltzer et al., 1986/1990, p. 86, grifos meus)*

Meltzer se empenhou em seguir a trilha deixada por Bion, tentando desenvolver o estudo da grade negativa, o que ainda deverá ser realizado de modo mais consistente no futuro da psicanálise. Essa grade abarcaria a destruição do significado por meio da formação das mentiras ou da canibalização dos elementos alfa. Acrescenta que não podemos considerar que os sonhos dizem sempre a verdade: "A verdade que dizem é o tratamento que recebem as experiências emocionais nas profundidades da mente, mas ali nem sempre se impõe a verdade, uma vez que esta implica em dor mental" (Meltzer, 1984, p. 101).

Destaca ainda a importância de delimitar que parte da personalidade está de posse da "direção" do sonho e se esta se interessa em produzir uma verdade, mesmo que dolorosa, ou uma mentira como forma de aliviar a dor psíquica. Ou seja, aqui Meltzer se refere a uma parte da mente que forma realmente "antissímbolos", ou seja, símbolos com a função oposta a que os símbolos têm na parte da personalidade que tolera a dor da verdade emocional. Seriam formações abstratas que visam mascarar a verdade, gerar mentiras para se evadir do contato com determinadas emoções insuportáveis ao sujeito, não apenas pela sua intensidade, mas principalmente pelo seu significado.

Lembro-me do sonho de um paciente narcisista que atacava permanentemente a sua e a minha função analítica da personalidade de fazer contato com o mundo psíquico. Um dia sonhou o seguinte:

> *Eu estava numa festa e ouvia um grupo de pessoas falando de mim. Eu me aproximava e as ouvia dizendo que eu não era confiável, que eu era como um mar cheio de recifes em que um barco navegava tranquilamente e, quando menos esperava, chocava-se com os recifes e afundava. Eu pensava que tinha que te avisar e saía correndo da festa. Corria, corria para chegar à tua casa, mas tu moravas numa rua com aclive e eu ia perdendo minhas forças. Ao final eu quase rastejava, perdia as forças e desmaiava.*

Bom, aqui o sonho foi "dirigido" pela parte da personalidade comprometida com a verdade para denunciar a parte "mentirosa", não confiável do *self*. Mas, ao mesmo tempo, esclarece o quanto essa função comprometida com a verdade perde forças antes de me encontrar.

Na concepção de Meltzer de formação de mentiras, é como se a função alfa formasse o símbolo, que, por gerar muita dor psíquica, precisaria ser recoberto com um manto de mentiras. É importante destacar que, nessa situação, o símbolo é criado e não é destruído, "apenas" é coberto com um "manto de mentiras". Diz Meltzer: "o verdadeiro símbolo não é destruído, mas coberto, deixando a esperança que possa voltar a brilhar através dessa cobertura e, assim, iluminar a mente de sua penumbra" (Meltzer et al., 1986/1990, p. 116). Aqui ainda estamos na descrição não do processo da destruição do símbolo, mas de sua falsificação, a criação do manto de mentiras. Também há de se entender o que acontece quando não se forma o símbolo ou quando ele é destruído.

Não simbolização, ataque à função alfa e destruição do símbolo

Ao descrever –K, vínculo constituído pelo *não* compreender (*misunderstanding*), Bion também circula pelo território do negativo. Considera a inveja um dos fatores que conduzem a –K, ela é a emoção que une continente e contido. Considerando a inveja como expressão da pulsão de morte, aquilo que desliga, entende-se que não conduz à produção criativa de algo. Em –K, o bebê sente que o seio o despoja do que há de bom e força dentro dele um resíduo sem valor: "O bebê que começou com medo de morrer termina contendo um terror sem nome" (Bion, 1962b/1991, p. 128). A relação continente/contido negativa "apresenta-se como um objeto superior que afirma sua superioridade mostrando falhas em tudo" (p. 130). Existe um ódio a qualquer novo desenvolvimento, como se este fosse um rival a ser destruído, como será bem ilustrado no material clínico. A busca da verdade é recebida com ataques destrutivos. Os contidos são incluídos em um continente que os despoja de valor e os priva de sentido. Esse despojamento invejoso contrasta com o processo de abstração criativo próprio da relação continente/contido positiva. Ocorre uma inversão: –continente/contido converte elementos alfa em beta. Ou seja, o abstrato é convertido em coisas-em-si-mesmas, ao contrário de +continente/contido. –K leva a um "des-aprender" permanente (O'Shaughnessy, 1981/1990).

Aprofundando o tema dos ataques à capacidade de representar a experiência, Bion passa a descrever situações em que o que ocorre não é a produção do elemento alfa e sua falsificação, mas a destruição desesperada da própria função alfa. No capítulo V de *Aprender da experiência*, Bion (1962b/1991) descreve uma situação em que o bebê, por temor de tomar consciência de sua agressão invejosa, recusa-se a beber o leite que o seio lhe oferece. No entanto, o bebê se dá conta de que assim morrerá. De acordo com Bion, o bebê, por temor à morte, retoma a sucção a partir de uma profunda dissociação em sua mente. Passa a ingerir o leite para não morrer, entretanto, essa experiência de satisfação material fica dissociada da satisfação psíquica. "A inveja, provocada por um seio que brinda amor, compreensão, experiência e saber, coloca um problema que se resolve com a destruição da função alfa!" (p. 30).

Segue Bion:

> *Este* splitting, *imposto, por um lado, pela inanição e pelo temor à morte e, por outro, pelo amor e pelo temor à inveja criminosa associada ao ódio, produz um estado mental em que o paciente persegue vorazmente toda forma de comodidade material; é, ao mesmo tempo, insaciável e implacável em sua busca de saciedade. Como este estado tem sua origem em uma necessidade de libertar-se das complicações emocionais que implicam o captar a vida e uma relação com objetos vivos, o paciente*

> *parece incapaz de gratidão ou interesse em si mesmo ou nos demais. . . . sua busca de tratamento toma a forma da busca de um objeto perdido (pp. 30-31)*

O que Bion está descrevendo é da maior relevância. Descreve uma situação em que por inveja, ódio, temor à agressão há um ataque à função alfa. Atacada a função simbolizadora, o sujeito não toma consciência de sua inveja e de seu ódio insuportável, mas também não pode fruir a experiência de satisfação. A experiência emocional de satisfação não pode ser transformada em elementos alfa, pensamentos oníricos, e então ser sentida e compreendida por meio do ganho de significado a partir de sua mentalização, de sua inserção no retículo alfa. Em *Cogitações*, Bion (1992/1994) retoma o assunto dizendo que, quando há deficiência da função alfa, o paciente até pode ter um consciente, mas não pode *se tornar* consciente de determinadas experiências emocionais, por não poder *digeri-las*. Essas experiências ficam como *fatos não digeridos*, prestando-se apenas para evacuação por meio da tela beta.

Apesar da saciedade material, o paciente permanece insaciável do ponto de vista mental. Cria-se uma impossibilidade de sentir uma experiência de satisfação psíquica e a insatisfação, o ódio, ficam como coisas em si mesmas, elementos beta que se prestam apenas para serem evacuados.

Essa contribuição de Bion me parece essencial, pois não vê o não representado ou o irrepresentável como um "acidente" na trama de representações, uma experiência pontual que fica impossibilitada de representação e, portanto, traumática. O ataque à função alfa cria insuficiências crônicas de mentalização, gerando potencialmente "traumas sucessivos".

Essa é uma contribuição relevante à técnica psicanalítica. O paciente que "não pode compreender" poderá não estar simplesmente resistindo, mas resistindo de um modo particular (Bion, 1992/1994). Reside aí uma diferença essencial entre a resistência típica do neurótico, em que o resistido é relegado ao inconsciente, e a destruição do significado passível de entendimento ou da própria capacidade de produzir significado. Não sendo isso compreendido, esse tipo particular de "resistência" não poderá ser jamais analisado.

Eu ressaltaria que nesse tipo de "resistência", que traz, por exemplo, uma impossibilidade de fruir e se sentir satisfeito com os resultados da análise – e de conquistas da vida –, é fundamental distinguir que o que está sendo atacado não é o analista, mas uma função mental do paciente. É a sua função simbólica que naquela circunstância está sendo comprometida. Atacada a função alfa, aquelas experiências da vida ficam desmentalizadas (Meltzer et al., 1986/1990), no sistema protomental, e uma das consequências é uma vida limitada a um funcionamento operatório, quase maquinal, robótico, com o sujeito incapaz de apreender e fruir o significado emocional de sua experiência. Gostaria de ressaltar a enorme diferença que essa compreensão acarreta em termos da técnica psicanalítica clássica, na qual muitas dessas situações eram entendidas e interpretadas como um ataque à análise e ao analista. Poder entendê-las como um ataque à função simbólica representa uma mudança de vértice com enormes consequências clínicas.

Há outro tipo de destruição no terreno da simbolização que eu gostaria de referir: aquela não da função simbólica (função alfa), mas do símbolo em si. Em *Transformações*, Bion (1965/2004), a meu ver, faz uma grande contribuição ao estudo da negatividade na simbolização. No capítulo sete, está descrevendo que o símbolo assinala a não coisa. Ou seja, ali onde está o símbolo esteve a coisa, em determinados espaço e tempo. O símbolo envolve esta dimensão espacial e temporal, de passado/presente/futuro. Refere-se a algo que esteve em algum lugar, em algum momento, e que poderá voltar a estar ali em algum momento do futuro. Então, Bion imagina e postula o –símbolo, –contido, ou –ponto na nomenclatura que propõe em *Transformações*. Isso significa que esse símbolo teve seu significado destruído por uma razão qualquer, provavelmente por carregar um significado não suportável, uma dor que não pode ser sentida.

Entretanto, *este objeto que se cria, vazio, sem significado, será ávido de existência* (Bion, 1965/2004). Isso quer dizer que pressionará no sentido de lhe ser atribuído algum significado. Por isso, Bion dirá que esse "não é um objeto estático, é uma força que persiste depois do ponto ter sido aniquilado" (p. 115). Utilizando a grade como referência, Bion propõe o seguinte signo a esse objeto: ←↑. Quer, assim, sinalizar que não é estático, é uma força que empurra no sentido da destruição do símbolo; no sentido vertical, das linhas, vai da abstração à concretização, e no sentido horizontal, das colunas, vai em direção à coluna 2, a das mentiras. Aqui, Bion descreve, do meu ponto de vista, outro tipo de ataque à simbolização: o que é atacado é o próprio símbolo, gerando um –símbolo; estaríamos frente a uma *dessimbolização* ou uma *desrepresentação.*

Em outro trabalho (Levy, 2005), descrevi esta zona de não simbolização da seguinte forma:

> *A imagem que me ocorre é algum de nós aproximar-se de um cânion cujo interior está oculto por uma grande névoa. Dali vem um ruído assustador, um vazio, um mistério sinistro e passamos a tentar dar um sentido àquilo, criar imagens do que poderia ali estar. Quase como se fosse criado um entorno simbólico com a aparência das fantasias inconscientes infantis que envolvesse o vazio, como uma vesícula que seguisse tendo*

> *o interior doloroso, assustador e sem sentido, mas envolta por uma película simbólica. Seriam tentativas de simbolizar um vazio. (Levy, 2005, p. 10)*

No entanto, essa imagem me parece parcialmente válida, pois o que Bion descreve aqui é algo um pouco diferente e de piores consequências para a mente. De acordo com ele, esse vazio, esse cânion, tem uma força de sucção que traga para dentro outros objetos que passam por ali. Ele se torna destrutivo, pois na ânsia de existir rouba o significado de outras experiências. Assim, por exemplo, se um paciente tem uma dor psíquica intensa que não pode ser sentida, cujo significado foi destruído, qualquer outra experiência de sua vida será usada na tentativa de lhe dar um e poderá deixar de significar o que realmente significa.

Bion (1965/2004) afirma que esse objeto a que estamos nos reportando, –ponto, –símbolo ou –contido, é "violento, invejoso, implacável, assassino, predatório, sem respeito pela verdade ou pelas pessoas" (p. 116). Utilizando como imagem um fenômeno da física, poder-se-ia dizer que é como se esse objeto fosse uma espécie de "buraco negro" na mente, importante não só pela sua negatividade, mas por sua força de sucção e destruição de outras simbolizações possíveis. Penso que será possível ilustrar melhor esses conceitos e a centralidade da relação analítica na resolução dessas situações no material clínico que será apresentado.

Antes de seguir adiante, gostaria de propor uma metapsicologia desta estrutura que se cria na mente, o –símbolo. Essa estrutura possui: uma topologia, é protomental, no sentido de que está fora da área mentalizada na medida em que não é mais um elemento alfa; uma gênese, ou seja, provém da insuportabilidade da experiência emocional; uma dinâmica, que se caracteriza pelo movimento já descrito baixo/cima e esquerda/direita da grade, próprio das dessimbolizações, produzindo uma pressão na incessante busca de significado; e uma economia, pois apresenta uma força de sucção constante que traga todos os novos símbolos, como já foi descrito.

Botella e Botella (2002), em seus valiosos estudos sobre o irrepresentável, descrevem zonas de não simbolização que seriam um "vazio, uma fratura na trama das representações" (p. 94), oriundas das fantasias da neurose infantil. Essa fratura, a não representação, faz-se notar por meio de distúrbios do pensamento, e não de conteúdos do pensamento. Cria-se uma zona de dor psíquica que ultrapassa a possibilidade de figurabilidade na linguagem dos Botella. Eles falarão de "uma zona em que a violência dos afetos desorganiza o psiquismo" (p. 94). Seria um traço perceptivo com ausência de inteligibilidade. Dizem os autores que caberá à psiconeurose o trabalho de, *a posteriori*, dar um sentido a essa zona de não representação.

Talvez uma diferença importante entre essa descrição dos Botella e o referencial de Bion seja que o autor inglês, mais que assinalar a "violência dos afetos", nos fala de um símbolo, um enunciado simbólico, que precisou ser destruído pelo significado que carregava. Houve uma construção que foi destruída, e o que vemos são as ruínas ruidosas de uma civilização destruída. São "ruínas" ativas, que seguem produzindo mais destruição. Esta negatividade presente, mas informe, termina por ser sentida pelo sujeito como um objeto terrificante, justamente por não ter uma forma, uma representação. Essa visão bioniana descreve de forma mais viva, me parece, as consequências na subjetividade do paciente dessas não simbolizações. Há dois acréscimos, acredito, em relação à descrição dos Botella: primeiro, não é apenas uma falha, mas uma falha que produz, por sua natureza, mais destruição no processo de simbolização; segundo, essa falha é sentida pelo sujeito como um objeto terrificante. É uma descrição vívida da vivência subjetiva do paciente.

Sintetizando, Bion acresce duas situações em que se criarão não simbolizações: quando houve destruição da função alfa e quando houve criação e destruição de um enunciado simbólico.

Do ponto de vista da técnica, paciente e analista, por meio de um processo de figurabilidade (Botella & Botella, 2002) ou de *rêverie* (Bion, 1962b/1991, 1965/2004), deverão poder acolher as emoções brutas inscritas no sistema protomental e transformá-las em simbolizações ou representações que possam ser elaboradas por meio de sua inserção na rede simbólica. Botella e Botella falam que, a partir de um trabalho em duplo com o paciente, o analista, em regrediência, aproxima-se do polo alucinatório, o que lhe permite um trabalho de figurabilidade que dá forma a esses afetos não representados. Já Bion (1962a/1988, 1962b/1991), de meu ponto de vista, esclarece o mecanismo mental por meio do qual ocorre esta comunicação primitiva que permite a captação dessas emoções brutas, que é a identificação projetiva com fins comunicativos. Porém, em ambas as contribuições, a mente do analista tem um papel determinante na possibilidade de simbolização dessas não simbolizações.

Entretanto, Bion (1965/2004) faz um alerta: nas situações em que o significado foi destruído, o paciente pode tentar manejar o psicanalista a fazer interpretações não para pensar sobre elas e dar um significado ao vazio, mas para negar a ausência de significado e se reassegurar contra o sentimento de terror. Nessa situação, é como se houvesse entendimento, quando, na verdade, os enunciados são uma defesa contra o terror subjacente.

Barros (2002; Barros & Barros, 2008) faz contribuições importantes ao ganho de significado crescente que há no longo trabalho de simbolização e também às obstruções eventuais de evolução no ganho de significado, decorrentes de situações traumáticas. Entretanto, por uma questão de espaço, não poderei me deter na análise desses ricos aportes.

As não simbolizações e o trauma

Algumas palavras em relação à questão do trauma. Uma experiência se tornará traumática na medida em que não puder ser simbolizada (Botella & Botella, 2002), ou quando a sua representação foi destruída (Winnicott, 1951/1975). Então, uma situação será traumática quando provocar no sujeito emoções de intensidade ou qualidade que estejam além de sua capacidade de continência num dado momento. Outro aspecto fundamental desse assunto é a centralidade do papel do objeto na criação da situação traumática e as consequências disso na prática psicanalítica. Parece-me importante esta incursão no território do trauma, pois, na clínica psicanalítica, seguidamente deparamos com pacientes cujas diversas experiências traumáticas fizeram com que um montante enorme de experiências emocionais ficasse inscrito em estado bruto, impossíveis de serem elaboradas e, portanto, presentificando-se na relação analítica.

Na teoria de Winnicott (1960/1982), o bebê tem um desejo e a boa mãe, num estado por ele chamado de preocupação materna primária, apresenta e coloca o objeto do desejo na hora e no local apropriados. Ao fazer isso, realiza a onipotência do bebê e lhe dá sentido, fazendo com que o verdadeiro *self* ganhe vida. É por meio da força e da presença da mãe que o verdadeiro *self* ganha vida. A mãe que não é boa fica centrada no seu desejo, coloca o seu gesto no lugar do gesto do bebê e este, para sobreviver, submete-se a ele, dando lugar ao falso *self* como patologia do caráter.

Desse ponto de vista, a base para a criação simbólica reside na capacidade da mãe de apresentação de objeto: o bebê faz algo, um gesto, e o objeto aparece. Este "algo" é o precursor do símbolo. Mas se a mãe não é boa, o bebê faz o "algo" e o objeto não aparece. Quando a criança faz "algo" e o objeto aparece, este aparecimento provocado pela mãe dá significado ao gesto do bebê: o significado se cria na interação. O gesto espontâneo e a ideia pessoal provêm do *self* verdadeiro, representam o *self* verdadeiro em ação. Só o *self* verdadeiro pode criar e ser sentido como real. Desde outro vértice, pode-se dizer que o sujeito pode se reconhecer como possuidor de um desejo próprio em função da presença da mãe que reconhece esse desejo. Veremos como, nas situações traumáticas, há uma ruptura dessa dinâmica, com o outro não só não reconhecendo o desejo do sujeito, mas introduzindo um gesto estranho, violento, súbito, que perturbará o próprio processo de simbolização.

Winnicott (1967/1975) ainda complementa que os bebês que têm mães que não conseguem olhá-los olham para a mãe e não veem a si mesmos. Por vezes – como na vinheta que apresentarei a seguir –, o que é visto é um objeto terrificante que gera emoções não elaboráveis. Na normalidade, o bebê, ao olhar para a mãe, procura e encontra o significado que ali deveria estar.

Especificamente em relação ao trauma, Winnicott (1965/1967) dirá que ele é um fracasso relativo à dependência. É aquilo que rompe a idealização de um objeto pelo ódio do indivíduo, reativo ao fracasso desse objeto em desempenhar sua função. Conduz à "perda da fé" e destrói a capacidade de acreditar. Continuando, dirá que é a destruição da experiência pura do indivíduo por uma intrusão súbita, demasiada ou imprevisível de fatos reais que provoca o ódio delirante do objeto bom.

Bion (1962b/1991) diz que, se a mãe não acolhe as identificações projetivas, ou se as acolhe e entra em pânico junto com o bebê, este receberá de volta não apenas um medo de morrer, mas um *terror sem nome*. Em vez de se criar na mente um objeto continente, capaz de transformações em alfa, cria-se no mundo interno um objeto "esvaziador" do que há de bom na mente, despojador de sentido e destruidor de bebês-pensamentos. Veremos na vinheta clínica as repercussões dramáticas desse tipo de objeto.

Winnicott se refere à constituição do sujeito e à crença no bom objeto para um desenvolvimento saudável. Ogden (2005/2010) destaca que o sentimento de *ser* se baseia na capacidade da mãe de manter a continuidade do ser por meio do *holding* e, quando a mãe falha, cria-se o trauma. Bion, poderíamos dizer, fala da constituição do "pensador" e que quando este não se constitui adequadamente, estabelece-se o trauma. Penso que as contribuições de Winnicott e de Bion são imprescindíveis e complementares. Em minha opinião, os dois autores falam de elementos fundantes, embora distintos no tocante à constituição do sujeito e ao estabelecimento do trauma quando há falhas nesse processo.

O sentimento de continuidade do ser e a capacidade de pensar são dois processos diferentes que correm em paralelo, como as hélices helicoidais do DNA constituinte dos cromossomos, que se enriquecem e são o fundamento do sujeito humano. Poderíamos dizer que um precede ao outro? Constitui-se o sujeito e depois o pensador/sonhador? Talvez sim, mas não nos parece necessária esta postura diacrônica. Talvez seja mais rico desenvolvermos a capacidade de imaginar dois processos complexos ocorrendo simultaneamente, o que permite, ao aplicarmos este modelo à prática psicanalítica, ampliar nossas possibilidades de entender o que se passa com o paciente e conosco na sessão.

Com seus vários trabalhos a propósito da teoria da sedução generalizada, Laplanche (1997) se insere no debate da importância do outro na constituição da mente do sujeito. Coloca no centro da dinâmica da mente o papel do outro, do *estrangeiro*, a começar com o estrangeiro dentro da mente, aquilo que é estranho, misterioso e precisa ser decifrado, que é o inconsciente. Seria, para Laplanche, o outro psíquico. Mas esse estrangeiro dentro do sujeito seria colocado por um outro estrangeiro externo. Então, para Laplanche, o outro, em sua *estrangeiridade*, envia mensagens enigmáticas ao sujeito, verbais e não verbais, que ele, desde bebê, precisa aprender a ordenar e "traduzir" para assimilar em seu próprio sistema. É como se o adulto fizesse um sinal à criança desde o seu próprio inconsciente que precisa ser decifrado e traduzido.

Essa intervenção do outro adulto, com seu inconsciente sexual, é universal e vai além de uma circunstância específica. Por isso esse autor construiu a teoria da sedução generalizada. O que interessa para a discussão do tema que me proponho a estudar neste trabalho é que, no encontro do adulto com a criança, confrontam-se dois universos: o dos pais reais, com suas próprias experiências e vivências, e o da criança. O universo da criança é construído pelo preenchimento, pela interpretação, pela simbolização daquilo que lhe é mostrado, feito, oferecido. A fantasia da criança será estruturada não a partir da realidade do outro, nem mesmo apenas de como vê o outro, mas especialmente a partir *do outro que se dirige a ela*: "O que ele quer de mim?"; "Por que ele está me mostrando isso?"; "Qual é a sua intenção ao fazer isso?". Penso que algumas situações traumáticas se criam pois alguns desses sinais, por sua violência, sua intrusividade, pelo desamparo que geram, tornam-se intraduzíveis e ficam em algum lugar da mente como corpos estranhos produzindo as mais variadas perturbações, como veremos.

Coloca-se a questão da simbolização no centro da problemática do trauma. Na verdade, a questão da impossibilidade de representação de algumas vivências de desamparo que ameaçam o *self* de aniquilamento. Ou seja, estamos além do desejo e da fantasia; estamos no terreno do desamparo, da ameaça de aniquilamento do *self*. É apenas secundariamente que o ego tentará dar um sentido à vivência súbita de perigo e ameaça. São experiências que ficam registradas a um nível protomental, em estado bruto, incapazes de transformação ou elaboração pela sua incapacidade de articulação como os conteúdos psíquicos. Terminam por prestar-se apenas a ser evacuadas: ou no somático, ou por *acting outs*, ou no real sob forma de alucinações.

Person e Klar (1994), desde outro referencial, mas com alguns pontos de vista similares, também acreditam que são distinguíveis as marcas deixadas por fantasias inconscientes proibidas e por realidades traumáticas. Consideram que a fantasia inconsciente e o trauma estão presentes na mente em registros diferentes. A fantasia descritivamente existe em três registros: o consciente, o pré-consciente e o inconsciente; a codificação do trauma, segundo as autoras, parece ser mais complexa. Comentam que algumas memórias da situação traumática podem ser reprimidas sob forma de medo, culpa, vergonha ou humilhação, enquanto outros registros podem ser dissociados, numa divisão vertical, enquanto a repressão opera numa divisão horizontal.

Segundo essas autoras, a divisão vertical da dissociação faz com que o material dissociado não fique em contato com outros conteúdos da mente. É como se houvesse um "emparedamento" automático dos registros traumáticos não apenas da mente consciente, mas também dos conteúdos mentais inconscientes, fazendo com que este armazenamento não possa ser articulado, "tricotado" (Alvarez, 1994), elaborado junto com as outras fantasias inconscientes.

As não simbolizações na relação analítica

Na sala de análise, Mônica, como outras tantas vezes, vociferava contra o analista para mantê-lo distante. Era agressiva, oposicionista, irritada, mal-humorada, às vezes deprimida e outras, desesperada. O afeto brotava livre na sessão: virava a cara, olhava mal-humorada, acusava, com braços e pernas cruzados no divã:

"não vou falar, não adianta!". A minha *rêverie* formava em minha mente inúmeras imagens. Inicialmente, uma bastante prosaica, a de uma menina bem pequena, oposicionista, que se recusava a fazer xixi no penico: não me daria seus *cocozinhos de jeito nenhum*! Seguidamente eu me perguntava se não estaria "forçando" interpretações na paciente. Penso que às vezes sim. E quando isso ocorria, dizia-lhe que acreditava que ela estava me indicando que eu havia falado demais e coisas que talvez ainda não quisesse ou pudesse ouvir.

Mônica tinha "certeza" de que a análise não daria certo. Num primeiro momento, atribuí a sua resistência a tratamentos anteriores fracassados. Posteriormente, dei-me conta de que era fruto de uma descrença profunda em seus objetos e da "certeza" de que seria traída, enganada. A resistência se originava na "certeza" quase delirante de que qualquer objeto que se aproximasse não resistiria a ser atraído para dentro deste "buraco negro" que transformava todas as experiências de sua vida na mesma vivência dolorosa.

O fato é que vivíamos, no campo analítico, afetos intensos, brutos, que eram ali despejados, evacuados, à espera de uma melhor simbolização.

O conflito entre K e –K manifestava-se quase constantemente em Mônica. Uma parte neurótica da personalidade simbolizava as experiências emocionais transbordantes do campo analítico e outra parte destruía este conhecimento por se referir a situações impensáveis. Por meio de dois sonhos, procurarei ilustrar o que estou comentando.

Quando começamos a coletar a transferência infantil mencionada, trouxe o seguinte sonho:

> *No sonho eu era pequena, na casa em que eu morava na minha infância. Eu estava na sala e através das janelas entravam fachos de luz. Eu ficava curiosa para*

> *ver o que tinha fora da janela, ia espiar e aparecia uma catedral muito linda. Eu me aproximava da janela, maravilhada, queria ver aquela linda catedral. Mas, subitamente, vinha uma nuvem em direção à janela e era a imagem de uma bruxa que queria entrar na minha casa. Eu me apavorava e acordava.*

Além de simbolizar a imagem de menina de que falávamos nas sessões, simbolizava também seu conflito estético vivido na transferência: ao me perceber como um objeto que atrai a sua curiosidade e que lhe parece belo (Meltzer, 1988/1995) – no sentido de atraente e de despertar intensas sensações e emoções –, horroriza-se, pois passa a me sentir como um objeto invasivo, incontrolável e assustador. Talvez por isso precise "desmontar" tudo o que eu lhe oferecia em termos de entendimento, como aparece no seguinte sonho: "Eu tinha ganhado uma caixinha de música. Só que ao invés de abrir e ouvir a música, eu a desmontava. Depois eu tentava montar de novo e não conseguia mais".

Entendemos – e esse último sonho é um modelo que muito nos serviu – uma atividade mental sua, muito ativa e presente, em que, em vez de utilizar o que lhe digo para "escutar, apreciar e pensar", desmonta o mecanismo em pequenos pedaços que não servem mais para escutar/pensar. Como diria Bion (1959a/1988), aquilo-que-liga é atacado e ficam pedaços desmantelados, sem significado. Fazia isso não por alguma destrutividade especial, mas pelo horror que vivenciava, seja ao se aproximar de mim enquanto objeto estético (Meltzer, 1988/1995), seja pela aproximação de seu mundo interno provocada pela interpretação.

Aqui, penso que podemos observar um aspecto do que foi anteriormente mencionado em termos da patologia da simbolização: a reversão da função alfa a meio caminho. Inicia-se o processo de transformação simbólica da experiência emocional vivida no vínculo, cria-se a representação ("a caixinha de música que ela ganha do analista"), mas, como isso desperta sentimentos insuportáveis (o horror pela "certeza" de que ele se mostrará intrusivo, incontrolável e volátil como uma nuvem), a simbolização precisa ser destruída. A ponto de, como será visto posteriormente, gerar um vazio mental.

Mônica, ao deparar comigo, vivia intensas emoções que conseguia transformar em parte, graças à força poética de seu inconsciente, em lindas imagens como as de seus sonhos, mas o restante era descarregado na ação, brigando comigo, faltando às sessões etc. A catedral deslumbrante e a bruxa terrificante são elementos estéticos, criações simbólicas que visam dar conta do mistério do intangível, do "traumático" oriundo do contato com o "outro". O "outro", o estrangeiro, seja ele interno (o id) ou externo (o objeto), desafia o sujeito permanentemente a construir imagens para dar significado ao mistério do intangível. "O que ele quer de mim?", diria Laplanche.

O inconsciente tem essa força poética de transformar em imagens visuais ou linguísticas as emoções humanas. Os artistas têm o talento criativo de elaborar imagens que captam emoções humanas universais e generosamente as colocam à disposição do público para que sejam usadas a serviço da elaboração de poderosas vivências. Para que isso ocorra, o sujeito comum e o artista necessitam poder tolerar o mistério, o não saber, e explorá-lo criativamente nas suas várias versões e vértices, por meio da imaginação criativa.

Sua análise evoluía marcada por seus dramas presentificados na relação analítica e suas tentativas desesperadas de alívio por meio da evacuação da dor psíquica. A elaboração era truncada pela destruição das simbolizações mais carregadas de significado impensável pela paciente naquele momento.

Ao longo da análise com esse tipo de paciente, verificamos que as representações que criamos e que dão conta de suas emoções, as contêm, são seguidamente destruídas. As emoções que adquiriram significado pelo processo de simbolização realizado na análise voltam a ser protoemoções, retornando ao estado de uma dor informe que precisa ser evacuada. Essas simbolizações são o continente das emoções, mas a questão é que elas colocam o paciente num contato insuportável com elas. Assim, as destrói. Fica, então, novamente um contido (protoemoções) sem sentido e sem continente.

Penso que essa é a evolução possível em pacientes desse tipo, que pouco a pouco vão construindo simbolizações que expressam e contêm suas emoções, as quais em seguida necessitam destruir por não suportarem esse contato. Proponho que essas destruições das representações reproduzem o fracasso objetal primário em conter pensamentos impensáveis, por seu significado e pelo sofrimento psíquico despertado. Além do mais, não suportam o contato por ter de reconhecer – por mais paradoxal que pareça – a existência do bom objeto. Odeiam verificar que o analista de tornou um bom objeto, continente e criativo no sentido de que junto com ele estão criando representações continentes e que estão dependendo dele para viver melhor. Porque, para eles, depender de um bom objeto é como depender de um "respirador artificial", como me disse uma vez um paciente. Ou seja, sem ele, a agonia retorna. Então odeiam o "respirador".

Muitas vezes, temos êxito nesse processo, como ilustra o seguinte sonho de Mônica:

> *Sonhei que tinha adormecido na sessão e que tu pacientemente ficavas sentado atrás de mim, esperando que eu acordasse. Foi muito curioso porque quando eu acordava o sentimento era muito bom, me parecia que tinhas ficado me protegendo.*

Senti-me profundamente emocionado, comovido e com um sentimento de profunda felicidade. Ela estava finalmente "despertando" do "sono" que a impedia de "me ver" como alguém que a cuidava! Finalmente podia me perceber como um objeto bom, cuidador, sem atacar sua percepção, seus pensamentos e seu aparelho de pensar, depois de sete anos de análise. Tinha sido vencido, pelo menos naquele momento, aquele objeto voraz, implacável (←↑; Bion, 1965) que detalharei mais adiante.

Então, aquilo que não está simbolizado nesses pacientes, ou está fracamente simbolizado, aparece em estado bruto, como elementos beta que só podem ser evacuados. São emoções primitivas, profundamente dolorosas, que precisam ser evacuadas antes mesmo de serem sentidas por meio do ganho de significado, justamente por esses significados serem insuportáveis. Talvez vivências de abandono, ameaça, desamparo e desconfiança. Elas conduzem ao ódio do objeto por senti-lo como responsável por esse sofrimento. Ódio, aliás, que muitas vezes satura as sessões e serve para dar um "sentido" às suas emoções informes. Essas protoemoções, na medida em que não estão simbolizadas, não podem ser nem reprimidas, muito menos elaboradas. Elas não podem ser entendidas como algo do passado, tampouco esquecidas. Elas são presentes e sufocam o paciente e os seus objetos.

Algumas situações de vida se tornam traumáticas pela intensidade das emoções envolvidas e por sua qualidade de implicar intensa ameaça à integridade do *self*. Elas contêm um gesto do objeto sentido como violento e imprevisível pelo sujeito e ultrapassam a capacidade de simbolização do indivíduo naquele momento. Por vezes, essas vivências podem até ter sido simbolizadas, mas, por não haver uma mente capaz de contê-las, suportá-las, pelo seu significado, o símbolo que as representa pode ser destruído, criando uma situação de –símbolo (menos símbolo). Cria-se uma impossibilidade de inserção da experiência emocional no retículo alfa, na cadeia de simbolizações, o que a torna inelaborável e constitui uma situação traumática. Caso fosse simbolizada, estaríamos no terreno das fantasias neuróticas habituais.

Gostaria de colocar em evidência o aspecto quantitativo, econômico, envolvido, bem como o qualitativo. Do ponto de vista econômico, é a intensidade das excitações despertadas e sua impossibilidade de ligação a representações que são traumáticas. Do ponto de vista qualitativo, a qualidade de determinada experiência, por sua imprevisibilidade, violência e ameaça ao *self*, não pode ser simbolizada, ficando como algo sem sentido, intraduzível.

Proponho, como mencionei anteriormente, utilizar o conceito de Bion (1965/2004) de –símbolo (menos símbolo), descrito em *Transformações*, para o símbolo que teve seu significado destruído por este ser insuportável. Cria-se um objeto vazio, sem significado, que será ávido de existência. Bion propõe o seguinte signo a esse objeto: ←↑.

Em Mônica, a violência, o caráter implacável, destrutivo e sem respeito pela verdade ou pelas pessoas – referido por Bion – dessa não simbolização aparece, entre outras situações, nas "certezas" da paciente. Arrogantemente, no início e em boa parte da análise, ela "sabia" que a análise fracassaria, que eu só tinha interesse econômico nela, que a vida dela não mudaria, que estava condenada a sofrer. Ou seja, as emoções brutas, que evoluindo poderiam vir a ser desespero, desamparo, medo, ainda informes, cronicamente presentes na sua vida e na situação analítica, na ânsia de adquirirem um significado, "roubam" o significado das outras experiências emocionais da vida: tudo passa a ser a mesma coisa. Esse objeto ←↑ é uma fonte de dor, de terror, pois é uma presença sem significado. Como um fantasma, é uma presença terrificante, sem forma. Uma assombração que faz ruído, mas não tem forma, não pode ser vista e, portanto, adquirir algum significado. É uma presença em negativo. Uma menos presença (–presença). O negativo de uma presença que anseia por adquirir um significado, nem que seja à custa de destruir aquele de outras experiências. Daí vinha a sua certeza de que nada daria certo em sua vida; todos os seus objetos seriam frustrantes, violentos e intrusivos, nomes que suas emoções foram recebendo ao longo de sua análise. Eu era inconfiável; a análise fatalmente a levaria à nova decepção; ela estava condenada ao fracasso etc. A "certeza" já é a presença do objeto voraz, superegoico, onipotente.

Como diz Winnicott (1951/1975), bem estudado por Green (1994), o negativo é a única presença e é mais real que o positivo. Assim, tudo é engolfado pelo negativo. Nesse clássico trabalho, Winnicott descreve o caso de uma paciente em que a separação de seus pais na guerra excedeu sua capacidade de espera e, portanto, ele supõe que a representação foi perdida. Embora seja brilhante a descrição clínica de Winnicott, me parece que ele não entra na descrição microscópica deste fenômeno de desrepresentação como faz Bion nos trabalhos já mencionados. Parece-me que a lupa de Bion é mais potente para descrever a intimidade dos processos de geração e destruição dos pensamentos. Como já mencionei anteriormente, creio que a partir das contribuições de Bion se pode chegar a uma metapsicologia dos processos de não simbolização.

Comentários finais

Pretendi neste capítulo estudar especialmente as patologias da simbolização. Detive-me no entendimento destas estruturas psíquicas não simbolizadas, mas profundamente influentes sobre o estado mental do sujeito, que podemos chamar de não simbolizações.

Se entendermos topografia como uma descrição minuciosa de uma localidade, penso que houve, desde Freud, grandes alterações na compreensão e na conceituação da topografia do aparelho psíquico. Uma se seu a partir do estudo da impossibilidade de simbolização de algumas vivências, que terminam por gerar zonas de não simbolização no aparelho psíquico (Levy, 2003). Passou-se a conceber, no espaço psíquico do próprio sujeito, uma zona que vai além do que seria considerado o mental propriamente dito, o protomental (Bion, 1962a/1988, 1965/2004; Meltzer et al., 1986/1990).

Considerando essa ampliação da topografia do espaço psíquico, essas estruturas, as não simbolizações, parecem se situar na fronteira da mente como elementos protomentais. Esses registros não simbólicos são elementos dotados de grande energia, pressionando para ser evacuados por meio da ação, ou das vias somáticas, ou ainda perturbando a criação de outras representações. Sua grande energia e sua qualidade dinâmica de funcionar como equivalentes a moções pulsionais, no sentido de imporem permanentemente um trabalho à mente, derivam de sua não inserção na cadeia de simbolizações e, portanto, do fato de serem não elaborados ou até inelaboráveis sem um trabalho analítico.

Sintetizando, talvez possamos dizer que é possível ampliar a grade negativa em pelo menos três situações.

1) A criação de antissímbolos por meio da atividade de –K visa mascarar a verdade pelo sofrimento psíquico que ela ocasiona e pelo significado que carrega. Recobrem o símbolo com um manto de mentiras (Meltzer, 1988/1995). O símbolo nesta situação não é destruído.
2) O ataque ao símbolo pela destruição do significado (–contido) cria na mente não só um vazio na trama simbólica, como tem sido descrito, mas um objeto (←↑; Bion, 1965/2004) que se apresenta como uma força terrífica na

mente, constante e poderosa, a destruir o significado de outros símbolos.

3) O ataque à função alfa termina por criar toda uma incapacidade do paciente de ter consciência de sua vida emocional, condenando-o a viver uma vida operatória e sem satisfação (Bion, 1962b/1991).

Inicialmente, Freud nos ajudou a ver a importância e a força da realidade psíquica organizada a partir do inconsciente estruturado pelos processos simbólicos. Houve toda uma evolução da psicanálise buscando a compreensão de como se produzem estes diamantes cheios de brilhos (Meltzer, 1988/1995), carregados de emoções e significados, que são as simbolizações humanas. Finalmente, a psicanálise também se debruçou sobre situações em que os pacientes apresentam falhas simbólicas oriundas de ataques à capacidade simbólica, ou por viverem situações que excediam sua capacidade de simbolizá-las naquele momento. Estes apresentam questões tão específicas no terreno da perturbação no sistema de representações que demandarão uma técnica apropriada. Entre outras coisas, são pacientes tão sensibilizados que às vezes o analista deverá poder conter durante muito tempo emoções indesejáveis do paciente antes que possam ser reintrojetadas por ele por meio de interpretações (Alvarez, 1994; Ferro, 1995, 1998; Ogden, 1996, 2005/2010).

Referências

Alvarez, A. (1994). Abuso sexual de crianças: A necessidade de lembrar e a necessidade de esquecer. In A. Alvarez, *Companhia viva: Psicoterapia psicanalítica com crianças autistas, borderline, carentes e maltratadas*. Porto Alegre: Artes Médicas.

Baranger, W., & Baranger, M. (1969). La situación analítica como campo dinámico. In W. Baranger, & M. Baranger, *Problemas del campo psicoanalítico*. Buenos Aires: Kargieman. (Publicado originalmente em 1961)

Barros, E. M. R. (2002). An essay on dreaming, psychical working out and working trough. *Int. J. Psychoanal.*, *83*(5), 1083-1093.

Barros, E. M. R., & Barros, E. L. R. (2008). *Reflexões sobre as implicações clínicas do conceito de simbolismo na vida onírica e sua relação com a perlaboração*. Trabalho apresentado no Encontro sobre Meltzer promovido pela Sociedade Brasileira de Psicanálise de São Paulo (SBPSP).

Bion, W. R. (1988). Diferenciação entre a personalidade psicótica e não-psicótica. In W. R. Bion, *Estudos psicanalíticos revisados*. Rio de Janeiro: Imago. (Publicado originalmente em 1957)

Bion, W. R. (1988). Ataques ao elo de ligação. In W. R. Bion, *Estudos psicanalíticos revisados*. Rio de Janeiro: Imago. (Publicado originalmente em 1959a)

Bion, W. R. (1994). Dream-work-a. In W. R. Bion, *Cogitations*. London: Karnac. (Publicado originalmente em 1959b)

Bion, W. R. (1988). Uma teoria sobre o processo de pensar. In W. R. Bion, *Estudos psicanalíticos revisados*. Rio de Janeiro: Imago. (Publicado originalmente em 1962a)

Bion, W. R. (1991). *Aprendiendo de la experiencia*. Ciudad de México: Paidós. (Publicado originalmente em 1962b)

Bion, W. R. (1988). *Elementos de psicoanálisis*. Buenos Aires: Hormé. (Publicado originalmente em 1963)

Bion, W. R. (2004). *Transformações: Do aprendizado ao crescimento* (2. ed.). Rio de Janeiro: Imago. (Publicado originalmente em 1965)

Bion, W. R. (1994). *Cogitations*. London: Karnac. (Publicado originalmente em 1992)

Botella, C., & Botella, S. (2002). *Irrepresentável: Mais além da representação*. Porto Alegre: Criação Humana.

Ferro, A. (1995). *A técnica na psicanálise infantil – A criança e o analista: Da relação ao campo emocional.*. Rio de Janeiro: Imago.

Ferro, A. (1998). *Na sala de análise: Emoções, relatos, transformações*. Rio de Janeiro: Imago.

Ferro, A. (2007). *Evitare le emozioni, vivere le emozioni*. Milano: Raffaelo Cortina.

Green, A. (1994). El analista, la simbolización, y la ausencia en el encuadre analítico. In A. Ferro, *De locuras privadas*. Buenos Aires: Amorrortu. (Publicado originalmente em 1975)

Green, A. (1990). *Conferências brasileiras de André Green: Metapsicologia dos limites*. Rio de Janeiro: Imago.

Green, A. (1994). Para introduzir o negativo em psicanálise. *Rev. Bras. Psicanál.*, *28*(1), 25-38.

Green, A. (2008). *Orientações para uma psicanálise contemporânea*. Rio de Janeiro: Imago. (Publicado originalmente em 2002)

Green, A. (2010). *O trabalho do negativo*. Porto Alegre: Artmed.

Laplanche, J. (1997). A teoria da sedução e o problema do outro. *LAP*, *XIII*, 139-151.

Levy, R. (2003). A visão topográfica no processo psicanalítico: O irrepresentável. *Rev. Bras. Psicanál.*, *37*(4), 1066-1077.

Levy, R. (2005). *Trauma e não-simbolização no campo analítico*. Trabalho apresentado no 44º Congresso da IPA, Rio de Janeiro.

Meltzer, D. (1984). *Vida onírica*. Madrid: Tecnipublicaciones.

Meltzer, D. et al. (1990). *Metapsicología ampliada: Aplicaciones clínicas de las ideas de Bion*. Buenos Aires: Spatia. (Publicado originalmente em 1986)

Meltzer, D. (1995). *A apreensão do belo*. Rio de Janeiro: Imago, 1995. (Publicado originalmente em 1995)

Meltzer, D. et al. (1995). Vicisitudes y fracaso de la simbolización. In D. Meltzer et al., *Clínica psicoanalítica con niños y adultos*. Buenos Aires: Spatia.

Ogden, T. H. (1996). *Os sujeitos da psicanálise*. São Paulo: Casa do Psicólogo.

Ogden, T. H. (2010). *Esta arte da psicanálise: Sonhando sonhos não sonhados e gritos interrompidos*. Porto Alegre: Artmed. (Publicado originalmente em 2005)

O'Shaughnessy, E. (1990). A teoria do pensar de W.R. Bion e novas técnicas em análise de crianças. In E. B. Spillius (Ed.), *Melanie Klein hoje: Desenvolvimentos da teoria e da técnica* (Vol. 2). Rio de Janeiro: Imago. (Publicado originalmente em 1981)

Person, E. S., & Klar, H. (1994). Establishing trauma: The difficulty distinguishing between memories and fantasies. *J. Am. Psychoanal. Assoc.*, *42*(4), 1055-1081.

Winnicott, D. W. (1975). Objetos transicionais e fenômenos transicionais. In D. W. Winnicott, *O brincar e a realidade*. Rio de Janeiro: Imago. (Publicado originalmente em 1951)

Winnicott, D. W. (1982). Distorção do ego em termos de verdadeiro e falso *self*. In D. W. Winnicott, *O ambiente e os processos de maturação: Estudos sobre a teoria do desenvolvimento emocional*. Porto Alegre: Artes Médicas. (Publicado originalmente em 1960)

Winnicott, D. W. (1967). *La familia y el desarrollo del individuo.* Buenos Aires: Hormé. (Publicado originalmente em 1965)

Winnicott, D. W. (1975). O papel da mãe e da família no desenvolvimento emocional infantil. In D. W. Winnicott, *O brincar e a realidade.* Rio de Janeiro: Imago. (Publicado originalmente em 1967)

7. O vazio nos processos simbólicos

Farei uma rápida introdução do que penso em relação às chamadas patologias do vazio, amparado em autores para mim fundamentais, e depois me deterei um pouco mais sobre o conceito de pensamentos-próteses, procurando articulá-lo com as referidas patologias.

Entendo que as patologias do vazio passaram a ser estudadas de modo mais enfático na psicanálise a partir do momento que os autores passaram a se interessar pelo processo de simbolização, de criar símbolos, de desenvolver a capacidade de pensá-los, e pela interferência da pulsão de morte nesse processo. Devemos já de início pensar que, se por um lado determinadas experiências estão negativadas no sistema de representações ou na trama simbólica, criando vazios simbólicos, vazios objetais, por outro estarão "positivadas" em algum local: ou no sistema protomental, ou no soma, ou no ato (Levy, 2010, 2012, 2017).

Freud se interessou pela questão da morte na vida humana desde muito cedo em sua obra. Apenas a título de ilustração, já em 1913, em *Totem e tabu*, ele dizia que o homem, em determinado momento da sua história, inicia a civilização a partir da criação de leis primitivas, os tabus e as proibições, a fim de refrear as pulsões sexuais e agressivas que, se extravasadas sem limite, tornam-se ameaçadoras da vida em comunidade. Este teria sido o início da civilização: a partir da ameaça da sexualidade e da violência, os indivíduos se unem em torno de leis e regulamentos que coíbem as pulsões do indivíduo, em última análise, a sua violência. Em 1930, em *O mal-estar na civilização*, retoma o tema da repressão da agressividade e do risco das guerras. Em 1932, em seu famoso diálogo com Einstein intitulado "Por que a guerra?", novamente está ocupado com a destrutividade do homem. Certamente, poderíamos seguir citando diversas outras passagens de sua obra em que se ocupa desse tema.

Mais especificamente em relação ao tema de que nos ocupamos hoje – a representação ou não de experiências na esfera da mente –, creio que, depois de descrever a pulsão de morte em *Além do princípio do prazer* (1920), ao introduzir a segunda tópica em *O ego e o id* (1923), Freud desenvolve a ideia de que há um *quantum* de elementos não representados na esfera do eu que poderão vir a ser representados ou não. Ou seja, descreve o id como um inconsciente arcaico, primitivo, mergulhado no soma e pré-representacional. Neste trabalho lapidar, esclarece seu ponto de vista que o id seria uma espécie de enorme inconsciente do qual parte é o Ics reprimido, mas outro tanto são registros de alguma ordem à espera de inserção na esfera do eu.

Embora o tema da destrutividade e da inscrição simbólica ou não de experiências na mente já viesse sendo estudado por Freud, creio que, especialmente a partir das contribuições de Winnicott e Bion e, posteriormente, de André Green (1994), foi dado um grande impulso no estudo mais aprofundado e detalhado do trabalho do negativo no processo de simbolização. Evidentemente, seguiram-se enormes contribuições derivadas destas duas vertentes, a psicanálise inglesa e a psicanálise francesa. Além disso, muitos autores contemporâneos, de outras latitudes e também do Brasil e da América Latina, "bebem" de ambas as fontes e geram novas contribuições também originais, como Ogden, Ferro, Civitarese, Roussillon, Botella e Botella, Levine, Barros e Barros, Cassorla, Hartke, Marucco, apenas para citar alguns e não seguir cometendo a injustiça de não citar os demais.

Winnicott, tanto em seu clássico trabalho "Objetos transicionais e fenômenos transicionais" (1951/1975) como em sua contribuição, não menos importante, "O temor ao colapso" (1963/1994), fala-nos de situações em que há a impossibilidade de reter uma representação na ausência do objeto, criando um vazio representacional que lança o paciente a se aferrar ao negativo, à falta, por esta ser sentida como mais real que a presença do objeto; e de outras situações de não representação de agonias primitivas, quando o objeto auxiliar primário, a mãe, ou substitutos, não puderam ajudar o sujeito a representá-las como uma experiência do eu. Essas agonias primitivas ficam não representadas, verdadeiros "buracos-negros" na vivência do *self*, ameaçando sugar a sua integridade, o que é vivido como um medo do colapso. A (re)vivência dessa experiência na relação analítica se torna necessária para que o paciente possa integrá-la no seu eu, no seu sistema representacional, para que ela adquira uma forma e um nome e, finalmente, deixe de ser uma presença ausente como descrevi no artigo "Da simbolização à não simbolização dentro do escopo de um vínculo: Do sonho ao grito de terror por uma presença ausente" (Levy, 2012). Esse medo do colapso é sentido como medo da morte. O rico e o paradoxal da colocação de Winnicott é que esta morte "já aconteceu", mas não foi experimentada... Ficou fora da experiência do eu e agora é buscada pelo sujeito para poder vivê-la plenamente.

Esta tensão entre vida e morte e a possibilidade de simbolizar ou não as experiências do sujeito são também abordadas de modo magistral por Bion no capítulo 5 do *Aprender da experiência* (1962/1991). Ali, ele descreve situações em que o bebê, por temor a viver determinadas emoções advindas do contato com o objeto, recusa-se a beber o leite que o seio lhe oferece. No entanto, o bebê se dá conta de que assim morrerá. Então, por temor à morte, retoma a sucção a partir de uma profunda cisão em sua mente. Passa a ingerir o leite para não morrer, entretanto, essa experiência de satisfação material fica dissociada da satisfação psíquica. A dificuldade de viver ditas emoções primitivas "coloca um problema que se resolve com a destruição da função alfa" (p. 30). Este *splitting* da mente e a destruição da função alfa produzem um estado mental em que o sujeito buscará a comodidade física, material, mas sentirá uma insatisfação crônica pela impossibilidade de representar a experiência emocional de satisfação. Para se libertar das complicações emocionais que implicam o captar da vida e uma relação com objetos vivos, o sujeito é lançado para uma vida robótica, operatória, vivendo como um morto-vivo a se relacionar com objetos inanimados. Seria uma espécie de morte em vida.

Green também fez valiosíssimas contribuições para a compreensão das patologias do vazio e da tensão entre morte e vida no funcionamento mental. Apenas como mais um exemplo, em seu livro *Narcisismo de vida, narcisismo de morte* (1988), Green descreve a situação essencial em que a fusão com um objeto idealizado, como defesa contra a separação e a ausência do objeto primário obtida no narcisismo de vida, não está mais ao alcance. O que passa a ser buscado, então, não é mais a unidade com tal objeto idealizado, mas o nada, o vazio, uma redução das tensões ao nível zero que seria a aproximação da morte psíquica.

Com este rápido percurso, eu quis apenas ilustrar como alguns pensadores da psicanálise inauguraram e o quanto desenvolveram o estudo destas patologias em que se encontram vazios oriundos de ataques a funções simbólicas, de processos de desligamento e desvitalização, de desobjetalização, vinculados de alguma forma à ação da pulsão de morte, que redundam em vivências de tédio, vazio, morte, desespero, inanição psíquica etc.

Agora, quero me deter em uma situação clínica que, de um lado, ilustra o que estou descrevendo, mas de outro visa agregar uma pequena contribuição à compreensão do funcionamento mental desses pacientes. Peço desculpas aos que já conhecem algum aspecto do material clínico de João.

João é um paciente que me procurou em meio à sua adolescência: obeso, exalando nicotina, adito a álcool, cocaína, maconha, e com sua vida escolar totalmente desinvestida. Frequentava o baixo mundo, seja por se relacionar com traficantes ou por sua compulsão sexual, que fazia com que frequentasse os prostíbulos mais sórdidos. Transpirava algo mortífero. Era adito também a sites de extrema violência nos quais transitava durante suas noites tediosas, quando não estava vivenciando situações de risco à sua integridade física. Nesse contexto de múltiplas adições, em muitos momentos me perguntava se na realidade João não estaria adito à busca da excitação que, como descreve Rosenberg (2003), nesses pacientes visa preencher um vazio objetal. A característica mortífera dessa forma de masoquismo descrita por esse autor substitui a busca do objeto ansiado pela busca da excitação, o que determina este caráter mortífero.

Entretanto, não entrarei em detalhes de seu processo analítico e da técnica que utilizei para trabalhar com ele, nem de todos os desafios impostos pelas tensões do campo analítico. Entrarei em detalhes da técnica de trabalho com estes pacientes no capítulo seguinte, onde descrevo em detalhes o que chamei a criação de andaimes ao pensar em pacientes com estas zonas de negatividade em que se criam verdadeiros buracos na trama simbólica pela impossibilidade de representar determinadas experiências. Descrevo no capítulo seguinte a utilização, por parte do paciente, de "pensamentos próteses" que utiliza na tentativa frustra de preencher os vazios simbólicos quando ainda não possui a capacidade de sonhar suas ansiedades primitivas de desamparo, abandono e solidão.

De todo modo, antes que pudéssemos ajudá-lo a desenvolver "pensabilidade" do que antes era impensável, João havia estado preso a períodos em que a evacuação predominava como forma de expulsar do psiquismo emoções impensáveis, gerando fraturas na sua malha simbólica ou vazios nunca preenchidos; finalmente chegamos a um momento em que parecia que buscava formas que dessem figuração a essas angústias; e talvez iniciássemos um momento em que ele próprio pudesse criar imagens que permitissem conter e pensar as emoções não pensáveis, como foi descrito minuciosamente por Barros em diversos trabalhos (2002, 2006; Barros & Barros, 2008).

Entendo que as transformações em alucinose em que se "tornava" um perigoso terrorista nas várias mídias sociais que habitava, o medo de morrer que instilava nas pessoas em inúmeras situações sociais, as múltiplas adições a drogas diversas, os sonhos e pensamentos-próteses eram "positivações ruidosas" que visavam encobrir, preencher, ocultar os vazios representacionais e objetais derivados de relações de objeto inconsistentes. As agonias primitivas – o medo de morrer, de se desintegrar – não simbolizadas adequadamente provocavam uma turbulência que paradoxalmente, como descreve Winnicott, o conduziam em direção à morte em vida e à morte literal. Foi necessário que vivêssemos juntos o medo da morte, do seu e do nosso colapso, para que finalmente João pudesse viver mais plenamente. Foi assim, depois de tantas turbulências, que chegou a meu consultório e colocou uma música para escutarmos juntos. Era *Viva la vida* do Coldplay!

Referências

Avzaradel, J. R. (2006). *Linguagem e construção do pensamento.* São Paulo: Casa do Psicólogo.

Barros, E. M. R. (2002). An essay on dreaming, psychical working out and working trough. *Int. J. Psychoanal.*, *83*(5), 1083-1093.

Barros, E. M. R. (2006). Afeto e imagem pictográfica: O processo de constituição do significado na vida mental. In J. R. Avzaradel, *Linguagem e construção do pensamento.* São Paulo: Casa do Psicólogo.

Barros, E. M. R., & Barros, E. L. R. (2008). *Reflexões sobre as implicações clínicas do conceito de simbolismo na vida onírica e sua relação com a perlaboração.* Trabalho apresentado no Encontro sobre Meltzer promovido pela Sociedade Brasileira de Psicanálise de São Paulo (SBPSP).

Bion, W. R. (1991). *Aprendiendo de la experiencia.* Ciudad de México: Paidós. (Publicado originalmente em 1962)

Freud, S. (1980). Totem e tabu. *Edição standard brasileira das obras psicológicas completas de Sigmund Freud* (Vol. XIII). Rio de Janeiro: Imago. (Publicado originalmente em 1913)

Freud, S. (1969). Além do princípio do prazer. In S. Freud, *Edição standard brasileira das obras psicológicas completas de Sigmund Freud* (Vol. XVIII). Rio de Janeiro: Imago. (Publicado originalmente em 1920)

Freud, S. (1969). O ego e o id. In S. Freud, *Edição standard brasileira das obras psicológicas completas de Sigmund Freud* (Vol. XVIII). Rio de Janeiro: Imago. (Publicado originalmente em 1923)

Freud, S. (1969). O mal-estar na civilização. In S. Freud, *Edição standard brasileira das obras psicológicas completas de Sigmund Freud* (Vol. XXI). Rio de Janeiro: Imago. (Publicado originalmente em 1930)

Freud, S. (1969). Por que a guerra? In S. Freud, *Edição standard brasileira das obras psicológicas completas de Sigmund Freud* (Vol. XXII). Rio de Janeiro: Imago. (Publicado originalmente em 1932)

Green, A. (1988). *Narcisismo de vida, narcisismo de morte.* São Paulo: Escuta.

Green, A. (1994). Para introduzir o negativo em psicanálise. *Rev. Bras. Psicanál.*, *28*(1), 25-38.

Junqueira Filho, L. C. U. (2006). Da esfinge ao oráculo: Sobre a função do sonhar na gênese dos pensamentos. In J. R. Avzaradel, *Linguagem e construção do pensamento.* São Paulo: Casa do Psicólogo.

Levy, R. (2010). Adolescence: The body as a scenario for non-symbolized dramas. In M. Aisenstein, & E. R. Aisemberg (Eds.), *Psychosomatics today: A psychoanalytic perspective.* London: Karnac.

Levy, R. (2012). From symbolizing to non-symbolizing within the scope of a link: From dreams to shouts of terror caused by an absent presence. *Int. J. Psychoanal.*, *93*(4), 837-862.

Levy, R. (2017). *Intimidade: O dramático e o belo no encontro e no desencontro com o outro.* Conferência principal (*keynote paper*) no Congresso da IPA, Buenos Aires.

Marinho, N. (2006). Mente e significado: A avaliação filosófica de Marcia Cavell da teoria psicanalítica. In J. R. Avzaradel, *Linguagem e construção do pensamento.* São Paulo: Casa do Psicólogo.

Rosenberg, B. (2003). *Masoquismo mortífero e masoquismo guardião da vida*. São Paulo: Escuta.

Winnicott, D. W. (1975). Objetos transicionais e fenômenos transicionais. In D. W. Winnicott, *O brincar e a realidade*. Rio de Janeiro: Imago. (Publicado originalmente em 1951)

Winnicott, D.W. (1994). O temor ao colapso (breakdown). In D. W. Winnicott, *Explorações psicanalíticas*. Porto Alegre: Artes Médicas. (Publicado originalmente em 1963)

8. A polifonia da psicanálise contemporânea: criando andaimes ao pensar[1]

Sempre que me disponho a estudar um tema relativo aos processos simbólicos do homem, recordo-me da genial assertiva de Cassirer (1944/1997) quando diz que o homem não deveria ser chamado de animal racional, mas de animal simbólico. Ou seja, o funcionamento mental do homem, como todos sabemos, não é dominado pela racionalidade, mas pelo sistema simbólico que cria e que intermedia irremediavelmente a sua relação com o mundo. Ele formula uma imagem interessante para nos propor essa reflexão: observa que não será uma surpresa encontrar um grupo de humanos dançando em torno a uma árvore para provocar chuva, mas nunca se verá uma matilha de cães fazendo isso! Ou seja, o que marca o comportamento humano não é sua racionalidade, mas sua imersão no mundo do simbólico, da fantasia, do pensar e da linguagem.

Naturalmente, quando Cassirer (1944/1997) se refere ao sistema simbólico humano, refere-se ao pensamento, à linguagem,

1 Este capítulo é uma versão levemente modificada de: The polyphony of contemporary psychoanalysis: The multiple languages of man. *Int. J. Psychoanal.*, *100*(4), 656-673, 2019.

às belas artes e às teorias científicas, para não falar das contribuições da psicanálise em relação ao inconsciente. Para a psicanálise, a construção do símbolo começa basicamente a partir da atividade inconsciente. Dependendo da teoria utilizada, a sua construção será entendida ou como resultante das retranscrições do desejo inconsciente no aparelho psíquico derivado da atividade pulsional (Freud, 1915/1969) ou do encontro intersubjetivo com o outro, como foi desenvolvido por Bion (1962/1991, 1965/1983) e Winnicott (1951/1975) e será construído ao longo de todo o curso do presente capítulo. Embora a concepção do que é um símbolo difira entre filosofia e psicanálise, acredito que algumas das ideias da filosofia podem ser usadas para refletir sobre o tema da linguagem e o seu desenvolvimento.

André Green (1990) diz que devemos entender o psiquismo como uma formação intermediária no diálogo entre o corpo e o mundo que segundo o autor francês é brutal, pois confronta as exigências tirânicas do corpo com restrições impostas pelo mundo da cultura. Essa formação intermediária referida por Green, a psique, é de fato o sistema simbólico humano, que constitui a essência humana tal como entendida pela psicanálise.

Walter Benjamin (1921/2013), de um ponto de vista filosófico, considera que qualquer manifestação da vida mental humana pode ser concebida como linguagem. Assim, o homem vive imerso em inúmeras linguagens: a linguagem do ato, a linguagem dos sonhos, a linguagem das artes plásticas, da música, da poesia, e a linguagem das palavras articuladas dentro de uma estrutura gramatical, a linguagem discursiva (Langer, 1941/1989) propriamente dita.

Susanne Langer (1941/1989), também desde a perspectiva da filosofia, tem outra visão. Essa autora pensa que a linguagem é um modo especial de expressão, constituído por um vocabulário e uma sintaxe específicos. Seus elementos, as palavras, têm um sentido fixo a ponto de estas poderem ser traduzidas a outras línguas. Considera que as outras formas simbólicas que veiculam significados, as formas visuais, o simbolismo apresentativo, por exemplo, possuem outras leis que as governam. Portanto, acredita que linguagem no sentido estrito seria apenas a linguagem discursiva e que, embora nos refiramos a outros meios de representação não verbal como linguagem, trata-se de uma terminologia frouxa.

Entendo que é exatamente essa frouxidão de que Langer fala que torna interessante a conceituação de Benjamin para os nossos propósitos. Creio que o essencial para nós, psicanalistas, é compreender as várias manifestações do sistema simbólico do homem, ou as suas falhas, na medida em que este comunica, ou deixa de comunicar, significados aos quais desejamos e precisamos ter acesso.

Entretanto, Benjamin (1921/2013) vai em frente e diz que a essência linguística do homem é a sua linguagem nomeadora, diferente de todas as outras linguagens do mundo animal. O leão expressa sua disposição instintiva e sua essência rugindo. O homem expressa sua essência linguística nomeando. O homem cria a coisa ao nomeá-la. Psicanaliticamente, talvez fosse mais exato dizer que o homem cria a coisa ao representá-la. Claro que a coisa em si precede o homem, como já havia dito Bion, que o pensamento precede o pensador, mas, paradoxalmente, para o pensamento existir ele necessita do pensador. O inconsciente, por exemplo, existia antes de Freud, mas, ao descobri-lo e nomeá-lo, ele passou a existir na cultura e na ciência.

Dentre as inúmeras linguagens do homem, me interessa estudar "as linguagens" que teremos de acolher e praticar quando fazemos psicanálise em nossos consultórios. Coloco "as linguagens" entre aspas porque estou falando da língua no sentido de múltiplas expressões e manifestações da vida emocional do homem, não necessariamente como um sistema organizado de representações simbólicas. E quando me refiro à "linguagem do ato", na verdade, estou fazendo uma figura de linguagem, sabendo que a ação de evacuação não é uma linguagem em si, mas uma descarga de emoções não representadas ou fracamente representadas que podem adquirir significado se encontrarem um continente transformador.

Embora, mesmo na filosofia da linguagem, a perspectiva do intérprete que dá um significado àquilo que é falado pelo emissor (Marinho, 2006) tenha sido levada em conta, a psicanálise deu uma contribuição decisiva ao apreender o fato de que o significado se constrói no espaço entre dois sujeitos. Bion contribuiu, desenvolvendo a noção de que, a partir da relação continente/contido, mediada pela *rêverie* materna, nasce o significado na mente do bebê; e Winnicott contribuiu com a ideia de que a mãe, em preocupação materna primária, apresenta o objeto da necessidade do bebê, dando significado a seu gesto. E os autores contemporâneos ampliaram esta noção: Ogden (1996) com sua conceituação do terceiro intersubjetivo; Ferro (1995/1997, 1998, 2011) com a "alfabetização" dos "betalomas" desde a criação de personagens pela dupla analítica; e Green (2002/2010) com sua afirmação de que a psicanálise passou a se interessar pelo papel que os intercâmbios entre analisando e analista têm na evolução do tratamento e pelas influências mútuas da dupla analítica. Ou seja, como disse Bion, *a unidade do homem é o par*.

A partir dessas contribuições, a psicanálise contemporânea pós-bioniana e pós-winnicottiana trabalha num novo modelo, o que não implica o descarte de outros modelos. Neste novo modelo de trabalho, o transformativo (Ferro, 2011; Levine, 2012), a mente do analista tem um papel determinante na possibilidade de simbolização das não simbolizações oriundas de experiências traumáticas, em que emoções brutas ficaram inscritas no sistema protomental, impossibilitadas de serem inseridas na trama simbólica sem a ajuda analítica (Levy, 2012b), ou mesmo na ampliação da mente a novos significados e novas visões do mundo. Por isso, por vezes, o analista deverá poder conter, durante muito tempo, emoções indesejáveis do paciente antes que possam ser reintrojetadas por ele por meio de interpretações (Alvarez, 1994; Ferro, 1995/1997, 1998; Ogden, 1996, 2005/2010).

Falando desde a perspectiva da linguagem, no modelo contemporâneo, estaremos muitas vezes falando na criação/construção de significados, ou mesmo de linguagem, e não apenas na revelação de significados já existentes, ou na tradução de uma linguagem em outra, mesmo que muitas vezes trabalhemos utilizando esse modelo.

Ogden (2012) comenta, com muita pertinência, que a psicanálise contemporânea se interessa muito mais com o modo como se pensa do que com o conteúdo daquilo que se pensa. E o modo como se pensa se manifesta na e por meio da linguagem. Ou seja, a linguagem traduz o modo de pensar e as vicissitudes do pensar. Entretanto, ao mesmo tempo, a linguagem é o modo que temos de intervir para tentar ajudar o paciente a realizar transformações no seu aparelho de pensar (Bion, 1962/1991). A linguagem tem então esta dupla característica de refletir o modo de pensar e de ser também a ferramenta de transformação, passando, acredito, pela *rêverie* da dupla analítica. Como dirá Ogden (2005/2010),

> *Em seu* esforço para dizer algo ao paciente que seja verdadeiro para a experiência emocional consciente e inconsciente que está ocorrendo no relacionamento analítico em um dado momento, *o analista inevitavelmente, inescapavelmente, entrou em uma luta com a linguagem propriamente dita. (p. 26, grifos do original)*

Como a consciência dos nossos estados mentais é mediada pelas palavras, precisamos das palavras para "saber" acerca dos nossos sentimentos, no sentido bioniano de conhecer pela experiência (transformações de O ® K), mas não podemos "dizer" um sentimento, podemos apenas expressar como ele é. Como Bion já dizia, uma emoção só pode ser "sida" e, quando falamos sobre ela, já se trata de transformações dessa emoção. E muitas vezes o que melhor traduz como nos sentimos é a linguagem metafórica.

Penso que o analista contemporâneo deverá ser essencialmente um "poliglota", que possa escutar e compreender as diversas linguagens que estão presentes no campo analítico e que refletirão os diversos níveis e modos de pensamentos que se alternam permanentemente. A linguagem verbal, na verdade, é um epifenômeno de todo este processo de formas simbólicas subjacentes e será apenas uma das linguagens presentes no campo analítico, talvez a mais superficial e limitada. Esta possibilidade de escutar e deixar-se impregnar por diversas linguagens talvez seja algo similar àquilo que o analista de crianças está habituado a fazer. A análise terá como objetivo auxiliar o paciente a evoluir desde formas simbólicas primitivas ou ausentes até formas mais abstratas, passando pela possibilidade de criar imagens oníricas com seu alto poder evocativo. A dificuldade de poder sonhar suas experiências poderá perdurar por muito tempo de análise. Este tem sido um tema estudado por diversos autores contemporâneos (Cassorla, 2010; Sapisochin, 2013; Barros, 2002, 2006; Barros & Barros, 2008; Ogden, 2005/2010, 2012) do nosso meio e de outras latitudes.

Então, entre outras coisas, me proponho a estudar neste trabalho a linguagem do não simbolizado, o *não sonho* no dizer de Cassorla (2005 2014), como este se expressa, como podemos escutá-lo, sonhá-lo e nomeá-lo. Pois o nomear está na essência do humano (Benjamin, 1921/2013; Bion, 1962/1991). Entretanto, pensando com Bion (1970/1993) e Meltzer (1988/1995), veremos que nossa meta assintótica não será apenas nomear a coisa, mas buscar uma linguagem com conotações apresentativas (Langer, 1941/1989), mais que discursivas, de modo a poder apreender a complexidade das emoções humanas. Langer afirma que a linguagem discursiva é um meio paupérrimo de expressar nossa natureza emocional. "Ela apenas nomeia certos estados vaga e cruamente concebidos, mas falha em qualquer tentativa de transmitir as configurações sempre mutantes, as ambivalências e complexidades da experiência interior" (p. 107). Embora eu aborde o tema de modo que pareça que formas menos simbolizadas e formas mais simbolizadas de expressão têm uma evolução diacrônica ao longo de uma análise, na verdade elas podem se alternar sincronicamente.

Partirei da escuta da linguagem do não simbólico à construção de formas simbólicas pelo uso de andaimes ao pensar, passando pela capacidade de *rêverie* do analista e por sua condição de metaforizar a comunicação do paciente e a vivência do par analítico. Entrarei em detalhes da técnica de criação disto que estou chamando de "andaimes ao pensar", pois me parece que este seja um elemento-chave da psicanálise atual. É este grande processo de simbolização que é a psicanálise que permitirá a historicização, a narração da vida do paciente. Se não, há a presentificação eterna da experiência, o "assassinato do tempo", segundo André Green (2000/2002).

A linguagem do grito por uma presença ausente

Neste item, refiro-me a pacientes que se apresentam à análise com insuficiências simbólicas, sem constância nas representações do eu nem de seus objetos. Pacientes que precisam evacuar muitas emoções antes mesmo de senti-las, pois não podem simbolizá-las e, portanto, não podem contê-las. São pacientes cujo "continente" é insuficiente.

São pacientes que, além de poder apresentar múltiplas adições, têm uma sintomatologia que se expressa basicamente na conduta, com automutilações, exposições a situações de risco, atuações violentas etc. Muitas vezes, essas atuações têm a finalidade de evacuar sentimentos de desamparo, fragilidade, impotência, medo de morrer, que não podem ser contidos, transformados simbolicamente e, portanto, elaborados psiquicamente.

Num primeiro momento da análise, estes sentimentos não representados ou fracamente representados não podem ser acessados diretamente justamente pelo fato de o paciente não ter ainda um continente psíquico capaz de conter estas emoções e, portanto, simbolizá-las.

Neste funcionamento mental, o meio de lidar com a emoção insuportável é sua evacuação por meio da passagem ao ato; a ameaça, o desamparo, o medo de morrer, o desespero são colocados em uma cena dramática em vez de serem sentidos, sonhados e falados. Ouço essa linguagem quase como se fosse uma dramatização em que se ouve um grito: "Estou furioso, desesperado, tenho medo de morrer, salve-me!". Sublinho que construo esse significado em minha mente a partir de sua evacuação. A ideia aqui é que as emoções, ansiedades, não simbolizadas ou fracamente simbolizadas, verdadeiros elementos beta, quando evacuadas da mente por serem insuportáveis, podem ser uma forma primitiva de comunicação, se pudessem encontrar um continente transformador. Bion (1962/1991) destaca que a evacuação dos elementos beta por meio da identificação projetiva pode ser uma forma de comunicação primitiva entre o bebê e a mãe, ou entre paciente e analista, desde que, usando a sua *rêverie*, eles se tornem continentes para esses elementos não simbólicos.

O problema que enfrentamos nesse tipo de análise é que, precisamente porque o paciente não pode suportar estas emoções, que são impensáveis, elas são evacuadas no comportamento, no corpo – que é o que sofre – ou são cindidas e projetadas. E forçar sua reintrodução prematuramente ou forçar sua "pensabilidade" só recriaria uma situação traumática.

Essas emoções brutas, impensáveis porque não simbolizadas ou fracamente simbolizadas, ou por falta de um continente psíquico que as suporte, também podem dar origem a refúgios narcisistas, verdadeiras transformações em alucinose (Bion, 1965/1983), pois ali, no refúgio, eles se sentem poderosos e invulneráveis. Assim, os sentimentos de desamparo e fragilidade desaparecem. Alguns pacientes navegam pela internet em sites de extrema violência ou canibalismo ao vivo. Fazem lembrar as adições à excitação descritas por Rosenberg (2003). Nelas, a busca de objeto é substituída pela busca de excitação, sendo que esta visa preencher o vazio objetal.

Outros pacientes, fascinados pela adição ao mundo da violência que "evacua" a sensação de fragilidade e impotência, criam, por exemplo, identidades falsas na web como se fossem perigosos terroristas para, a partir desses personagens, sentirem-se fortes, violentos e atemorizadores. Muitas vezes são dominados por um modo de pensar mágico (Ogden, 2012), que tem a função de protegê-los das angústias de desamparo e medo ainda inomináveis e totalmente evacuadas, ou projetadas, muitas vezes no próprio analista. Seguidamente nos surpreendemos com medo da violência dos pacientes, ou de que sejam mortos, ou mesmo presos. Quando "entram" nesses personagens, o pensamento desses pacientes se torna quase delirante, deixando o clima da sessão extremamente tenso. Por vezes, o mergulho nesses personagens é tão intenso e concreto que chegam a pensar em fabricar bombas, ir lutar no Afeganistão, na Síria... Vivem intensamente a mania e a hipomania que Ogden (2012) descreve, sendo que neste estado não se sentem frágeis, carentes e necessitados de um objeto cuidador; sentem-se poderosos e temíveis.

Para dar "pensabilidade" a essas emoções brutas, o trabalho no transicional passa a ser um recurso importante. Técnica largamente desenvolvida por autores como Antonino Ferro, François Richard, entre outros, permite a criação do que chamei de "andaimes ao pensar". Trata-se de utilizar os personagens trazidos à sessão para ali, no espaço transicional (Winnicott, 1951/1975) – nem mundo interno, nem mundo externo –, "analisar", construir o significado de determinadas ações ou necessidades sem se referir diretamente ao paciente, o que não seria suportado.

Por meio do clima emocional compartilhado na sessão, é possível construir compreensões sobre a vida emocional destes "duplos" do paciente. Muitas vezes, é possível analisar os sentimentos de abandono e impotência do paciente cindidos e projetados nesses "duplos" que "frequentam" a sala de análise por meio da narrativa do paciente.

Seguindo o exemplo do que é feito na análise infantil, é possível tomar aqueles "amigos" como personagens de um jogo (Ferro, 1995/1997, 1998), já que ali, naquele espaço intermediário, o paciente tolera "analisar" aquelas emoções. Muitas vezes, o paciente não tolera nenhum tipo de alusão a si mesmo – por exemplo, dizer que "o terrorista é um aspecto dele" não lhe faz nenhum sentido, ele simplesmente *é* aquele personagem, não há espaço para a metáfora –, mas tolera a análise do personagem no espaço intermediário e, assim, nesse espaço intermediário, é possível ir expandindo sua cadeia simbólica e seu continente psíquico. Gradualmente, é possível criar ou ampliar a rede de significantes, ou um retículo alfa no dizer de Bion, que permite num segundo momento conter e pensar suas próprias emoções, inicialmente impensáveis. Essa expansão da cadeia simbólica pelo trabalho no espaço de transicional já constitui uma forma de construção de andaimes ao pensar.

É preciso entender que temos de poder conviver com esta violência cindida e evacuada ou identificada projetivamente nos amigos por um tempo muito longo. A presença dessa violência na vida desses pacientes, provavelmente, tem tanto o sentido de expressar seu ódio aos objetos pelos quais se sentiu abandonado, quanto o de fazê-los se sentir mais fortes e poderosos. Ademais, talvez também indique o modo como se sentiram tratados pelos seus objetos.

Nessas situações, é preciso muita continência e transformação em alfa de variadas vivências contratransferenciais suscitadas pelo campo relacional que analista/paciente compartilham. Muitas vezes isso ocorre às custas da contenção de intervenções interpretativas prematuras, a exemplo do que descreve Bolognini (2004, 2005). Estamos aqui falando do conceito de capacidade negativa de Bion (1962/1991, 1970/1993), de o analista tolerar a angústia da ausência de compreensão ou até da ausência de interpretação, respeitando a capacidade do paciente de tolerar a dor mental.

Gostaria de voltar a frisar o quanto são tormentosos e trabalhosos estes momentos da análise em que "escutamos" a linguagem do ato e do "grito", em que formas simbólicas mais abstratas estão ausentes ou foram destruídas porque expressariam emoções e fantasias insuportáveis, mas ao mesmo tempo, paradoxalmente, ruídos que emanam de suas ruínas estão presentes. Em outro trabalho (Levy, 2012b), procurei descrever a metapsicologia das não simbolizações e utilizei a metáfora do terror em que se sente uma presença sem forma, terrificante, que faz ruídos, mas não possui uma imagem. Então, no trabalho tormentoso com esses pacientes, como queremos e devemos estar próximos e junto a eles para conhecê-los sem poder contar muito com o discurso associativo, nos deixamos penetrar por suas emoções, somos "arrastados" para mundos insuspeitados e vivenciamos alguns horrores da miséria humana. Com muitos pacientes, por exemplo, "conheci" a sordidez dos prostíbulos mais miseráveis, os estacionamentos promíscuos da zona de meretrício em que se faz sexo em pé, os sites de tortura ao vivo – e muitas outras situações que poderia enumerar –, com toda a náusea, a repulsa e o medo que me causavam. Com eles, a cada sessão vivemos uma expectativa de "quem" chegaria: se o terrorista, o "líder" de gangue, o jogador, ou sabe se lá quem.

Em pacientes regressivos, casos-limite, *borderline*, veremos que é *como se* o processo se desenvolvesse em dois tempos. Richard (2001), baseando-se em Winnicott, os chamará de tempo do transicional e tempo do interpretativo propriamente dito. Por transicional, entenda-se o tempo em que as intervenções se situam entre as realidades interna e externa do paciente; nos personagens trazidos e criados na sessão; em que a presença e o olhar do analista são mais importantes que sua agudeza interpretativa. Hoje talvez possa fazer uma precisão. Mais que dois tempos diacronicamente falando, são dois modos de a dupla funcionar, sincrônicos, em que ora predomina a continência e o trabalho no transicional, ora o interpretativo propriamente dito.

Quero destacar que esse trabalho no transicional é o que permite a expansão da trama simbólica do paciente, um profundo trabalho de continência e transformação feito na mente do analista que produz efeitos no paciente. O processo de transformação e metaforização das atuações, dos personagens do campo são feitos na mente do analista e aí permanecem por um bom tempo para não causar uma indigestão no aparelho de pensar do paciente, evitando que estas compreensões sejam transformadas em novos elementos beta (ou bizarros) que precisem ser eliminados novamente (Ferro, 2011). Digo isso para que não pareça que é um momento não psicanalítico, de passividade da dupla. Talvez seja um processo similar ao descrito por Cassorla (2010) quando fala que a função alfa implícita do analista iria preparando o paciente a ter condições psíquicas de reviver o trauma de modo não traumático.

Em "As feridas de Vilma", Stéfano Bolognini (2005) ajuda sua paciente a transformar as suas feridas reais, memórias corporais de sua história traumática, em feridas simbólicas, recordações no dizer do autor, por meio do que ele denomina convivência psíquica elaborativa com um objeto competente, presente e disponível.

Winnicott (1969/1975, 1971/1975) destaca a importância de o analista poder esperar e conter interpretações, especialmente em pacientes severamente perturbados, nos casos-limite. Diz ele textualmente, em seu trabalho de 1969:

> *Só recentemente me tornei capaz de esperar; e esperar, ainda, pela evolução natural da transferência que surge da confiança do paciente na técnica e no cenário analítico e evitar romper esse processo natural pela produção de interpretações. . . . Estarrece-me pensar quanta mudança profunda impedi . . . pela minha necessidade pessoal de interpretar . . . Se pudermos esperar, o paciente chegará à compreensão criativamente e com imensa alegria; hoje posso fruir mais prazer nessa alegria do que costumava com o sentimento de ter sido arguto. (pp. 121-122)*

Volto a destacar que esperar e conter não significa estar passivo e inerte do ponto de vista das transformações psicanalíticas. O que está muito próximo do que comenta Ogden (2012) quando diz que escutava a sua paciente e que "não queria correr o risco de encerrar a alucinação com compreensões prematuras" (p. 206). Nesse sentido, talvez possamos dizer que o analista deve poder respeitar a linguagem em que o paciente consegue se comunicar, compreendê-la, deixar-se impregnar por ela, e falar desde essa linguagem, buscando formas mais simbólicas por meio de andaimes ao pensar, que é o que estou propondo.

Em direção à linguagem da imagem e do sonho

Após construir uma sólida trama simbólica por meio do trabalho no intermediário – e também do trabalho de construção de significado a partir das intervenções psicanalíticas regulares –, podemos nos surpreender com uma ampliação significativa da capacidade de sonhar, seja sonhar no sentido literal da produção onírica durante o sono, no sentido bioniano, seja "sonhar" diuturnamente as experiências emocionais, no sentido meltzeriano.

Por vezes, no intermédio entre a "linguagem do grito" e a "linguagem do sonho", encontramos o que denominei "pensamentos-próteses-externas". Para ilustrar o que estou querendo expor aqui, vou utilizar a situação clínica de um paciente limítrofe, já mencionada num capítulo anterior.

> *João chega à sessão me dizendo que está cansado, pois ontem, antes de dormir, ficou vendo um vídeo sobre um genocídio ocorrido numa cidade do Oriente Médio, gravado ao vivo. Muito real.* "É um filme violento, sabe. Pessoas, crianças, sendo mortas ao vivo, *com tiros na cabeça. Não é muita gente que consegue ver estas cenas. Tem que ser forte. Não sei por que, mas fico eletrizado, não consigo parar de ver, mas depois deitei e não conseguia dormir.*"
>
> *Sinto náuseas e revolta com sua descrição, mas começo a fazer conjecturas imaginativas. Ocorrem-me muitas*

associações, com teorias, modelos, imagens. Seria sua adição à excitação, pela qual substitui o vazio objetal na solidão da madrugada? Seria o seu sadismo e sua violência? Mas me fala de um genocídio. Um genocídio de crianças. De que genocídio está me falando? Está me falando de uma tragédia da infância, primitiva, em que sua cabeça/mente foi destruída, de uma morte psíquica?

O vídeo desse genocídio e infanticídio talvez seja um pensamento-prótese-externa que o captura porque se presta a dar figurabilidade à sua tragédia primitiva ainda impensável. Como vários colegas já descreveram (Barros, 2006; Marinho, 2006; Junqueira Filho, 2006; Avzaradel, 2006), a imagem se presta, por meio da ligação entre si dos diversos elementos ali representados, a criar uma cena que carrega alta densidade de emoções. Entretanto, essas imagens não haviam sido criadas por ele, mas ele aderira a elas aditivamente porque lhe serviam.

Os pensamentos-próteses são imagens oferecidas pela cultura, por meio de sites ou videogames, às quais o paciente adere compulsivamente, aditivamente. Essas imagens capturam esses pacientes porque se prestam a dar figurabilidade a tragédias primitivas ainda impensáveis pelo próprio paciente. Essas imagens não são criadas pelo paciente, mas ele adere a elas de forma viciante porque lhe servem.

Gostaria de propor o seguinte conceito: quando a mente ainda não possui a função alfa suficiente para simbolizar uma certa emoção, ou quando ainda não constituiu um continente capaz de conter certos pensamentos (carregados de emoções impensáveis), nem um pensador capaz de pensar certos pensamentos, o sujeito pode se apegar viciosamente a próteses de pensamentos, que são imagens oferecidas pela cultura, porque figuram tragédias impensáveis para o sujeito naquele momento. Acredito que muitos vícios em jogos de vídeo violentos podem ter esta base.

Não acredito que a atração por esses pensamentos-próteses ocorra porque elas estão associadas por significado a fantasias inconscientes reprimidas. Sugiro que atraem, magnetizam, precisamente porque servem para dar figurabilidade a elementos não simbólicos, a registros que não estão simbolizados, ou insuficientemente simbolizados, incrustrados na mente, e que permanecem gerando sintomas típicos de situações traumáticas. Considero que em pacientes gravemente perturbados, nos quais estão presentes falhas simbólicas e insuficiências na função simbólica, este uso de próteses simbólicas pode preceder, se houver ajuda de um tratamento psicanalítico, a capacidade de sonhar suas experiências emocionais; quase como se estivesse a meio caminho entre a evacuação pela passagem ao ato e a capacidade de sonhar.

Penso que é possível articular isso com a assertiva de Freud (1920/1969) quando conceitua que o sonho das neuroses traumáticas difere do sonho como manifestação de desejos reprimidos. Nos sonhos das neuroses traumáticas, Freud afirma desde a sua perspectiva metapsicológica, o sujeito visa reproduzir a situação traumática para tentar lidar retrospectivamente com o excesso de estímulo que criou o trauma. Visa, na opinião do criador da psicanálise, produzir a angústia preparatória que faltou no momento traumático e ligar, simbolizar, um montante de excitação não ligada, obedecendo à compulsão de repetição.

As imagens da destruição dessa cidade do Oriente Médio – e de todos os sites de extrema violência – seriam "sonhos-próteses" da situação traumática? João, como outros tantos pacientes, havia estado preso a períodos em que a evacuação predominava como forma de expulsar do psiquismo emoções impensáveis; estávamos num momento em que parecia que buscava formas que dessem figuração a essas angústias; e talvez iniciássemos um momento em que ele próprio pudesse criar imagens que permitissem conter e pensar as emoções não pensáveis, como foi descrito minuciosamente por Barros em diversos trabalhos (2002, 2006; Barros & Barros, 2008). Avzaradel (2006), com a colaboração de diversos autores (Marinho, Junqueira Filho, Barros e outros), também aporta contribuições relevantes ao tema da imagem.

Gostaria de fazer uma pequena digressão para diferenciar o que estou propondo do conceito proposto por Celia Fix Korbivcher (1999, 2001, 2004) em seus importantes trabalhos a respeito das transformações autísticas. Entendo que a autora propõe que, ao vivenciar determinadas angústias de morte e desintegração, para se evadir de senti-las, alguns sujeitos fazem uma transformação (Bion, 1965/1983) dessas angústias na direção de sensações corporais concretas às quais aderem para se aliviar. Se pensarmos na grade de Bion, seria um movimento no sentido ↑, ou seja, no sentido da concretização, do sensorial, para evadir-se do pensar. O que estou propondo, os pensamentos-próteses, seriam o oposto. Seriam "andaimes" para o pensar. Tentativas de evoluir no sentido ↓ da grade, ou seja, do concreto ao pensar, passando pela imagem.

O que é importante para este capítulo, o que é essencial, é que essas imagens pré-simbólicas possam, por meio da *rêverie* do analista, ser tomadas como metáforas do mundo interno do paciente. Este processo de metaforização, em que a mente do analista tem um papel fundamental, é essencial para o crescimento psíquico do paciente. Sem ele, esses significantes visuais, sejam imagens de videogames ou vídeos, às vezes de sites de ultraviolência, ou de massacres humanitários, permanecem sendo apenas retratos dessas tragédias.

Menezes (2013) faz uma importante contribuição nesse sentido. Recorda que, em "Construções em análise" (1937/1969), Freud comenta duvidar que alguma estrutura psíquica possa ser totalmente destruída, sendo que algo do seu essencial é preservado. Freud acrescenta que, se a análise é "corretamente efetuada, produzimos no paciente uma convicção segura da verdade da construção, a qual alcança o mesmo resultado terapêutico que uma lembrança recapturada" (p. 300). Eu acrescentaria a ideia de Meltzer e colaboradores (1986/1990) de que a emoção é a primeira manifestação do "sentido" de uma experiência e a significação simbólica é a sua elaboração, sendo ela fruto de um trabalho de simbolização. Então, é possível que mesmo que a significação simbólica tenha sido atacada, ou destruída, ou jamais construída, permanece nas ruínas desse registro o sentido da experiência, que estará em busca de um significante e de um significado, como procurei estudar em outro artigo (Levy, 2012b).

Os símbolos destruídos, ou as marcas primitivas não simbolizadas, parecem possuir um *potencial significante* (algum sentido) capaz de se enriquecer na presentificação no campo e, por meio do trabalho analítico a partir da *rêverie* do analista ou da dupla, ganhar nome e tornar-se pensável. Enquanto não ganham significado, essas ruínas emitem ruídos terrificantes (Levy, 2012b), gritos que se fazem ouvir nas atuações ou na presentificação repetitiva no campo de emoções brutas.

Rosolato (1985) descreve registros primitivos de algumas experiências básicas do ser humano que denomina *significantes de demarcação*. Os significantes de demarcação seriam elementos visuais que registram experiências muito primitivas da experiência humana (presença/ausência; prazer/desprazer; bom/mau; dentro/fora) e se constituem em unidades que virão a compor representações e estruturas simbólicas mais complexas até se articularem com os significantes linguísticos, com as palavras. Algo que é diferente (porém lembra) dos elementos alfa descritos por Bion. É sugerido que seriam como fotogramas de uma película de celuloide cuja sequência cria a narrativa do filme. Na medida em que esses significantes primitivos demarcam o sentido da experiência (Meltzer), suas quantidades são em si significantes. Quanto mais experiências frustrantes ou gratificantes nas relações objetais, mais significantes de um tipo ou outro estarão à espera de construções simbólicas que lhes confiram significados apropriados.

Utilizando essa conceituação para sujeitos nos quais esteja presente uma insuficiência simbólica de qualquer tipo, esses significantes de demarcação carregados de emoções primitivas, protoemoções, estarão ruidosamente à espera de construções simbólicas mais complexas que lhe deem significado. Sendo esses significantes similares aos elementos alfa, estaríamos falando de registros muito primitivos, ou restos deles, porém já simbólicos. Em outro trabalho (Levy, 2012a), aventei, apoiado em Bion, Meltzer e outros autores, a existência de registros ainda mais primitivos, protomentais, no limite somato-psíquico.

Nas boas evoluções, pouco a pouco, nos surpreendemos com sentimentos de profunda impotência, ameaça e solidão que aparecem na forma de sonhos sonhados pelo próprio paciente na análise. Começam a fazer contato com o que era impensável, por vezes, sentimentos profundamente paranoides e depressivos. Como um outro paciente meu, neste momento do processo, que sonhou: "Estava de noite, perdido numa zona muito violenta do Rio de Janeiro, muito angustiado, sem saber para onde ir. Mas eu tinha a impressão de que a qualquer momento apareceriam assassinos ou gangues de traficantes".

Epílogo: a linguagem de êxito

A partir do momento que o paciente é capaz de conter, transformar e sonhar suas experiências emocionais mais pesadas, sem precisar evacuá-las no ato ou em adições, o processo de simbolização e elaboração internas está em andamento. Poderemos então observar construções simbólicas em abstração crescente, que vão sendo acompanhadas por mudanças na conduta e na vida social do paciente. Muitas vezes, conseguem uma relação amorosa estável, vínculos mais saudáveis e menos tóxicos.

Pouco a pouco, vamos podendo nomear o que se passava com o paciente, já vai se constituindo um continente (Bion, 1962/1991) – ou um esboço dele – um pouco mais capaz de dar continência à sua violência e às suas protoemoções insuportáveis. A linguagem verbal pouco a pouco vai assumindo a primazia. Evidentemente, cada paciente e cada dupla analítica terão maior ou menor capacidade de atingir níveis mais abstratos e metafóricos da linguagem. Ou talvez também pudéssemos falar em momentos da análise em que se atingem formulações mais (ou menos) ricas e prenhas de significados.

Estou de acordo com Ferro (1995/1997) quando diz que a análise de alguns pacientes termina onde começa a de outros. Ou seja, temos um gradiente de capacidade de mentalização e expressão simbólica que vai da concretude bruta das emoções não simbolizadas à poesia e cada análise, cada par analítico, terá suas limitações. Bion (1963/1988), com sua grade, mapeia todos esses níveis de abstração simbólica. Até onde determinada dupla poderá ir não se sabe *a priori*.

Se, por um lado, poder falar, nomear, colocar em palavras é importante, por outro, devemos estar alertas quanto às armadilhas da linguagem. Em uma conferência intitulada "Evidência", Bion

(1976/2000) comenta que as palavras são como moedas que, se utilizadas demasiadamente, podem perder o seu valor, ficar gastas. Por isso, o analista deve buscar sempre a linguagem de êxito (Bion, 1970/1993). Esta depende da capacidade negativa do analista de suportar a ausência de compreensão até que emerja uma formulação que enuncie a emoção do campo.

Por que Bion recorre ao poema de Keats na abertura de seu texto sobre a linguagem de êxito?

Creio que Susanne Langer (1941/1989) nos ajuda a pensar essa questão. Ela nos fala que, embora a linguagem discursiva seja a mais apropriada para formular alguns pensamentos lógicos complexos, ela é pobre para expressar a subjetividade humana e a complexidade de suas emoções. A linguagem apresentativa, poética, metafórica, rica em imagens linguísticas, muitas vezes é a que consegue dar conta da riqueza das paixões e das fantasias humanas mais insuspeitas.

Aos poucos, podemos nos surpreender com o paciente que antes só conseguia se comunicar por meio da "linguagem do grito", atuando intensamente, finalmente se comunicando numa linguagem metafórica altamente evocativa. Por exemplo, dizendo "Ontem me senti como um bebê abandonado, perdido", sem que o analista nunca tenha se referido a ele dessa forma. E, por sua vez, o analista também responderá em linguagem metafórica. Por exemplo, dizendo "Quando te sentes frustrado e com medo numa festa, te comportas como um líder terrorista para deixar a todos assustados...".

A linguagem discursiva se constitui pela sucessão de ideias e conceitos que vão se articulando um após o outro. A "linguagem" das imagens, ou das imagens linguísticas, metafóricas, tem o poder de evocar simultaneamente vários símbolos complexos, carregados de emoções, que se esvaziariam se fossemos descrevê-los, um a um, com a linguagem discursiva. A metáfora, por meio da desarticulação que faz entre a palavra e seu sentido original e da rearticulação a um novo significado (Searle, 1995/2002; Menezes, 2013) criado pela dupla, é compartilhada por ela, enriquecendo a compreensão do paciente e do analista. E a riqueza desse tipo de criação conjunta do par analítico, como num *squiggle game*, parece ser a expressão em palavras do *terceiro intersubjetivo* conceituado por Ogden (1996).

Por tudo isso, muitos de nós pensamos que os candidatos deveriam ter uma carga menor de seminários teóricos e mais contato com as artes plásticas, com a literatura, com o teatro. Esta seria uma forma de ampliar o vocabulário estético dos futuros analistas para poderem significar uma gama maior de experiências humanas.

No modelo transformativo de trabalho analítico (Ferro, 2011; Levine, 2012), por meio da capacidade de *rêverie* do analista num primeiro momento, mas também do paciente, deverá haver a escuta da polifonia de linguagens presentes no campo analítico, como procurei mostrar ao longo deste capítulo, e a transformação delas de modo a ampliar e modificar a visão do paciente de si e de seu mundo interno e externo. Passaremos por estágios primitivos de pensabilidade até alcançar, se possível, formas de linguagem mais ricas e complexas.

Mesmo que não sejamos poetas, tampouco nossos pacientes, muitas vezes conseguimos essa qualidade de linguagem. Talvez se possa dizer que devemos procurar uma linguagem capaz de promover uma experiência estética, ou seja, capaz de estabelecer contato com a emoção em jogo e despertar o desejo de saber mais.

Referências

Alvarez, A. (1994). Abuso sexual de crianças: A necessidade de lembrar e a necessidade de esquecer. In A. Alvarez, *Companhia viva: Psicoterapia psicanalítica com crianças autistas, borderline, carentes e maltratadas*. Porto Alegre: Artes Médicas.

Avzaradel, J. R. (2006). *Linguagem e construção do pensamento*. São Paulo: Casa do Psicólogo.

Barros, E. M. R. (2002). An essay on dreaming, psychical working out and working trough. *Int. J. Psychoanal.*, *83*(5), 1083-1093.

Barros, E. M. R. (2006). Afeto e imagem pictográfica: O processo de constituição do significado na vida mental. In J. R. Avzaradel, *Linguagem e construção do pensamento*. São Paulo: Casa do Psicólogo.

Barros, E. M. R., & Barros, E. L. R. (2008). *Reflexões sobre as implicações clínicas do conceito de simbolismo na vida onírica e sua relação com a perlaboração*. Trabalho apresentado no Encontro sobre Meltzer promovido pela Sociedade Brasileira de Psicanálise de São Paulo (SBPSP).

Benjamin, W. (2013). Sobre a linguagem em geral e sobre a linguagem do homem. In W. Benjamin, *Escritos sobre mitos e linguagem*. São Paulo: Editora 34. (Publicado originalmente em 1921)

Bion, W. R. (1991). *Aprendiendo de la experiencia*. Ciudad de México: Paidós. (Publicado originalmente em 1962)

Bion, W. R. (1988). *Elementos de psicoanálisis*. Buenos Aires: Hormé. (Publicado originalmente em 1963)

Bion, W. R. (2004). *Transformações: Do aprendizado ao crescimento*. 2a ed. Rio de Janeiro: Imago. (Publicado originalmente em 1965)

Bion, W. R. (1993). *Attention and interpretation*. London: Karnac. (Publicado originalmente em 1970)

Bion, W. R. (2000, set.). Evidência. *Rev. Psicanál. SPPA*, *7*(2). (Publicado originalmente em 1976)

Bolognini, S. (2004). Um bar no deserto. Simetria e assimetria no tratamento de adolescentes difíceis. *Rev. Bras. Psicanál.*, *38*(2):259-269.

Bolognini, S. (2005). As feridas de Vilma. *Rev. Psicanál. SPPA*, *12*(3), 515-526.

Cassirer, E. (1997). *Ensaio sobre o homem*. São Paulo: Martins Fontes. (Publicado originalmente em 1944)

Cassorla, M.S.R. (2005). Considerações sobre o sonho a dois e o não sonho a dois no teatro da análise. *Rev. Psicanál. SPPA*, *XII*(3), 527-549.

Cassorla, M. S. R. (2010). Função-alfa implícita do analista, trauma e enactment na análise de pacientes borderline. *LAP*, *XXIV*, 61-78.

Cassorla, M. S. R. (2014). Em busca da simbolização: sonhando objetos bizarros e objetos iniciais. *Rev. Bras. Psicanál.*, *48*(1), 141-153.

Ferro, A. (1995). *A técnica na psicanálise infantil – A criança e o analista: Da relação ao campo emocional*. Rio de Janeiro: Imago.

Ferro, A. (1998). *Na sala de análise: Emoções, relatos, transformações*. Rio de Janeiro: Imago.

Ferro, A. (2011). *Viver as emoções, evitar as emoções*. Porto Alegre: Artmed.

Freud, S. (1969). Suplemento metapsicológico à teoria dos sonhos. In S. Freud, *Edição standard brasileira das obras psicológicas completas de Sigmund Freud* (Vol. XIV). Rio de Janeiro: Imago. (Publicado originalmente em 1915)

Freud, S. (1969). Além do princípio do prazer. In S. Freud, *Edição standard brasileira das obras psicológicas completas de Sigmund Freud* (Vol. XVIII). Rio de Janeiro: Imago. (Publicado originalmente em 1920)

Freud, S. (1969). Construções em análise. In S. Freud, *Edição standard brasileira das obras psicológicas completas de Sigmund Freud* (Vol. XXIII). Rio de Janeiro: Imago. (Publicado originalmente em 1937)

Green, A. (1990). *Conferências brasileiras de André Green: Metapsicologia dos limites*. Rio de Janeiro: Imago.

Green, A. (2002). *El tiempo fragmentado*. Buenos Aires: Amorrortu. (Publicado originalmente em 2000)

Green, A. (2010). Introducción al pensamiento clínico. In A. Green, *El pensamiento clínico*. Buenos Aires: Amorrortu. (Publicado originalmente em 2002)

Junqueira Filho, L. C. U. (2006). In J. R. Avzaradel, *Linguagem e construção do pensamento*. São Paulo: Casa do Psicólogo.

Korbivcher, C. F. (1999). Mente primitiva e pensamento. *Rev. Bras. Psicanál.*, *33*(4), 687-707.

Korbivcher, C. F. (2001). A teoria das transformações e os estados autísticos: transformações autísticas: uma proposta. *Rev. Bras. Psicanál.*, *35*(4), 935-958.

Korbivcher, C. F. (2004). A mente do analista e as transformações autísticas. *Rev. Bras. Psicanál.*, *39*(4), 113-130.

Langer, S. (1989). *Filosofia em nova chave*. São Paulo: Perspectiva. (Publicado originalmente em 1941)

Levine, H. (2012). Criando analistas, criando pacientes de análise. *LAP, XXVI*, 207-224.

Levy, R. (2012a). Dando "pensabilidade" ao impensável: Criando "andaimes" ao pensar em adolescentes com transtornos severos. *Rev. Bras. Psicanál.*, *46*(3), 78-89.

Levy, R. (2012b). From symbolizing to non-symbolizing within the scope of a link: From dreams to shouts of terror caused by an absent presence. *Int. J. Psychoanal.*, *93*(4), 837-862.

Marinho, N. (2006). Mente e significado: A avaliação filosófica de Marcia Cavell da teoria psicanalítica. In J. R. Avzaradel, *Linguagem e construção do pensamento*. São Paulo: Casa do Psicólogo.

Meltzer, D. et al. (1990). *Metapsicología ampliada: Aplicaciones clínicas de las ideas de Bion*. Buenos Aires: Spatia. (Publicado originalmente em 1986)

Meltzer, D. (1995). *A apreensão do belo*. Rio de Janeiro: Imago. (Publicado originalmente em 1988)

Menezes, L. C. (2013). A linguagem e a potência da metáfora no trabalho de interpretação e de construção na análise. *Rev. Bras. Psicanál.*, *47*(2), 49-54.

Ogden, T. O. (1996). *Os sujeitos da psicanálise*. São Paulo: Casa do Psicólogo.

Ogden, T. O. (2010). *Esta arte da psicanálise: Sonhando sonhos não sonhados e gritos interrompidos*. Porto Alegre: Artmed. (Publicado originalmente em 2005)

Ogden, T. H. (2012). Sobre três formas de pensar: O pensamento mágico, o pensamento onírico e o pensamento transformativo. *Rev. Bras. Psicanál.*, *46*(2), 193-214.

Richard, F. G. (2001). *Le processus de subjectivation a l'adolescence.* Paris: Dunod.

Rosenberg, B. (2003). *Masoquismo mortífero e masoquismo guardião da vida.* São Paulo: Escuta.

Rosolato, G. (1985). *Elements de l'interpretation.* Paris: Gallimard.

Sapisochin, G. (2013). Second thoughts on Agieren: Listening to the enacted. *Int. J. Psychoanal.*, *94*(5), 967-991.

Searle, J. R. (2002). *Expressão e significado: Estudo da teoria dos atos de fala.* São Paulo: Martins Fontes. (Publicado originalmente em 1995)

Winnicott, D. W. (1975). Objetos transicionais e fenômenos transicionais. In D. W. Winnicott, *O brincar e a realidade.* Rio de Janeiro: Imago. (Publicado originalmente em 1951)

Winnicott, D. W. (1975). O uso de um objeto e relacionamento através de identificações. In D. W. Winnicott, *O brincar e a realidade.* Rio de Janeiro: Imago. (Publicado originalmente em 1969)

Winnicott, D. W. (1975). Interrelacionar-se independentemente do impulso instintual e em função de identificações cruzadas. In D. W. Winnicott, *O brincar e a realidade.* Rio de Janeiro: Imago. (Publicado originalmente em 1971)

9. Verdade e a dimensão estética da psicanálise[1]

Inicio este trabalho transcrevendo as notas que tomei ao encerrar uma sessão com uma paciente, anos atrás.

> *Terminei a sessão com lágrimas nos olhos pela emoção, pois havíamos chegado a experiências emocionais intensas analisando sua relação com a irmã. A verdade é bela, como diz Meltzer, inspirado nos poetas ingleses? Trazia sempre uma imagem da irmã como uma pessoa arrogante, esnobe, vaidosa. Mas agora se descortinava outra visão dela: uma pessoa sofrida, marcada pelo abandono precoce que tivera dos pais, pois fora enviada para ser criada por outra família durante muitos anos. E nós dois, eu e minha paciente, víamos, emocionados, a nova visão de sua irmã, que emergia criativamente através de um sonho que me trouxe e do nosso trabalho na sessão. Compartíamos a emoção de construir uma*

---

1 Grande parte deste texto foi publicado em: *Rev. Psicanál. SPPA*, *26*(1), 61-83, 2019.

> *nova e bela imagem da irmã. Bela porque nos parecia mais verdadeira que a anterior. Estávamos emocionados não só pela nova imagem que construímos de sua irmã, mas pela beleza do trabalho analítico capaz de tamanha fertilidade.*

De onde brotava aquela sensação de verdade? Qual seria a relação entre a beleza e a verdade? O que havia de "verdade" ali? Então segue tendo importância para a psicanálise a questão da verdade? De que verdade estamos falando?

No Congresso de Psicanalistas de Língua Francesa de 2016, enquanto escutava o arquiteto, paisagista e poeta Paul Andreu (2016) falar sobre a relação entre a luz e os materiais numa obra arquitetônica, lembrava-me da relação analítica (Levy, 2017). Ele dizia que é necessário haver uma "dansidade" entre eles, uma possibilidade de a luz e os materiais *dançarem* um com o outro, de interagirem, de se interpenetrarem, para que dali possa sair algo vivo. Também recordei da relação com nossos pacientes quando Andreu, ao falar de seu processo criativo, destacava a importância da dimensão temporal, de deixar-se inundar, submergir e, de repente, descobrir que algo emerge; "a verdade está ali", dizia ele. É o que se passa na relação analítica. Precisaremos ter essa "dansidade" com nossos pacientes, ter uma interação viva, deixar-nos submergir na experiência emocional com eles, num estado mental mais próximo do onírico que do processo secundário, acolhendo suas comunicações, de todos os tipos, para então emergir graças a nossa função analítica, para que nasça algo vivo, uma nova compreensão que diferencie os dois participantes da dupla analítica (Ithier & Levy, 2014).

O trecho citado pertence a meu trabalho sobre "Intimidade" (Levy, 2017), no qual faço uma correlação entre a nossa experiência como psicanalistas e a descrição de uma experiência criativa e de contato com a "verdade" em outra área de atividade humana, a criação arquitetônica. Ou seja, parece haver um tipo de vivência de verdade, comum a vários domínios do humano, que unifica vários elementos da experiência humana – a cognição, a emoção, a linguagem – e que proporciona um tipo de experiência particular que poderíamos denominar experiência estética.

O que a experiência estética tem a ver com o tema da verdade e da mentira na prática da psicanálise? E sempre foi assim?

Veremos que a psicanálise, ao longo de sua história, sempre buscou ferramentas para estabelecer a verdade do que se passa na experiência clínica psicanalítica (Civitarese, 2018) mesmo que essas ferramentas tenham mudado no decorrer do tempo, como veremos a seguir. Uma das grandes modificações foi aceitar que não trabalhamos mais com a noção de uma verdade absoluta, a Verdade, mas a verdade possível para determinada dupla analítica. Nem toda a verdade pode ser dita. Bion nos ajudou a entender que só parte da verdade pode ser dita, a outra, só vivida (Civitarese, 2018).

A questão da verdade e seus contextos epistemológicos

Podemos começar a estudar o tema da verdade ao menos desde dois ângulos: a busca da verdade científica, ou seja, como a ciência, em particular a psicanálise, ocupou-se e ocupa-se de tentar apreender a "verdade" do funcionamento mental do sujeito; e também o sentimento de ser verdadeiro, de existir, e relacionar-se com objetos também verdadeiros, mas veremos que um vértice está diretamente relacionado ao outro.

Nas várias áreas da ciência, a verdade foi conceituada de diversas maneiras: a verdade como "concordância" entre o juízo e seu objeto (Aristóteles citado em Heidegger, 1927/2001) nas ciências empíricas; a verdade como coerência nas ciências formais; a verdade como consenso simbólico nas ciências humanas (Rezende, 1997); mas talvez tenha sido Heidegger (1927/2001) a colocar a subjetividade humana no centro da busca e da criação da verdade e expressar com clareza a ideia de que a verdade para o sujeito se encontra no centro de uma relação em que se descobre e se é descoberto.

No Capítulo 2, comentei a respeito da simbolização (Levy, 2000) que, como define Cassirer, o *espaço abstrato*, característico do homem, não tem nada a ver com o espaço dos sentidos. É um espaço simbólico, construído pela apreensão das relações abstratas entre as coisas. A geometria é um exemplo característico desse espaço. Muda-se o conceito de verdade, pois nela não estamos lidando com a verdade das coisas, mas com a verdade de proposições e juízos. Como se verá mais adiante, essa concepção de verdade muito influenciou o conceito em psicanálise, pois o que se buscará será a verdade psíquica, o significado psíquico de determinado evento, e não necessariamente aquela apreensível com o domínio dos sentidos, com o mundo das coisas.

A psicanálise clássica, influenciada pelo contexto epistemológico de sua época, o positivismo, considerava a verdade especialmente como concordância e coerência. É possível inferir o modelo epistemológico subjacente à atitude clínica de Freud e às suas formulações teóricas. Ou seja, em Freud, implicitamente, a busca da verdade era realizada, por exemplo, pela busca da concordância entre a proposição – a interpretação – e o inconsciente, que estava ali dado, formado, à espera de ser descoberto e revelado pelo observador objetivo, o analista. O desejo infantil, visto quase como um fato natural, tinha de corresponder à interpretação feita, ou à compreensão dinâmica construída.

Devemos entender essa postura freudiana em seu contexto histórico. Nos primórdios da psicanálise, Freud, na ânsia de torná-la uma ciência natural, acreditava que os fatos psicanalíticos deveriam ter uma correspondência com os fatos reais vividos na infância do sujeito (Hanly, 1992/1995) ou inscritos na sua biologia, no seu corpo. Ou seja, na "história vivida" do paciente deveria haver fatos reais que correspondessem de algum modo às produções oníricas e aos sintomas neuróticos trazidos ao analista.

Em epistemologia, essa busca da verdade por correspondência tem como ciência prototípica a física (Rezende, 1999), newtoniana eu diria. Nesse tipo de postura científica, a hipótese de trabalho deve necessariamente corresponder a um fato real, o que lhe confere veracidade. Assim, o resultado de uma fórmula da física newtoniana a respeito da força da gravidade, por exemplo, deve corresponder sempre a um fenômeno real. Uma maçã atirada de uma altura determinada deverá sempre levar o mesmo tempo para chegar ao chão, caso o experimento seja realizado na Terra, onde a força da gravidade é uma constante.

Pois Freud, em busca do realismo científico (Hanly, 1992/1995), frequentemente assumia essa postura epistemológica. O exemplo mais ilustrativo é a clássica análise do Homem dos Lobos. No trabalho de interpretação do sonho dos lobos, Freud, como um verdadeiro historiador/detetive envolvido na reconstituição de um evento histórico, reconstrói a "cena real" que certamente deveria ter ocorrido, desde seu ponto de vista da época. Era a busca da correspondência quase absoluta. Postula que o Homem dos Lobos não apenas teria assistido ao coito dos pais, mas inclusive procurou determinar a posição em que eles estavam e a hora do ocorrido. Embora Freud utilizasse também outros critérios científicos, por exemplo, a verdade por coerência (Hanly, 1992/1995), esta "objetividade" lhe parecia essencial para a psicanálise poder reivindicar um lugar como ciência. Nesse contexto, então, o psicanalista seria aquele em busca de reconstituir a verdade objetiva dos fatos, procedimento chamado de reconstrução.

Como já disse, Freud também utilizava outro critério de "verdade", que é a verdade por coerência, própria das ciências matemáticas, em que se busca sempre a coerência entre os dois lados de uma equação matemática. Sempre 2 + 3 deve ser igual a 5 (2 + 3 = 5 ou 2 = 5 – 3). Por exemplo, a interpretação dos sonhos consistia na busca da coerência nos pensamentos oníricos, que a haviam perdido pela condensação e pelo deslocamento (Hanly, 1992/1995). Nessa forma de aferição da verdade, os pensamentos oníricos deviam ter uma coerência com o sonho manifesto, desde que se compreendesse que tipo de deformação haviam sofrido.

Se temos de considerar o contexto histórico de Freud, também não podemos debater as contribuições freudianas fora de seu contexto epistemológico. Ilya Prigogine (1996), Prêmio Nobel de Química e diretor de institutos de pesquisa em termodinâmica na Bélgica e nos Estados Unidos, fala sobre as mudanças ocorridas na ciência contemporânea. Diz ele que o conceito de caos modificou nossa formulação das leis da natureza. A ciência newtoniana, determinista, acreditava que, por suas leis, uma vez conhecida a posição inicial, poder-se-ia prever qualquer posição passada ou futura da trajetória. Comenta que houve uma postura quase "legalista", como se a natureza devesse se submeter a leis imutáveis criadas pelo homem, como se fosse possível reduzir a natureza a um conjunto de leis. Foi uma tentativa de colocar o ponto de vista humano numa perspectiva divina. Como já vimos anteriormente, o princípio da causalidade, por exemplo, importante na conceituação freudiana, estabelecia que era fundamental estabelecer a causa do fenômeno a ser analisado, como se fosse possível estabelecer uma linearidade causal desde o fato inicial até o fenômeno atual.

Isso começa a mudar quando Einstein escreve: "a direção e o tempo dos processos elementares estão determinados pelo acaso". Prigogine diz que estamos num novo momento da ciência, temos de revisar nossas leis da natureza, há de se incluir a probabilidade, diminuem as certezas. É bom verificar o quanto a psicanálise – que no século passado se apresentava como determinista –, especialmente a partir das contribuições de Bion, Winnicott, Baranger e Baranger e outros, está em consonância com a postura científica mais atual. Particularmente Bion, criando a noção de oscilação Ps ↔ D, coloca: primeiro, que a ordem (D – posição depressiva) emerge do caos (Ps – posição esquizoparanoide) e que imediatamente após ordenar-se, retorna a Ps, o caos; segundo, que o ordenamento ocorre a partir de um fenômeno quase casual que é o fato selecionado; e, terceiro, que não há uma direção única no crescimento, ele ocorre com permanente e constante oscilação, e que o caos faz parte da mente, de todas as mentes, dos pacientes e dos analistas, criando uma instabilidade permanente. Esse princípio contraria algumas posturas psicanalíticas já superadas de que o analista seria uma espécie de fiel depositário da ordem e da maturidade inabalável.

Edgar Morin (1996), presidente da Associação para o Pensamento Complexo, de Paris, comenta que quando se diz que um pensamento é complexo, isso significa dizer que a dificuldade estará sempre presente. Gostaríamos de evitar a complexidade e ter um pensamento simples, mas existe complexidade quando há um emaranhamento de ações, interações e retroações. E não é justamente isso o que ocorre no campo analítico? Diz ele que há outra complexidade que provêm dos fenômenos aleatórios e que agregam incerteza ao pensamento. Diz Morin que o universo é fruto de uma dialógica de ordem e desordem, ou seja, duas lógicas que são totalmente heterogêneas e que se rechaçam. E é essa dialógica de ordem e desordem que produz as organizações do universo.

Ademais, especialmente a partir da década de 1930, Heisenberg descreve o princípio da indeterminação, em que estabelece que no nível subatômico é impossível determinar a posição das partículas e também se estas consistem em massa *ou* energia. Na verdade, elas são simultaneamente massa *e* energia e ocupam um espaço indeterminado. Além disso, o novo paradigma compreende que o observador inevitavelmente interfere no fenômeno observado. É o fim do empirismo ingênuo que muito influenciou a psicanálise quando se acreditava no psicanalista como um espelho frio apenas a refletir a imagem do paciente. Esse novo paradigma da física reflete a complexidade com que os fenômenos passaram a ser entendidos e podemos imaginar o que isso significou em termos de compreensão do funcionamento mental.

Pois, de novo, é importante destacar o quanto a psicanálise atual está em consonância com essa noção mais corrente do pensamento científico, que integra o caos e a complexidade na busca do conhecimento, desbancando o pensamento determinista. Esse modelo compreende o observador como fazendo parte do campo de observação e, fatalmente, interferindo nele. Isso retira definitivamente o psicanalista de sua posição clássica de espelho que apenas reflete, de frio observador do que se passa na mente do paciente. O analista não apenas é afetado pelas emoções e fantasias do paciente, mas também afeta diretamente o campo relacional.

Se a complexidade e a incerteza fazem parte do dia a dia de nossos consultórios, como fica a questão da verdade em psicanálise? Como ficamos sem a certeza da prática positivista, determinista?

Antes de seguir adiante, quero ressaltar que se Freud, por um lado, utilizava a partir de sua epistemologia positivista o critério de verdade por correspondência e coerência, de outro, paradoxalmente, como bem diz Civitarese (2018), foi um dos pensadores brilhantes que erodiu as bases do positivismo. Seu conceito de *Nachträglichkeit*, de *après-coup*, por exemplo, faz isso. Se o passado pode ser ressignificado e reinscrito, isso significa que o passado pode mudar. Está implícito o conceito de que o observador modifica o observado; e mais, pois Freud admite que o mesmo sujeito, diferente em outro momento, dá novo significado a seu passado.

A verdade como encontro com o outro e consigo mesmo

A obra de Bion (1962/1991, 1963/1988, 1965/2004, 1970/1993) versa justamente sobre o processo de conhecer a "verdade" das emoções vividas nos vínculos humanos, nos quais a emoção é o elemento de ligação. Como fazer contato e conhecer (K) o que se passa na própria mente ou na mente do outro? Como nasce um novo pensamento a partir da experiência emocional vivida no vínculo com o outro? Como se aproximar da "verdade" do outro ou de si mesmo? Verdade aqui sendo entendida como enigma, iminência de revelação (Ungar, 2000).

Essa foi outra grande contribuição de Bion: todo o esforço que fez ao longo de vários de seus livros (Bion, 1963/1988, 1970/1993) para nos alertar sobre a importância de o analista se libertar das suas certezas, eliminar suas memórias, praticamente cegar-se, para poder enxergar a verdade do paciente, da vivência compartilhada na sala de análise. Em "Evidência" (Bion, 1976/2000), chega a afirmar que "*há um fundo inexaurível de ignorância sobre o qual nos baseamos – e isso é tudo que temos para nos basear*" (p. 275). A capacidade negativa, de poder tolerar o não saber, "andar na escuridão", conviver com a incerteza, passou a ser propalado como o caminho para se chegar à verdade possível de si mesmo e do outro. E como a verdade que nos interessa do ponto de vista psicanalítico não pode ser apreendida pelos sentidos, mas apenas por uma intuição cultivada, desenvolvida, educada (Civitarese, 2018), a formação do analista, o desenvolvimento de sua capacidade continente e sua tolerância à dúvida e à incerteza passaram a ser ainda mais essenciais.

Ao colocar as emoções como elemento de ligação entre os seres humanos, Bion estabelece que elas terão uma centralidade no acesso e na compreensão da vivência subjetiva de si e de outro. Como veremos a seguir, o fato de as emoções adquirirem essa centralidade no conhecimento da vida subjetiva implicará uma nova dimensão à psicanálise, qual seja, a sua dimensão estética. Embora as palavras, a linguagem verbal, permaneçam importantes para o conhecimento da vida subjetiva, até porque elas são "atravessadas" pela emoção, Bion dirá que a forma de ter uma aproximação maior com a subjetividade do outro é "tornar-se o outro". Não "ser o outro", perder sua identidade (Grotstein, 2005/2010).

Esse processo de construção da "verdade" do outro e de si mesmo, como estamos vendo, não é simples nem permanente na experiência psicanalítica, pois essa "verdade" nem sempre será tolerada pelo paciente, ou pelo analista, ou por ambos.

Como abordei em outro trabalho (Levy, 2017), a experiência de contato consigo mesmo, com a "verdade" de sua intimidade subjetiva, poderá ser assustadora, pois, de um lado, aproxima o sujeito do vazio infinito, desconhecido de seu inconsciente (Bion, 1965/2004), e, de outro, no caso da experiência analítica, coloca-o, muitas vezes, em contato com desejos e fantasias projetados, reprimidos, deslocados, recusados, processos defensivos já extensamente descritos por Freud, Klein e inúmeros autores psicanalíticos. Assim, o sujeito resiste a ser ele mesmo, viver a sua realidade última, chamada de O por Bion.

De acordo com Bion (1965/2004), para que o analista apreenda a verdade do paciente, O, é preciso tornar-se O, simetrizar-se. Tornar-se O é compartilhar uma experiência emocional com o paciente. Uma vez tornado O, pode fazer representações de O. A mente, no vínculo K, faz permanentemente representações, versões de O. Aqui já se evidencia como a noção de verdade se constrói a partir de um vínculo emocional entre sujeito e objeto e que no centro dessa busca está a experiência emocional do sujeito. Penso que estamos frente a outra forma de busca da verdade, mais contextualizada, mais circunstancial, chamada por Rezende de verdade por consenso simbólico.

Bion, em *Atenção e interpretação*, marcadamente influenciado por Kant (Sandler, 2000), considera que a verdade última do sujeito, chamada por ele de O, é, em si mesma, incognoscível, ou seja, aquilo que a psicanálise tenta conhecer, a realidade interna do paciente, em si mesma é incognoscível. Podemos tentar saber alguma coisa a seu respeito por meio de representações que dela fazemos. Bion deixa claro, então, que o que podemos conseguir é fazer representações dessa verdade última experienciada. Nesse sentido, diz-nos Grinberg, Bianchedi e Sor (1991):

> *Bion sustenta que todo pensamento, uma vez formulado, é falso se o comparamos com a 'verdade' do fato que formula. O que varia é o grau de falsidade e aqui será necessário discriminar entre verdade e mentira, ou melhor, entre falsidade e mentira. (p. 110)*

Ou seja, por mais que a representação "represente" a verdade, ela terá sempre algum grau de falsidade, na medida em que não é a coisa em si, apenas a representa. A mente, então, tem uma função simbolizadora permanente que procura criar para si representações, versões, das realidades com as quais é confrontada, sentindo-as como "verdades".

Assim, numa visão mais intersubjetiva, a construção da verdade passa a incluir necessariamente o outro. Do ponto de vista intersubjetivo, a verdade se constrói no vínculo: para que o sujeito se reconheça, inclusive como alguém que deseja, é preciso que seja olhado como tal. É porque a mãe olha o bebê como alguém com um desejo próprio que ele pode se reconhecer como tal. Ou seja, é na alteridade que se constrói o sentimento de "eudade" (Ogden, 1996). Se ao sujeito não é permitido ser dono de seu próprio desejo, se a mãe se perturba, por exemplo, caso ele expresse seu desejo, o bebê poderá renunciar a ele e adotar o desejo da mãe como sendo o seu, dando origem, como já foi dito, ao falso *self*. Por oposição, logo, o verdadeiro *self* seria aquele em que o desejo do sujeito pode ser reconhecido como tal.

Nesse contexto, o objetivo do trabalho analítico, da interpretação, é auxiliar o paciente a se tornar ele mesmo. Poder-se-ia dizer que, quando o paciente pode se tornar ele mesmo, poderá ter uma experiência de intimidade, de verdade consigo mesmo. Essa experiência emocional, justamente por ser intolerável, muitas vezes está não simbolizada ou fracamente simbolizada, cindida e expulsa da mente, ou por identificação projetiva, ou por atuações com finalidades evacuativas (Levy, 2012a; Ruggiero, 2007), ou no soma (Bion, 1962/1991; Aisenstein, 2004, 2009), ou então no alucinatório (Bion, 1962/1991; Ithier, 2016).

No campo analítico, entretanto, essa experiência emocional intolerável ao paciente num primeiro momento, para ser conhecida, compreendida e posteriormente elaborada (Barros, 2002; Barros & Barros, 2008), precisa existir, evoluir, em algum continente, como foi tão bem descrito por Ogden em vários trabalhos (1996, 2005/2010) e também por Ferro (1998, 2011), entre outros. Se o analista estiver disponível e puder contê-la, a emoção recusada pelo paciente, mas presente no campo, ou identificada projetivamente no analista, poderá evoluir nele, analista. Ele se tornará a emoção do paciente, ou aquela gerada no campo pelo encontro dos dois, o que permitirá conhecê-la intimamente. Nesse momento, talvez possamos dizer que o analista está tendo uma experiência de intimidade com algum aspecto do *self* do paciente e, desse modo, poderá fazer contato com a "verdade" do paciente.

Como ilustrarei a seguir, o analista, ao acolher as identificações projetivas do paciente, vivencia até certo ponto uma negação da sua própria individualidade, como se deixasse de ser ele naquele momento para "tornar-se" aquilo que o paciente não está podendo ser naquele instante. Espera-se, no entanto, que num segundo momento o analista possa recuperar a si mesmo, recuperar a sua capacidade de pensar, sua função analítica, e transformar aquela experiência numa compreensão que será um "objeto analítico" (Ogden, 1996), um portador de sentido psicanalítico produzido intersubjetivamente.

Esse processo de construção da verdade na experiência analítica coloca ainda outra questão a ser enfrentada. Após o analista ter acolhido emoções, fantasias ou pensamentos selvagens (Bion, 1977/1997) por meio de sua *rêverie*, permitido sua evolução dentro de si mesmo e até podendo ter chegado à sua compreensão, ou seja, ter tido um contato com a "verdade" da subjetividade de seu paciente, quando os compartir com o paciente? Quando o paciente terá um continente para os reintrojetar?

Em outro trabalho (Levy, 2012a), também estudei a necessidade, muitas vezes, de criar *andaimes ao pensar*, ajudar o paciente a construir uma rede simbólica continente, que possa receber de volta aspectos evacuados sem se desestruturar e, finalmente, poder conhecer a "verdade" de aspectos seus, antes insuportáveis. A possibilidade de espera foi um dos desenvolvimentos mais valiosos da psicanálise contemporânea, esperar o tempo do paciente, quando ele poderá pensar e acolher pensamentos antes impensáveis.

Winnicott também traz contribuições essenciais para a compreensão da constituição do sujeito na relação intersubjetiva com o outro. E mais, faz acréscimos importantes à compreensão de como o sujeito, na relação com o objeto, apreende e tem a sua "verdade" apreendida pelo outro.

Dizendo-se influenciado por Lacan, Winnicott (1967/1975) assevera a importância do outro, da mãe inicialmente, na constituição do sujeito. Afirma que o precursor do espelho é o rosto da mãe. Com muita riqueza, comenta que o bebê, quando olha o rosto da mãe, vê a si mesmo, a ponto de o autor inglês cunhar a frase lapidar: "quando olho, sou visto; logo existo" (p. 157). A mãe que consegue "olhar" o bebê fica se parecendo com o que ela vê ali. A sensação do bebê ganha significado no rosto da mãe. É neste interjogo, de mostrar-se e ser visto, que se constrói a imagem que o sujeito tem de si e que será a "verdade" a respeito de si mesmo. Ou seja, nas relações humanas íntimas nos vemos, encontramos a nossa "verdade" no rosto dos outros. Winnicott ainda complementa afirmando que os bebês cujas mães não conseguem olhá-los olham para a mãe e não veem a si mesmos.

Vemos aqui como Winnicott, juntamente com Bion, também traz contribuições importantes, pensando a psicanálise desde a complexidade da constituição do ser humano. Junto às contribuições desses autores ingleses, que lançaram bases metapsicológicas sólidas para a dimensão intersubjetiva da psicanálise, a teoria do campo analítico enunciada pelo casal Baranger (1961/1969, 1964/1969) consubstanciou ainda mais a compreensão do que se passa quando dois sujeitos com suas subjetividades se encontram na sala de análise.

Ogden (1996) enriquece essa concepção winnicottiana dizendo que, quando a criança se vê no rosto da mãe, cria-se uma dinâmica de existir/não existir em que a mãe, ao mesmo tempo que reconhece e se identifica com o estado interno do bebê, desaparece e permite que o bebê se veja como um outro. O bebê se põe no lugar da mãe e vê a si mesmo como um outro. Para o nosso tema de hoje, é importante ressaltar que é nessa dinâmica de descentrar-se de si mesmo que o sujeito se toma como um objeto (de conhecimento) e conhece a si mesmo, a sua "verdade", e se reconhece como sujeito real, existente.

Winnicott (1975/1951) fará ainda outra contribuição relevante ao tema da verdade em seu trabalho a respeito do objeto transicional, ao afirmar que, em relação a ele, estabelece-se um "acordo" entre a mãe e a criança onde aceitarão que "é e não é" a mãe. Ou seja, o objeto transicional será tomado como sendo a mãe de verdade, sabendo-se que não o é. Veremos mais adiante a importância disso na técnica contemporânea.

Como estamos vendo, o contato e a aproximação de duas subjetividades por meio de um vínculo carregado de emoções é um processo complexo e paradoxal. De um lado, existem as trocas descritas, vias de comunicação *entre dois sujeitos*, mas, simultaneamente, é necessário também conviver com a ideia de que, em última análise, o interior do outro é intangível, inacessível, a ponto de Meltzer (1971/1994) afirmar: "A enorme solidão solipsista de que sofre o ser humano reside na impossibilidade de saber – realmente sentir – as emoções de outro ser humano" (p. 186). Apenas podemos, com muito esforço, conjecturar (Meltzer, 1988/1995), fazer contato por meio de nossa *rêverie* ou nossa intuição (Bion, 1962/1991, 1965/2004; Ogden, 2005/2010; Ferro, 1995/1997, 1998; Civitarese, 2014, 2015), nossa empatia (Bolognini, 2008, 2016), nosso trabalho em duplo (Botella & Botella, 2002), abrindo nossa mente para tentar acolher algo da subjetividade do outro.

Voltando à importância da emoção no encontro com o outro e sua centralidade na tarefa do conhecimento, Meltzer, em vários trabalhos (1971/1994, 1988/1995; Meltzer et al., 1986/1990), descreve o encanto, o deslumbramento nessa aproximação, mas também o temor e a angústia. Considera que o contato com o objeto é uma experiência estética, na medida em que seu sentido, sua natureza, é indicado pelas intensas emoções e sensações que desperta, e não pela razão. Retomarei a seguir a questão da verdade e a experiência estética.

A verdade e a experiência estética

Freud (1919/2010), em seu trabalho "O inquietante", escreve que a estética é a área do conhecimento que se dedica a estudar "a teoria das qualidades do nosso sentir"(p. 329). Entretanto, ressalta que os psicanalistas trabalham em outras áreas da vida psíquica, não se ocupando de "emoções atenuadas, inibidas quanto à meta" (p. 329), que se constituem no material da estética. Faz uma ressalva, no entanto, destacando que eventualmente o psicanalista pode se interessar por uma área da estética, como seria o caso da análise e do estudo do "inquietante". De novo, Freud se preocupava em caracterizar a psicanálise como uma ciência objetiva, mas, como veremos de modo mais detalhado logo a seguir, a psicanálise, especialmente depois de Bion e Meltzer, mudou nesse aspecto. Passou a não mais se interessar apenas pelas qualidades do sentir, mas entendeu que o sentir é uma das primeiras formas de conhecimento da "verdade" da experiência.

No início de sua obra, particularmente em *Aprender da experiência* (1962/1991) e alguns trabalhos anteriores de seu período epistemológico, Bion nos descreve um processo quase mecânico-racional de aquisição do conhecimento sobre a experiência emocional, por meio de sua representação simbólica. Entretanto, o Bion mais tardio, especialmente a partir de *Transformações* (1965/2004), passa a considerar muito mais a intuição e a emoção como primeira categoria de conhecimento da realidade, caracterizando o conhecimento como uma experiência estética. Em muitos momentos, inspira-se nos poetas ingleses fazendo um vínculo entre verdade e beleza, citando Keats, por exemplo, dizendo que "beleza é verdade e a verdade é bela" (Keats, 1819).

Posteriormente, Meltzer (1988/1995) faz sua magistral descrição do conflito estético. Um lindo bebê comum olha intrigado, fascinado, seduzido e encantado para a sua linda mãe comum. Paixão e sensualidade transpiram de ambos os lados dessa relação. Ele, o bebê, o príncipe, é olhado com amor, medo, irritação, sensualidade e mistério pela sua majestosa mãe. E ela, a grande fada, da mesma forma, é olhada, admirada, temida, desejada, amada, odiada, pelo maravilhoso bebê comum, encantado com sua beleza – no sentido de que esta o inunda de sensações e bombardeia sua sensorialidade –, mas intrigado pelo mistério de seu interior inapreensível pelos sentidos. Este é o conflito estético.

Meltzer situa o conflito estético como ponto de partida do desenvolvimento, postulando que ele se mantém assim, ao longo da vida, como um elemento imprescindível ao crescimento mental. Nesse vértice, o pensamento criativo se constitui no esforço para dar representação ao "outro" e ao enigmático de seu interior intangível. A presença do objeto e o seu mistério põem a mente a trabalhar, a criar formas simbólicas que representem algo da experiência emocional. Ou seja, este duplo elemento, presença intensamente rica em estímulos sensoriais, por isso bela, arrebatadora, e em mistério, pelo caráter inalcançável, inatingível, do interior do objeto, é essencial ao desenvolvimento da imaginação especulativa, do pensamento criativo.

Essa seria uma função poética de nosso inconsciente (Meltzer et al., 1986/1990; Civitarese, 2014), na medida em que cria imagens, quando possível, que contenham a emoção do encontro com o outro. Ou, então, se essas emoções são insuportáveis, poderão ser evacuadas da mente por meio da ação, da identificação projetiva defensiva ou das alucinações. Ou seja, aqui, a emoção vivida no encontro com o outro é o ponto de partida do processo de conhecimento da verdade dessa experiência. Na opinião de Meltzer, a emoção dá o sentido da experiência e o seu significado é construído em um longo processo de construção simbólica que, na situação analítica, involucra visceralmente o analista.

Esse enfoque, que põe a emoção no centro – e como elo – da experiência subjetiva entre dois sujeitos e o inconsciente com a tarefa poética de construir imagens prenhes de significado que traduzam essa emocionalidade, constitui a dimensão estética da psicanálise.

A experiência estética do encontro com o outro inclui uma paleta infinita de emoções de toda natureza, admiração, encantamento, horror, deslumbramento, medo, que ativam o conflito entre os vínculos positivos L (*love* – amor), H (*hate* – ódio) e K (*knowledge* – conhecimento) e os negativos –L, –H e –K (Meltzer, 1988/1995). Para o tema que nos interessa hoje, o da verdade, isso significa que algumas emoções serão impensáveis por serem intoleráveis num determinado momento, logo, serão ativados os antivínculos, obstruindo o processo de conhecimento da verdade daquela experiência.

Ou seja, nessa abordagem teórica, fica evidente que a "verdade" que será construída, seja sobre o que se passa no interior do objeto, seja sobre o que se passa na relação com o outro, será o significado que o sujeito atribuirá a essas experiências. A "verdade" sobre o outro e sobre si mesmo ficará vinculada à emoção vivida e o significado atribuído a ela, muito mais atrelado à experiência estética e ao mundo dos significados que ao mundo das coisas e dos fatos.

Em um trabalho denominado "Dando 'pensabilidade' ao impensável: criando 'andaimes' ao pensar em adolescentes com transtornos severos" (Levy, 2012a), estudei justamente o processo de construção da representação simbólica e as experiências emocionais impensáveis, não simbolizadas ou fracamente simbolizadas. Estudei posteriormente as várias "linguagens" que circulavam pelo campo analítico (Levy, 2015) até chegarmos, pelo menos em alguns momentos, à linguagem de êxito (Bion, 1970) capaz de veicular e evocar emoções intensas na relação analítica e retratar a verdade de nossa experiência.

Como já comentei no capítulo a respeito da polifonia da psicanálise, nos momentos do processo analítico em que João não podia pensar, fazer contato com alguns aspectos de sua subjetividade, o recurso que eu utilizava era trabalhar no transicional (Levy, 2014). A exemplo do que descrevem Ferro (1998) e Civitarese (2015), e do que se faz na análise de crianças, eu tomava os companheiros de aventuras e de situações de extremo risco a que se expunha como duplos seus. Personagens que carregavam, de alguma forma, algum aspecto seu, ou os sentimentos de abandono, medo de morrer, ódio aos objetos parentais, e os "analisava" ali mesmo, no espaço intermediário. Ou seja, nem no mundo interno de João, nem no externo, mas nesse espaço transicional descrito por Winnicott (1951). Ali, João tolerava fazer contato com esses aspectos seus, ampliar a gama de representações em torno dessas emoções, e com isso fomos ampliando sua rede simbólica, o seu continente.

Para o tema deste capítulo, a questão da verdade, o que gostaria de sublinhar é que quando trabalhávamos no transicional nós sabíamos que aqueles personagens eram e não eram João; sabíamos que o que "analisávamos" sobre as emoções e as motivações deles era e não era verdade; creio que sabíamos também que estávamos desenvolvendo um "como se" entre nós com o objetivo de nos levar gradualmente a uma verdade maior e tolerável em relação a ele mesmo, ainda impensável naquele momento. Poder tolerar esse paradoxo sem fazer a pergunta sem resposta "isso é ou não é verdade" é essencial para poder trabalhar com essa técnica.

Nesse sentido, Civitarese (2018) destaca algo que me parece importante, ou seja, que este modelo psicanalítico que trabalha com a construção gradual da verdade possível, inspirado em Bion e Winnicott, especialmente, é o que mais desenvolveu a capacidade de conviver com a incerteza, com a dúvida, a caminhar no "escuro", tirando o psicanalista daquela posição quase onisciente e autoritária de "saber" e impor uma "verdade" ao paciente, com o tradicional dito: "*Na verdade*, o que estás me dizendo é isso, isso e isso!".

Então, nesse modelo psicanalítico pós-bioniano, em que se entende que a emoção é o elo de ligação entre sujeito e objeto, a "verdade" psíquica válida para aquele par, naquele momento, é construída intersubjetivamente pela dupla analista/paciente e o que é buscado não é mais a verdade factual, mas a verdade psíquica. Ou seja, o que é visado é o significado da experiência emocional em curso e, nesse sentido, na medida em que se constrói a representação simbólica das emoções, verifica-se uma ampliação da rede de símbolos, do continente, em última análise.

A sensação de "verdade" no modelo estético advém do fato de que o conhecimento da experiência em curso se inicia não apenas com a emoção e a intuição – e não com a razão –, mas também com a vivência de estar em um com o outro (*atonement*). Os dois partícipes da experiência compartem a sensação de que um determinado enunciado faz sentido. Mais que isso, o que é sentido é confirmado pela razão. A sensação de verdade decorre também de outras unificações e correlações. Bion cometa que a visão binocular inconsciente/consciente é fundamental, pois aquilo que é sentido no inconsciente é corroborado pela percepção consciente. O senso de verdade, então, se constrói em múltiplas ligações e consensualidades que se realizam: entre os dois sujeitos envolvidos na experiência; entre emoção e razão; entre vivência subjetiva e linguagem; entre consciente e inconsciente; e, finalmente, entre corpo e mente (Civitarese, 2018). Por isso é uma experiência estética: o conhecimento se inicia com a emoção e prossegue com sua ligação/confirmação pelo pensamento e pela linguagem inextricavelmente ligados, gerando uma consensualidade.

Podemos supor que nesse processo a pulsão de vida prevalece, gerando vários tipos de ligações na vida psíquica entre as várias instâncias e funções do *self* e também na relação com o outro. Esse predomínio da pulsão de vida provavelmente é o que gera a sensação de harmonia e beleza. Ao contrário do que ocorre quando a pulsão de morte prevalece, provocando descontinuidade, desligamento, ataques aos vínculos, desarmonia, gerando um desencontro entre as várias funções do *self*.

Rezende (1999), como já foi dito, refere-se a essa experiência de verdade como a verdade por consenso simbólico. Civitarese (2018) dirá que esta é uma verdade social, pois é compartilhada com o outro, ou com os outros, um pouco na linha do que Bion descrevia sobre narcisismo *versus* social-ismo.

Voltando ao início deste trabalho, eu e minha paciente reconstruímos a imagem de sua irmã por meio de diversos processos de ligação: o sonho que trouxe à sessão e nossas associações, que foram evoluindo num processo de enriquecimento crescente como se fosse um *jogo do rabisco* (*squiggle game*; Winnicott, 1968/1994). Compartilhamos a emoção de estar frente a algo novo e muito mais verdadeiro que a imagem anterior da irmã, talvez pelo fato de a imagem anterior levar em conta aspectos narcisistas defensivos da irmã, deixando cindidos e excluídos aspectos sofridos de sua vida.

Mônica e a dimensão estética da psicanálise

Para as finalidades deste capítulo, gostaria de voltar a mencionar o caso clínico do Capítulo 6. Vou diretamente a dois sonhos seus, repetindo-os para facilitar ao leitor, pois creio ilustrarem sua dificuldade em tolerar a "verdade" que neles brilhava. Ademais, o conflito entre K e –K se manifestava quase constantemente em Mônica.

Uma parte neurótica da personalidade simbolizava as experiências emocionais transbordantes do campo analítico e outra parte destruía este conhecimento por se referir a situações impensáveis que ilustrarei a seguir.

> *No sonho eu era pequena, na casa em que eu morava na minha infância. Eu estava na sala e através das janelas entravam fachos de luz. Eu ficava curiosa para ver o que tinha fora da janela, ia espiar e aparecia uma catedral muito linda. Eu me aproximava da janela, maravilhada, queria ver aquela linda catedral. Mas, subitamente vinha uma nuvem em direção à janela e era a imagem de uma bruxa que queria entrar na minha casa. Eu me apavorava e acordava.*

Além de simbolizar a imagem de menina de que falávamos nas sessões, simbolizava também seu conflito estético vivido na transferência: ao me perceber como um objeto que atrai a sua curiosidade e que lhe parece belo (Meltzer, 1988/1995) – no sentido de atraente e de despertar intensas sensações e emoções –, horroriza-se, pois passa a me sentir como um objeto invasivo, incontrolável e assustador. Talvez por isso precise "desmontar" tudo o que eu lhe oferecia em termos de entendimento, tal como aparece no seguinte sonho: "Eu tinha ganhado uma caixinha de música. Só que em vez de abrir e ouvir a música, eu a desmontava. Depois eu tentava montar de novo e não conseguia mais".

Entendemos – e esse último sonho é um modelo que muito nos serviu – uma atividade mental sua, muito ativa e presente, em que, em vez de utilizar o que lhe digo para "escutar, apreciar e pensar", desmonta o mecanismo em pequenos pedaços que não servem mais para escutar/pensar. Como diria Bion (1959/1988), aquilo-que-liga é atacado e ficam pedaços desmantelados, sem significado. Fazia isso não por alguma destrutividade especial, mas pelo horror que vivenciava, seja ao se aproximar de mim enquanto objeto estético (Meltzer, 1988/1995), seja pela aproximação de seu mundo interno provocado pela interpretação.

Mônica, ao deparar comigo, vivia intensas emoções que, em parte, conseguia transformar, graças à força poética de seu inconsciente, em lindas imagens como as de seus sonhos, e o restante descarregava na ação, brigando comigo, faltando às sessões etc. A catedral deslumbrante e a bruxa terrificante são elementos estéticos, criações simbólicas, que visam dar conta do mistério do intangível, do "traumático" oriundo do contato com o "outro". O "outro", o estrangeiro, seja ele interno (o id) ou externo (o objeto), desafia o sujeito permanentemente a construir imagens para dar significado ao mistério do intangível. "O que ele quer de mim?", diria Laplanche.

O inconsciente tem essa força poética de transformar em imagens visuais ou linguísticas as emoções humanas. Os artistas têm o talento criativo de gerar imagens que captam emoções humanas universais e generosamente as colocam à disposição do público para que sejam usadas a serviço da elaboração de poderosas vivências. Para que isso ocorra, no entanto, o sujeito comum e o artista necessitam poder tolerar o mistério, o não saber, e explorá-lo criativamente nas suas várias versões, vértices, por meio da imaginação criativa.

Comentários finais

Será que Mônica foi mesmo aquela menina birrenta que tantas vezes "aparecia" nas sessões? Terá sido sua mãe uma bruxa? Serão estas as suas "verdades históricas"? Ou sou eu a bruxa, como supus? É possível que ambas as hipóteses sejam verdadeiras, essas figuras são do seu passado e do seu presente. Acima de tudo, essas figuras são construções simbólicas de Mônica, habitantes de seu mundo interno, cujo significado compreendemos a partir de nossa vivência no campo analítico. E, ao mesmo tempo que essas construções nos pareceram verdadeiras, elas têm a capacidade de sofrer novas transformações simbólicas, agregando mais significados num primeiro momento absolutamente desconhecidos e impensados. Elas contêm aspectos de suas vivências atuais e passadas e também se abrem a novas indagações, ou seja, devem poder conter uma certa dose de mistério. E é este mistério que devemos tolerar: que no elemento revelador está contido também o mistério.

Aqui talvez tenhamos de enfrentar um paradoxo. Sabemos com Bion (1962/1991) e Meltzer (1988/1995) que a mente precisa conhecer, nomear, que este é seu alimento, e que isso é o que a expande em direção ao infinito. Ao mesmo tempo, precisamos tolerar o não conhecer (Bion, 1962/1991), o mistério (Meltzer, 1988/1995) e sustentar a recusa ao saber (Laplanche, 1992). Devemos conhecer e ao mesmo tempo tolerar que esse conhecimento, essas "verdades", são aproximações da coisa em si, de O. E mais que isso, devemos suportar a ideia de que a realidade permanece intangível e sempre possuindo uma dose de mistério a ser conjecturado. Na mesma linha argumenta William James (citado por B. Ogden, 2015) quando afirma que "o pensamento é a mentira que contamos a nós mesmos para que possamos dormir mais confortavelmente com tudo aquilo que será mistério – a realidade, as emoções, nós mesmos"(p. 433). Nesse mesmo sentido, Benjamin Ogden (2015) espera que a psicanálise não esteja aguardando um analista que revelará a verdade, mas um que "*reabastecerá a reserva de mistério*"(p. 443), pois é ele que estimula a nossa imaginação.

O encontro com o objeto estético produz uma intensa experiência emocional que coloca em marcha o pensamento criativo e a expansão da mente, ou, quando a emoção é insuportável, uma atitude evacuativa pautada pelo *acting out*. Em decorrência do exposto, concordo com Gabriela Goldstein (2005/2010) quando diz que "a experiência estética e o tratamento analítico podem operar como uma abertura à elaboração, a outra forma de pensar e a um novo conhecimento" (p. 20).

Referências

Aisenstein, M. (2004). O doloroso enigma, enigma da dor. *Rev. Psicanál. SPPA, 11*(1), 35-49.

Aisenstein, M. (2009). *Les exigences de la représentation*. Trabalho apresentado no XXX Congrès des Psychanalystes de Langue Française.

Andreu, P. (2016). *L'espace, poétiques et perspectives*. Conferência no 76º Congresso de Psicanalistas de Língua Francesa, Bruxelas.

Baranger, W., & Baranger, M. (1969). La situación analítica como campo dinámico. In W. Baranger, & M. Baranger, *Problemas del campo psicoanalítico*. Buenos Aires: Kargieman. (Publicado originalmente em 1961)

Baranger, W., & Baranger, M. (1969). El "insight" en la situación analítica. In W. Baranger, & M. Baranger, *Problemas del campo psicoanalítico*. Buenos Aires: Kargieman. (Publicado originalmente em 1964)

Barros, E. M. R. (2002). An essay on dreaming, psychical working out and working trough. *Int. J. Psychoanal.*, *83*(5), 1083-1093.

Barros, E. M. R., & Barros, E. L. R. (2008). *Reflexões sobre as implicações clínicas do conceito de simbolismo na vida onírica e sua relação com a perlaboração*. Trabalho apresentado no encontro sobre Meltzer promovido pela Sociedade Brasileira de Psicanálise de São Paulo (SBPSP).

Bion, W. R. (1988). Ataques ao elo de ligação. In W. R. Bion, *Estudos psicanalíticos revisados*. Rio de Janeiro: Imago. (Publicado originalmente em 1959)

Bion, W. R. (1991). *Aprendiendo de la experiencia*. Ciudad de México: Paidós. (Publicado originalmente em 1962)

Bion, W. R. (1988). *Elementos de psicoanálisis*. Buenos Aires: Hormé. (Publicado originalmente em 1963)

Bion, W. R. (2004). *Transformações: Do aprendizado ao crescimento* (2. ed.). Rio de Janeiro: Imago. (Publicado originalmente em 1965)

Bion, W. R. (1993). *Attention and interpretation*. London: Karnac. (Publicado originalmente em 1970)

Bion, W. R. (2000, set.). Evidência. *Rev. Psicanál. SPPA*, *7*(2). (Publicado originalmente em 1976)

Bion, W. R. (1997). *Taming wild thoughts*. London: Routledge. (Publicado originalmente em 1977)

Bolognini, S. (2008). *A empatia psicanalítica*. São Paulo: Companhia de Freud.

Bolognini, S. (2016). *The humanizing function of contemporary psychoanalytical empathy*. Palestra realizada no Sigmund Freud Museum, Billrothhaus, Viena. Recuperado de: https://youtube/rjzpA8QZrWk.

Botella, C., & Botella, S. (2002). *Irrepresentável: Mais além da representação*. Porto Alegre: Criação Humana.

Civitarese, G. (2014). *I sensi e l'inconscio*. Roma: Borla.

Civitarese, G. (2015). *O inconsciente inacessível e a rêverie como um caminho para a figurabilidade*. Conferência apresentada na SPPA, Porto Alegre.

Civitarese, G. (2018). Truth as immediacy and unison: A new common ground in psychoanalysis? Commentary on essays addressing 'Is truth relevant?'. In *Sublime subjects: Aesthetic experience and intersubjectivity in psychoanalysis*. London: Routledge.

Ferro, A. (1995). *A técnica na psicanálise infantil – A criança e o analista: Da relação ao campo emocional*. Rio de Janeiro: Imago.

Ferro, A. (1998). *Na sala de análise: Emoções, relatos, transformações*. Rio de Janeiro: Imago.

Ferro, A. (2011). *Viver as emoções, evitar as emoções*. Porto Alegre: Artmed.

Freud, S. (2010). O Inquietante. In S. Freud, *Obras Completas* (Vol. 14). São Paulo: Companhia das Letras. (Publicado originalmente em 1919)

Goldstein, G. (2019). *A experiência estética: Escritos sobre psicanálise e arte*. Terra de Areia: Triângulo Graf. Ed.

Grinberg, L., Bianchedi, E. T., & Sor, D. (1991). *Nueva introducción a las ideas de Bion*. Madrid: Tecnipublicaciones.

Grotstein, J. S. (2010). "Transidentificação projetiva": Uma extensão do conceito de identificação projetiva. In J. S. Grotstein, *Um facho de intensa escuridão: O legado de Wilfred Bion à psicanálise*. Porto Alegre: Artmed. (Publicado originalmente em 2005)

Hanly, C. (1995). *O problema da verdade na psicanálise aplicada*. Rio de Janeiro: Imago. (Publicado originalmente em 1992)

Heidegger, M. (2001). *Ser e tempo* (Vol. 1). Petrópolis: Vozes. (Publicado originalmente em 1927)

Heisenberg, W. (2013). *The physical principles of the Quantum Theory*. London: Dover. (Publicado originalmente em 1930)

Ithier, B. (2016). Contemporary conversations: The arms of the chimeras. *Int. J. Psychoanal.*, *97*, 451-478.

Ithier, B., & Levy, R. (2014). A função paterna na cena primitiva interpretativa. *Rev. Psicanál. SPPA, 21*(3).

Keats, J. (1819). *Ode on a Grecian urn*. Recuperado de: www.keats-poems.com

Laplanche J. (1992). *Novos fundamentos para a psicanálise*. São Paulo: Martins Fontes.

Levy, R. (2000). *Do símbolo à simbolização: Uma revisão da evolução teórica e suas repercussões sobre a técnica psicanalítica.*

Dissertação para membro efetivo da Sociedade Psicanalítica de Porto Alegre.

Levy, R. (2012a). Dando "pensabilidade" ao impensável: Criando "andaimes" ao pensar em adolescentes com transtornos severos. *Rev. Bras. Psicanál.*, *46*(3), 78-89.

Levy, R. (2012b). From symbolizing to non-symbolizing within the scope of a link: From dreams to shouts of terror caused by an absent presence. *Int. J. Psychoanal.*, *93*(4), 837-862.

Levy, R. (2015). A polifonia da psicanálise contemporânea. In *Diálogos psicanalíticos contemporâneos: O representável e o irrepresentável em André Green e Thomas H. Ogden*. São Paulo: Escuta.

Levy, R. (2017). *Intimidade: O dramático e o belo no encontro e no desencontro com o outro*. Conferência principal (*keynote paper*) no Congresso da IPA, Buenos Aires.

Meltzer, D. (1994). Sincerity: A study in the atmosphere of the human relations. In A. Hahn (Ed.), *Sincerity and other works: Collected papers of Donald Meltzer*. London: Karnac. (Publicado originalmente em 1971)

Meltzer, D. et al. (1990). *Metapsicologia ampliada: Aplicações clínicas dos conceitos de Bion*. Buenos Aires: Spatia. (Publicado originalmente em 1986)

Meltzer, D. (1995). *A apreensão do belo*. Rio de Janeiro: Imago. (Publicado originalmente em 1988)

Morin, E. (1996). Epistemologia da complexidade. In D. F. Schnitman (Org.), *Novos paradigmas, cultura e subjetividade*. Porto Alegre: Artmed.

Ogden, B. (2015). O risco da confissão verdadeira. In T. S. Candi (Org.), *Diálogos psicanalíticos contemporâneos: O representável e o irrepresentável em André Green e Thomas Ogden*. São Paulo: Escuta.

Ogden, T. H. (1996). *Os sujeitos da psicanálise*. São Paulo: Casa do Psicólogo.

Ogden, T. H. (2010). *Esta arte da psicanálise: Sonhando sonhos não sonhados e gritos interrompidos*. Porto Alegre: Artmed. (Publicado originalmente em 2005)

Prigogine, I. (1996). O fim da ciência? In D. F. Schnitman (Org.), *Novos paradigmas, cultura e subjetividade*. Porto Alegre: Artmed.

Rezende, A. M. (1997). *Investigação em psicanálise: Uma procura da verdade*. Palestra proferida no Encontro de Ribeirão Preto, comemorando o centenário do nascimento de Bion.

Rezende, A. M. (1999). *A questão da verdade na investigação psicanalítica*. Campinas: Papirus.

Ruggiero, I. (2007). Autodestrutividade na adolescência: entre a repetição e a elaboração. *Rev. Psicanál. SPPA*, *14*(2).

Sandler, P. C. (2000). *A apreensão da realidade psíquica: As origens da psicanálise na obra de Kant*. Rio de Janeiro: Imago.

Ungar, V. (2000). Transferência e modelo estético. *Psicanálise*, *2*(1), 155-177.

Winnicott, D. W. (1975). O papel da mãe e da família no desenvolvimento emocional infantil. In D. W. Winnicott, *O brincar e a realidade*. Rio de Janeiro: Imago. (Publicado originalmente em 1967)

Winnicott, D. W. (1994). O jogo do rabisco. In D. W. Winnicott, *Explorações psicanalíticas*. Porto Alegre: Artes Médicas. (Publicado originalmente em 1968)

10. A construção da experiência de intimidade no processo analítico por meio da experiência estética: transformações em intimidade[1]

Embora nosso conhecimento comece com a experiência, nem por isso todo ele se origina justamente da experiência.

Kant (1787/1999, p. 53)

Poder-se-ia dizer que este capítulo e o anterior são duas faces da mesma moeda, pois a intimidade e a construção na verdade, na dimensão estética da psicanálise, estão totalmente imbricadas. No capítulo anterior, utilizei algumas experiências clínicas e pessoais para ilustrar a questão da construção da verdade possível a respeito da vida emocional e, neste, as utilizarei para enfocar o vértice da construção da experiência de intimidade na sessão analítica.

Estudar e escrever sobre intimidade em psicanálise nos situa no que há, talvez, de mais humano, pois desde que saímos do

1 Grande parte deste texto origina-se da conferência principal que o autor realizou no 50º Congresso Internacional da IPA, realizado em Buenos Aires em julho de 2017, intitulado "Intimidade: O dramático e o belo no encontro e no desencontro com o outro". O texto foi publicado posteriormente em periódicos nacionais e internacionais.

ventre materno, experiência maior de habitar e compartir o corpo de outro, na verdade, buscamos pelo resto da vida o aconchego tranquilizador de um vínculo íntimo com outro ser humano, percurso descrito de modo belíssimo por Eizirik (2016). Ou seja, a busca – ou a fuga, na patologia – de vínculos íntimos perpassa a vida do homem, pois, como disse Bion (1978/1980/1992), "o ser humano é um animal que depende de um par" (p. 95).

Ao longo dessa procura, por todo o ciclo vital, o corpo sem dúvida desempenha um papel central nas experiências de intimidade. Além de habitar o corpo materno durante a gestação, ao nascer, o sujeito humano segue compartindo a intimidade do corpo da mãe, alimenta-se dele e nele. Ademais, primitivamente, a mãe ajuda o bebê a conhecer o seu próprio corpo e construir uma imagem deste e de si como sujeito, ou seja, ajuda-o a iniciar um contato íntimo consigo mesmo. Na adolescência, a familiaridade e a intimidade com o próprio corpo têm que ser reconstruídas, bem como na velhice, quando o corpo se fragiliza e inevitavelmente se deteriora. No tocante à sexualidade, na adolescência e na vida adulta, o corpo novamente assume papel essencial na busca da intimidade sexual entre os amantes, entre os casais, na busca do prazer, do aconchego e da procriação. Penso que o ciclo se encerra quando se invertem as posições, e os filhos, com gratidão, auxiliam os velhos pais, até mesmo com os cuidados corporais: tornam-se pais e mães de seus pais.

A vivência de intimidade é uma experiência emocional. Acho que escrever sobre isso nos enquadra na vertente psicanalítica que tem se proposto a estudar a emocionalidade humana, entendendo que a emoção indica o sentido inicial da experiência com o objeto e que o significado é construído por meio de um longo processo de simbolização que implica continência e transformação simbólica, desde os elementos simbólicos mais primitivos até os mais abstratos, passando pela linguagem.

Faço um parêntese. A mente humana talvez seja um dos sistemas mais complexos do universo, e, para apreendê-la, a psicanálise, em seus cerca de 120 anos de existência, criou vários modelos teóricos, na tentativa de dar conta de tamanha complexidade. Possivelmente, nenhum deles isoladamente consegue abarcar o universo da mente do homem. Identificarmo-nos mais com um deles não quer dizer que invalidemos os outros, e acredito até mesmo que na prática psicanalítica podemos transitar por vários deles, dependendo da situação clínica. Por meio de ilustrações clínicas, espero poder mostrar com clareza como eu penso e trabalho a intimidade na sessão.

Bion pôs a experiência emocional, a emocionalidade humana, e sua simbolização no cerne da expansão da mente. Se, para Freud, a expansão do psiquismo era impulsionada pela libido, Klein atrelou a locomotiva do desenvolvimento ao sadismo (Petot, 1991). Então, eis que chega Bion e afirma que as experiências emocionais amorosas (L – *love*) ou agressivas (H – *hate*) só conduzirão à expansão da mente se estiverem subordinadas ao conhecimento (K – *knowledge*), ou seja, se puderem ser conhecidas, pensadas (Bion, 1962/1991, 1965/2004; Hartke, 2007; Levy, 2012b; 2015; Barros, 2002; Barros & Barros, 2008), elevando K quase ao *status* de uma pulsão. A consequência dessa abordagem foi que, embora se considere que as pulsões de vida e de morte e suas fantasias inconscientes derivadas permaneçam como pano de fundo, a atenção passou a se centrar nas emoções vividas no encontro com o objeto, nas relações com os objetos e seus destinos, especialmente na corrente psicanalítica pós-bioniana.

O que é feito com a emoção? Ela é contida e simbolizada? Ela é evacuada? Seu significado é falseado? É simbolizada, mas posteriormente seu símbolo é atacado e destruído?

Sigo Meltzer e colaboradores (1986/1990), dizendo que o desafio da psicanálise é transformar a relação analítica, inicialmente contratual, numa relação íntima. Para eles, a vida humana transcorre em basicamente três tipos de relações: as ocasionais, as contratuais e as íntimas. Nas duas primeiras, funcionamos em um modo operativo, adaptativo, protomental, mecânico, em que realizamos atividades para as quais treinamos, e as repetimos de um modo automático. Nas relações íntimas a situação é diferente. Serão relações em que existem experiências emocionais que poderão levar à expansão da mente, ao crescimento mental, por meio de um longo trabalho de continência e simbolização das emoções em curso. Deveremos, entretanto, conceituar o que são os momentos realmente íntimos na relação analítica, no campo relacional que aí se gera (Baranger & Baranger, 1961/1969; Ogden, 1996), pois, como veremos, nem todos eles serão experiências de intimidade da dupla.

Antes de prosseguir, quero esclarecer que, quando me refiro à relação analítica, entendo que ficam *aí* englobados o conceito de transferência concebido por Freud (1912/1969), como reminiscências do passado e fruto das identificações (Freud, 1923/1969), e o conceito de transferência proposto por Klein (1952), como externalização do mundo interno. Nela estão abrangidos também os conceitos de contratransferência como foram pensados por Heimann (1949) e Racker (1960). Penso que os conceitos de campo analítico (Baranger & Baranger, 1964/1969) e de terceiro intersubjetivo (Ogden, 1996) acrescentam a noção de que as vivências transferenciais e contratransferenciais de determinada dupla analítica geram algo novo, a fantasia de campo compartilhada e o terceiro analítico.

Ademais, espero poder discorrer sobre essa experiência tão subjetiva, tão íntima, sem perder sua riqueza e sutileza, incorrendo num tecnicismo empobrecedor. Também me proponho a enfrentar, dentro do possível, a inevitável pobreza das palavras para descrever situações emocionais complexas e profundas.

Intimidade e a dimensão estética da psicanálise

Na cena já mencionada no capítulo anterior, ocorrida no Congresso de Psicanalistas de Língua Francesa de 2016, enquanto escutava o arquiteto, paisagista e poeta Paul Andreu (2016) falar sobre a relação entre a luz e os materiais numa obra arquitetônica, lembrava-me da relação analítica. Ele dizia que é necessário haver uma "dansidade" entre eles, uma possibilidade de a luz e os materiais *dançarem* um com o outro, de interagirem, de se interpenetrarem, para que dali possa sair algo vivo. Também recordei a relação com nossos pacientes, quando Andreu, ao falar de seu processo criativo, destacava a importância da dimensão temporal, de deixar-se inundar, submergir e, de repente, descobrir que algo emerge; "a verdade está ali", dizia ele. É o que se passa na relação analítica. Precisaremos ter essa "dansidade" com nossos pacientes, ter uma interação viva, deixar-nos submergir na experiência emocional com eles, num estado mental mais próximo do onírico que do processo secundário, acolhendo suas comunicações, de todos os tipos, para então emergir, graças a nossa função analítica, para que nasça algo vivo, uma nova compreensão que diferencie os dois participantes da dupla analítica (Ithier & Levy, 2013). Como veremos detalhadamente mais adiante, esse tipo de experiência já implica uma intimidade intensa e necessária para o processo criativo e analítico.

A obra de Bion (1962/1991, 1963/1988, 1965/2004, 1970/1993) versa justamente sobre o processo de conhecer a "verdade" das emoções vividas nos vínculos humanos, nos quais a emoção é o elemento de ligação. Como fazer contato e conhecer (K) o que se passa na própria mente ou na mente do outro? Como nasce um novo pensamento a partir da experiência emocional vivida no vínculo com o outro? Como se aproximar da "verdade" do outro ou de si mesmo? Verdade aqui entendida como enigma, iminência de revelação (Ungar, 2000).

Íntimo provém do latim *intimus,* que é o superlativo de dentro, ou seja, o mais dentro possível. Intimidade, então, é ter contato com o interior de si ou do outro. Bion fala em "tornar-se o outro", no sentido de se aproximar o máximo possível de sua experiência emocional, e não "ser o outro", perder sua identidade (Grotstein, 2005a/2010). E retratou o fenômeno da intimidade, consigo mesmo ou com o outro, como jamais havia sido feito. "Tornou a psicanálise uma prática sobre a obtenção e a experiência da intimidade" (Grotstein, 2005b/2010, p. 325).

Outra contribuição essencial de Bion (1962/1991) ao entendimento de como se processam as trocas intersubjetivas foi modificar o seminal conceito de identificação projetiva de Melanie Klein (1946/1978). Ele dá um salto teórico fantástico em relação à conceituação de Klein quando descreve a identificação projetiva realista, com finalidades comunicativas. Ou seja, o bebê e o ser humano em geral podem comunicar ao outro suas emoções, projetando-as inconscientemente dentro deste, sem cindir-se demasiadamente.

A descrição e a conceituação do processo de comunicação de emoções brutas via identificação projetiva, acolhimento e transformação simbólica destas pelo objeto tiveram um efeito revolucionário na psicanálise, pois têm várias implicações. A primeira é que a subjetividade do bebê é constituída e/ou sofre uma ampliação pela mediação da subjetividade materna e de suas funções psíquicas, bem como a subjetividade emergente da mãe é constituída pela do novo bebê. A segunda, diretamente relacionada à primeira, é que o objeto adquire um novo estatuto: passa-se a considerar que ele realiza funções constituindo e ampliando a subjetividade do sujeito.

A terceira, juntamente com as contribuições winnicottianas que abordarei depois, é que lança a psicanálise definitivamente no paradigma da complexidade (Prigogine, 1996; Morin, 1996).

Isso também terá consequências no modo como se entenderá a intimidade no processo analítico, pois podemos dizer que, assim como a mãe tem acesso à vivência subjetiva íntima do bebê e possibilita a este "conhecer" a si próprio, o analista poderá compartilhar a experiência emocional com seu paciente, conhecê-la e ajudá-lo a se conhecer, abrindo todo um novo caminho na psicanálise, sua dimensão intersubjetiva, e inaugurando um novo modelo psicanalítico, o transformativo (Ogden, 2012; Ferro, 1998; Levine, 2012, 2016), em que a noção de campo analítico do casal Baranger (1961/1969, 1964/1969), ampliada por Ogden (1996, 2005/2010), Ferro (1998), Cassorla (2010) e outros, ganhou um espaço central.

Winnicott (1967/1975) também traz contribuições essenciais para a compreensão da constituição do sujeito na relação intersubjetiva com o outro, abordando-a com base na dinâmica de presença/ausência do outro. Por sua vez, a noção de Winnicott de que a subjetividade do sujeito se constrói dependendo em grande parte do olhar do outro é enriquecida pelas ideias de Ogden (1996). Este diz que, quando a criança se vê no rosto da mãe, cria-se uma dinâmica de existir/não existir em que a mãe, ao mesmo tempo que reconhece e se identifica com o estado interno do bebê, desaparece e permite que o bebê se veja como um outro. O bebê põe-se no lugar da mãe e vê a si mesmo como um outro.

Como estamos vendo, o contato e a aproximação de duas subjetividades por um vínculo carregado de emoções é um processo complexo e paradoxal. De um lado, existem as trocas descritas, os intercâmbios, os descentramentos de um sujeito em relação ao outro, as vias de comunicação *entre dois sujeitos*, mas, simultaneamente, é necessário também conviver com a ideia de que, em última análise, o interior do outro é intangível, inacessível, a ponto de Meltzer (1971/1994) afirmar: "A enorme solidão solipsista de que sofre o ser humano reside na impossibilidade de saber – realmente sentir – as emoções de outro ser humano" (p. 186). Apenas podemos, com muito esforço, conjecturar (Meltzer, 1988/1995), fazer contato por meio de nossa *rêverie* ou nossa intuição (Bion, 1962/1991, 1965/2004; Ogden, 2005/2010; Ferro, 1995, 1998; Civitarese, 2014, 2015), nossa empatia (Bolognini, 2008, 2015, 2016), nosso trabalho em duplo (Botella & Botella, 2002), abrindo nossa mente para tentar acolher algo da subjetividade do outro.

André Green (1975/1988) – juntamente com o casal Botella (2002) e Roussillon (2013), entre outros psicanalistas franceses –, já desde os anos 1970, também se inseria na corrente psicanalítica que visava compreender o processo de crescimento psíquico com base nas trocas entre paciente e analista. Escreveu textualmente:

> *o objeto analítico real não está do lado do paciente nem do analista, mas no encontro destas comunicações, no espaço potencial que está entre as duas, limitado pelo enquadre, que se interrompe a cada separação e se reconstitui em cada reencontro. (p. 54)*

Infelizmente, por uma questão de tempo e espaço, não poderei me estender em considerações sobre esses ricos aportes.

Voltando à importância da emoção no encontro com o outro e sua centralidade na tarefa do conhecimento, Meltzer, em vários trabalhos (1971/1994, 1988; Meltzer et al., 1986/1990), descreve o encanto, o deslumbramento nessa aproximação, mas também o temor e a angústia. Considera que o contato com o objeto é uma experiência estética, na medida em que seu sentido, sua natureza, é indicado pelas intensas emoções e sensações que desperta, e não pela razão.

A beleza de sua descrição do conflito estético é tanta que nunca é demais repeti-la. Um lindo bebê comum olha intrigado, fascinado, seduzido e encantado para a sua linda mãe comum. Paixão e sensualidade transpiram de ambos os lados desta relação. Ele, o bebê, o príncipe, é olhado com amor, medo, irritação, sensualidade e mistério pela sua majestosa mãe. E ela, a grande fada, da mesma forma, é olhada, admirada, temida, desejada, amada, odiada, pelo maravilhoso bebê comum, encantado com sua beleza – no sentido de que esta o inunda de sensações e bombardeia sua sensorialidade –, mas intrigado pelo mistério de seu interior inapreensível pelos sentidos (Meltzer, 1988/1995). Este é o conflito estético.

Novamente, vemos destacada a importância das emoções e das sensações mobilizadas pelo encontro com o outro, pela presença do objeto. Também é destacada uma área de negatividade que seria o mistério do interior do outro, incognoscível, apenas podendo ser construído imaginariamente pela imaginação especulativa, verdadeiro pensamento criativo. Agrada-me a ideia de Meltzer e colegas (1986/1990) e Civitarese (2014) de que essa seria uma função poética de nosso inconsciente na medida em que cria imagens, quando possível, que contenham a emoção do encontro com o outro. Esta é a dimensão estética da psicanálise: conhecer a partir da criação simbólica de representações que contenham e reflitam as emoções vividas no encontro com o outro.

A situação analítica tem a virtude de prover um território para a expressão da linguagem da emocionalidade vivenciada pela dupla numa relação íntima. A convergência do material onírico com a experiência emocional direta na transferência e o processo de construção-reconstrução das relações passadas desafiam o paciente e o analista a encontrar formas verbais precisas que descrevam a experiência de compreender e ser compreendido (Meltzer, 1971/1994). E esta possibilidade de ter consciência de si mesmo e da experiência que está sendo compartida depende em grande parte da sinceridade que o sujeito é capaz de ter, de que possa aceitar, conter e reconhecer a emoção que está sendo vivida. Evidentemente, isso também se passa na mente do analista. A possibilidade de se conscientizar da experiência emocional em curso na sessão depende de sua abertura mental a acolher as emoções compartilhadas, sua capacidade continente e sua sinceridade. Dependerá também de seu cansaço, do tipo de transferência, do estresse pessoal etc. (Meltzer, 1971/1994).

É possível definir um gradiente de intimidade?

Na tentativa de uma precisão maior para caracterizar as experiências de intimidade, talvez fosse possível definir um espectro de experiências de relações de objeto – e mesmo da relação consigo mesmo –, do qual um extremo seria um estado mental de isolamento autista e o outro, um estado mental de fusão narcisista, passando por um gradiente de experiências íntimas. Proponho o seguinte diagrama, inspirado em Meltzer e Bion:

Isolamento autista ↔ ... Intimidade ... ↔ Fusão narcisista

Sugiro com esse diagrama, com suas flechas bidirecionais, que há uma oscilação dinâmica entre essas várias posições e que nas relações humanas transitamos por estados mentais em que estaremos mais ou menos disponíveis para relacionamentos íntimos e também que poderemos ter graus diferentes de intimidade com o outro e com nós mesmos. O que não impede que, em situações de patologia, possa-se passar, por exemplo, diretamente de um estado de fusão narcisista a um desmantelamento autista, dependendo da ansiedade e das defesas contra ela.

Como dizia Bion, o encontro de duas subjetividades provoca uma tempestade de emoções que fazem uma exigência de trabalho enorme à mente. O leque de emoções é quase infinito: paixão, amor, ódio, desejo erótico, desejo de conhecer, inveja, medo, culpa, ansiedade de separação, medo da rejeição, desprezo, atração, repulsa, admiração, e assim poderíamos seguir tentando nomear *ad infinitum*. As defesas contra as emoções intoleráveis podem se distribuir no mesmo espectro ilustrado no diagrama: podem ir das defesas autistas e sua consequente desmentalização (Korbivcher, 2001; Civitarese, 2015) até os estados narcisistas, com suas relações de objetos onipotentes e narcisistas, em que o sujeito, por meio da identificação projetiva intrusiva, apropria-se do outro, ou o utiliza para evacuar seus aspectos indesejáveis (Meltzer, 1973/1979, 1992; Rosenfeld, 1987/1988). Tanto num extremo como no outro, os limites do *self* são borrados ou perdidos, a noção de alteridade é perdida, bem como a possibilidade de ter experiências de intimidade. Poderíamos também supor que, para poder ter uma relação íntima consigo mesmo, conhecer seu próprio interior, o sujeito não pode estar num estado de funcionamento mental em que predominem as defesas autistas, nem aquelas projetivas, pois tanto umas como outras impedem o contato do sujeito com sua vida emocional.

Para haver uma genuína experiência de intimidade numa relação de objeto, parece ser necessário que a dupla, além de sinceridade para com as emoções vividas, mantenha os limites do *self* e a noção de alteridade (Minerbo, 1993), e que o senso de identidade não tenha sido demasiadamente afetado. As variações na intimidade não têm a ver com a intensidade da dor psíquica, mas com o grau em que ela é aceita (Meltzer, 1971/1994). Desde a perspectiva do conflito estético, se poderia definir intimidade como a capacidade de tolerar a turbulência decorrente da presença do objeto, sem evadir-se do contato autisticamente nem se fundir onipotentemente, por meio de identificações projetivas e intrusivas.

O problema é que no encontro analítico, inicialmente pelo menos, o analista depara com pacientes que, para se defender do sofrimento, entregaram-se às organizações narcisistas, ou estão com identificações patológicas. O desafio será descobrir como transformar esse encontro em um encontro íntimo. Será necessário que o par analítico tenha coragem suficiente para enfrentar a dor psíquica inevitável quando a dupla se propõe a um contato íntimo e sincero. A análise é um processo de descobrimento, impulsionado pelo inconsciente do paciente, mas também pelo nosso. Contamos com o auxílio de nossos objetos internos, todos aqueles com quem tivemos relações profundas, nossos objetos originais, nossos analistas, supervisores, pacientes, e também do método e do *setting* analítico internalizados, de nossas teorias, e nos entregamos a eles acreditando que nos ajudarão quando necessitarmos.

Também para nós, entretanto, em muitos momentos, o intenso contato emocional da análise poderá ser penoso, fazendo com que também resistamos a ele. Se tivermos a disponibilidade, a coragem e a sinceridade necessárias, num estado mental próximo ao onírico, com base na experiência emocional consciente e inconsciente com o paciente, é possível que sejam sentidas intuições ou que, no nosso inconsciente, se apresentem as imagens, ou as metáforas, ou as palavras que melhor contenham a experiência emocional vivida, ou que tenhamos de as produzir oniricamente por meio de nossa capacidade de sonhar. E é aí que está, eu creio, a criatividade do psicanalista.

Os tempos da intimidade

Como vimos, o encontro íntimo pautado pela emoção entre dois sujeitos é um fenômeno rico, complexo e constituinte do homem. Gostaria agora de ampliar um pouco a lupa com que estamos descrevendo a experiência de intimidade no campo analítico, pois sugiro tentarmos acompanhar, apenas para fins de estudo, os tempos em que ela se desenvolve – na prática, o processo é muito mais complexo e inefável.

A experiência íntima consigo mesmo poderá ser assustadora, pois, de um lado, aproxima o sujeito do vazio infinito, desconhecido de seu inconsciente (Bion, 1965/2004), e, de outro, no caso da experiência analítica, coloca-o muitas vezes em contato com desejos e fantasias projetados, reprimidos, deslocados, recusados, processos defensivos já extensamente descritos por Freud, Klein e inúmeros autores psicanalíticos. Assim, o sujeito resiste a ser ele mesmo, viver a sua realidade última, chamada de O por Bion (1965/2004).

Nesse contexto, o objetivo do trabalho analítico, da interpretação, é auxiliá-lo a se tornar ele mesmo. Poder-se-ia dizer que, quando o paciente pode se tornar ele mesmo, poderá ter uma experiência de intimidade consigo mesmo, de contato íntimo consigo próprio. Esta experiência emocional, justamente por ser intolerável, muitas vezes está não simbolizada ou fracamente simbolizada, cindida e expulsa da mente, ou por identificação projetiva, ou por atuações com finalidades evacuativas (Levy, 2012a; Ruggiero, 2007), ou no soma (Bion, 1962; Aisenstein, 2004, 2009), ou então no alucinatório (Bion, 1962/1991; Ithier, 2016).

No campo analítico, entretanto, essa experiência emocional intolerável ao paciente num primeiro momento, para ser conhecida, compreendida e posteriormente elaborada (Barros, 2002; Barros & Barros, 2008), precisa existir, evoluir em algum continente, como tão bem descrito por Ogden em vários trabalhos (1996, 2005/2010) e também por Ferro (1998, 2011), entre outros. Se o analista estiver disponível e puder contê-la, a emoção recusada pelo paciente, mas presente no campo, ou identificada projetivamente no analista, poderá evoluir nele, analista. Ele se tornará a emoção do paciente, ou aquela gerada no campo pelo encontro dos dois, o que permitirá conhecê-la intimamente. Nesse momento, talvez possamos dizer que o analista está tendo uma experiência de intimidade com algum aspecto do *self* do paciente. Sugiro que este poderia ser um momento do processo de intimidade.

Como ilustrarei a seguir, o analista, ao acolher as identificações projetivas do paciente, vivencia até certo ponto uma negação da sua própria individualidade, como se naquele momento deixasse de ser si próprio para se "tornar" aquilo que o paciente não está podendo ser naquele instante.

Espera-se, no entanto, que num segundo tempo da intimidade o analista possa recuperar a si mesmo, recuperar a sua capacidade de pensar, sua função analítica, e transformar aquela experiência numa compreensão que será um "objeto analítico" (Ogden, 1996), um portador de sentido psicanalítico produzido intersubjetivamente. Muitas vezes, entretanto, o analista é simplesmente acionado pelas identificações projetivas a funcionar de determinada forma, perdendo sua capacidade de *rêverie* e transformação em alfa, podendo até, em algumas situações, depender do paciente para recuperá-la, como creio que a situação a seguir ilustra.

> *Numa de suas sessões, Bob, um paciente bastante competitivo, relatava-me o quanto ele, sua esposa e seus filhos gêmeos constituíam um quarteto espetacular, superior às outras famílias. Eles eram pais maravilhosos, e os filhos gêmeos eram simplesmente fantásticos! Cada um dos dois gêmeos se complementaria. Um se destacaria na área das humanas, outro nas ciências exatas etc. Aquilo me irritava, me parecia pernóstico, exibicionista, estavam criando uma situação "como se",*

e eu pensava "pobres filhos...". Pois bem, quando me dei conta, eu estava discorrendo sobre desenvolvimento infantil, necessidades das crianças, primeiros filhos etc., a partir da minha experiência de atendimento de crianças e adolescentes, com uma vivência do tipo "vou botá-lo no seu lugar"!

No outro dia, Bob me conta que foi ao cinema e viu um filme sobre um julgamento histórico importante em que o juiz sai de seu papel imparcial e faz um discurso em que revela sua ira contra o réu. O réu se sente totalmente desamparado por sentir-se sem um julgamento justo. O paciente faz várias associações, mas, para o que nos interessa hoje, entendi que Bob pudera, por meio da lembrança do filme, "sonhar" o que fora atuado por mim no dia anterior: eu havia deixado de ser seu analista/juiz imparcial, neutro, havia abandonado a atitude analítica, e ele sentira isso como um abandono, uma desistência de analisá-lo em função de sua arrogância.

Na verdade, em vez de acolher e transformar suas identificações projetivas, atuei na sessão esse conjunto de emoções brutas que invadiam nosso campo relacional, competindo com ele e me mostrando cheio de "saber", certamente um enactment *(Cassorla, 2014). Naquele momento, eu havia perdido o meu* setting *interno, que pôde ser restaurado por meio da* rêverie *de Bob e sua compreensão por mim, e foi ele quem pôde "sonhar" as emoções brutas do vínculo trazendo aquela lembrança do filme à sessão. Talvez pudéssemos dizer que essa memória de Bob seja o que Bion chamou de* dream-like memory*, ou seja, uma "memória do tipo sonho".*

Indo adiante na descrição da experiência de intimidade, sugiro um novo momento em que, caso julgue que o paciente já tenha condições de conter essa parte do *self* projetada, o analista poderá interpretá-la para que o paciente possa vivê-la e recuperar parte de sua subjetividade que esteve perdida.

Imagino ainda uma outra situação na construção da experiência de intimidade, pois, dependendo de como transcorre o trabalho da dupla, caso sigam evoluindo na experiência emocional presente no campo analítico, conhecendo sobre ela e vivendo-a, sem identificações projetivas excessivas, poderão talvez viver uma experiência de intimidade compartilhada. Essa talvez seja o que se poderia chamar de "verdadeira experiência íntima" – se é que podemos nos dar essa liberdade de linguagem –, pois estão os dois sujeitos, separados, com seu senso de alteridade preservado, cada um sendo ele mesmo, mas compartilhando uma experiência emocional presente no campo analítico.

Ocorre-me que poderá existir um tempo a mais na experiência de intimidade que eu chamaria de *intimidade diferida*. Após o analista ter acolhido emoções, fantasias ou pensamentos selvagens (Bion, 1997) por meio de sua *rêverie*, permitido sua evolução dentro de si mesmo e até podendo ter chegado à sua compreensão, ou seja, ter tido um contato íntimo com a subjetividade de seu paciente, quando interpretá-los? Quando o paciente terá um continente para reintrojetá-los? Em outro trabalho (Levy, 2012a), estudei a necessidade, muitas vezes, de criar *andaimes ao pensar*, ajudar o paciente a construir uma rede simbólica continente, que possa receber de volta aspectos evacuados sem se desestruturar e, finalmente, ter intimidade com aspectos seus insuportáveis. A possibilidade de espera foi um dos desenvolvimentos mais valiosos da psicanálise contemporânea, esperar o tempo do paciente, quando ele poderá pensar e acolher pensamentos antes impensáveis.

Todo esse processo de construção da experiência íntima consigo mesmo e da possibilidade de tê-la com o outro é típico e só pode ocorrer na sala de análise. Em outras situações da vida, ou o sujeito tem experiências íntimas e enriquece seu mundo psíquico, ou não as tem e segue empobrecido. A relação analítica, com sua necessária alta densidade emocional, é que pode utilizar a necessidade e o temor à experiência íntima para fins de tratamento do paciente.

Evidentemente, a descrição dos tempos da intimidade que fiz é possível apenas para fins teóricos, acadêmicos, pois, como veremos nos casos clínicos, a vivência de tudo isso é muito mais complexa, misteriosa e inefável, sendo muita coisa compreendida apenas *après-coup*. No calor da sessão analítica, somos guiados pela intuição e iluminados pelos conceitos que carregamos conosco, e ambos são necessários e imprescindíveis.

Billy, a fuga e a conquista da intimidade

> *Estou com Billy na sala de análise como faço regularmente, quatro vezes por semana. Ele é um homem maduro, no início de sua análise, sem filhos. De repente, sinto uma dor precordial inusitada de certa intensidade. Angustio-me e faço a fantasia de que poderia estar enfartando. Imediatamente começo a conjecturar: "O que faço? Aviso ele que estou passando mal? Mas ele é um narcisista, sem nenhuma consideração pelo outro, nem por sua família, nem por sua mulher... Me tratará com desdém. Mas e se não aviso e morro? Imagina o trauma que lhe causarei... Deverei avisá-lo". Absorto em meus devaneios, sou interrompido por Billy: "Ruggero, estás aí? Que horror, imaginei que poderias ter morrido".*

Fico impactado pelo grau de intimidade que havíamos compartilhado naquele momento. Embora, num primeiro tempo, eu estivesse absorto com a minha dor e conjecturando o que faria, logo me dou conta, com sua manifestação, de que nós dois comungávamos da mesma experiência emocional de morte na sessão. Eu tivera uma alucinação somática, uma experiência sensorial de "dor no coração" e, graças a uma rêverie *absolutamente inconsciente, evoluíra para devaneios pré-conscientes e conscientes que foram compartilhados com meu paciente, inicialmente de modo não verbal.*

Dou-me conta de que nossa vivência de campo provavelmente estava associada a recentes ataques que Billy fizera à nossa relação analítica, o que era relativamente frequente, embora aparentasse ser extremamente cordial, com um rosto de menino, o que fazia com que eu me perguntasse por vezes se ele não era o antológico pistoleiro do faroeste americano Billy, the Kid. Interpreto que seu temor de que eu pudesse ter morrido talvez fosse proveniente do que havia me dito recentemente, de que meu trabalho era um trabalho de segunda classe, que merecia estar atendendo num consultório da periferia, que poderia ter me causado "uma dor no coração", insuportável.

Billy se emociona, recorda uma cena de sua adolescência e começa a chorar. Estava na mesa com sua família, quando ainda viviam na sua pequena propriedade rural, e iniciara uma discussão com seu pai, dizendo-lhe que ele era um fracassado, medíocre, haja visto que a propriedade nunca havia crescido. Estava como herdara de seu próprio pai, avô de Billy. O pai se levanta da mesa, vai para a varanda da casa e começa a chorar.

Billy, ao ver a cena, sentira-se triunfante, recorda. Fico impactado de novo com sua violência, mas um pouco aliviado, pois agora, com seu choro, parecia enternecer-se. Recordara, o que etimologicamente significa "trazer de novo ao coração". Creio que neste momento, diferenciados, separados, com nosso senso de alteridade preservado, compartilhávamos intimamente outro sentimento, o de tristeza, que tomara conta de Billy ao se dar conta de sua violência com o pai.

Creio que essa situação ilustra o quanto nossas subjetividades constituíam uma à outra. Minha vivência na sessão era constituída pelo nosso encontro, do mesmo modo que a vivência de Billy, gerando uma fantasia de campo altamente complexa.

Eu provavelmente sentira "no coração", numa vivência inicialmente somática, a fúria de seus ataques parricidas que provavelmente estavam fracamente simbolizados e por isso se presentificavam por meio da transformação em alucinose (Bion, 1965/2004). Pensando retrospectivamente, creio que a vivência de morte e desamparo que senti na sessão era a expressão de vivências emocionais não simbolizadas ainda mais primitivas de Billy. No Capítulo 6, estudei a presentificação no campo analítico dessas experiências emocionais não simbolizadas, dessimbolizadas ou fracamente simbolizadas. É interessante pensar o quanto a construção da intimidade do paciente com suas dores depende de nossa capacidade de tolerá-las, dar-lhes um lar, acolhê-las, dar-lhes uma forma simbólica, para só então o paciente poder senti-las por meio de nossa devolução em forma tolerável por ele. E pensar também o quanto há de íntimo em tudo isso.

Ademais, a "dor no coração" e o sentimento de desamparo, provavelmente, entravam em ressonância com minhas vivências em relação a meu próprio pai, pois anos depois me dei conta de que nessa época meu pai já realizara ou estava por realizar uma cirurgia cardíaca. Ithier (2016) traz uma contribuição importante nesse terreno, descrevendo como, no encontro analítico, as afinidades de experiências traumáticas primitivas, não simbolizadas, do paciente e do analista permitem que emerjam na mente do analista, numa experiência alucinatória, imagens – e também sensações somáticas – que carregam a emoção daquela experiência. Se expandíssemos o conceito de traumático para qualquer experiência não simbolizada – não apenas as primitivas –, seria possível incluir experiências mais recentes também carentes de melhor simbolização.

A princípio, eu e Billy compartilhamos o sentimento de preocupação com a minha vida e, logo depois, seguindo seu fluxo associativo, compartilhamos a sua tristeza. Creio que foram experiências realmente íntimas que tivemos. Embora ele estivesse evacuando em mim algumas emoções, fomos capazes de conter e transformar as emoções que compartíamos.

Na sessão comentada, Billy e eu evoluíramos para experiências de intimidade, mas nem sempre isso ocorria dessa forma. Predominava nele um funcionamento narcisista, e, desse modo, usava a mim e a seus objetos mais íntimos para evacuar seus sentimentos de desamparo, inferioridade e castração. Eu podia ter contato íntimo com sua vivência de pequenez e sentir-me muitas vezes pequeno e impotente como analista. Minha contratransferência quase crônica com ele era de desconfiança, pois sentia frequentemente que, em função de suas angústias, tentava me manipular. Trazia vários sonhos que revelavam o quanto se sentia efetivamente manipulador e inconfiável para comigo, mas também outros em que evidenciava seu desejo de aproximação comigo, os quais, entretanto, mobilizavam nele ansiedades homossexuais, muito temidas por ele, por isso, temia muito ter experiências de intimidade psicanalítica.

Comentários finais

Os momentos em que há essa possibilidade de viver a emoção junto com o paciente não são tão comuns num tratamento analítico, mas geram enorme prazer quando os atingimos, talvez pelo fato de novamente nos sentirmos tão próximos a outro ser humano, o prazer do paradoxo de "estar em um com, mas separado" (Winnicott, 1958/1975).

Entretanto, esses momentos de uníssono são os que nos permitem ter acesso à sua intimidade e à nossa, de uma forma encarnada, com corpo e mente integrados numa unidade indissociável, e permitem aflorar uma vivência de verdade e beleza, fora de parâmetros exclusivamente racionais, constituindo-se numa verdadeira experiência estética. Entretanto, pela intensidade da vivência emocional e pela necessária anulação de nossa identidade em algum momento desse processo, com todo o trabalho psíquico que nos exige, frequentemente nos defendemos dessa experiência e conduzimos o processo analítico, infelizmente, de modo pouco inspirado e mais próximo do pensar que do sentir. Bion (1965/2004) diria que estamos trabalhando mais na perspectiva de *conhecer sobre* do que *tornar-se*, resultando assim em um trabalho menos rico e belo do que poderia ser; mas, felizmente, quando toleramos a experiência de intimidade emocional, muitas vezes a poesia ocorre.

Referências

Aisenstein, M. (2004). O doloroso enigma, enigma da dor. *Rev. Psicanál. SPPA*, *11*(1), 35-49.

Aisenstein, M. (2009). *Les exigences de la représentation*. Trabalho apresentado no XXX Congrès des Psychanalystes de Langue Française.

Andreu, P. (2016). *L'espace, poétiques et perspectives*. Conferência no 76º Congresso de Psicanalistas de Língua Francesa, Bruxelas.

Baranger, W., & Baranger, M. (1969). La situación analítica como campo dinámico. In W. Baranger, & M. Baranger, *Problemas del campo psicoanalítico*. Buenos Aires: Kargieman. (Publicado originalmente em 1961)

Baranger, W. & Baranger, M. (1969). El "insight" en la situación analítica. In: *Problemas del campo psicoanalítico*. Buenos Aires: Kargieman. (Publicado originalmente em 1964)

Barros, E. M. R. (2002). An essay on dreaming, psychical working out and working trough. *Int. J. Psychoanal.*, *83*(5), 1083-1093.

Barros, E. M. R., & Barros, E. L. R. (2008). *Reflexões sobre as implicações clínicas do conceito de simbolismo na vida onírica e sua relação com a perlaboração*. Trabalho apresentado no Encontro sobre Meltzer promovido pela Sociedade Brasileira de Psicanálise de São Paulo (SBPSP).

Bion, W. R. (1991). *Aprendiendo de la experiencia*. Ciudad de México: Paidós. (Publicado originalmente em 1962)

Bion, W. R. (1988). *Elementos de psicoanálisis*. Buenos Aires: Hormé. (Publicado originalmente em 1963)

Bion, W. R. (2004). *Transformações: Do aprendizado ao crescimento* (2. ed.). Rio de Janeiro: Imago. (Publicado originalmente em 1965)

Bion, W. R. (1993). *Attention and interpretation*. London: Karnac, (Publicado originalmente em 1970)

Bion, W. R. (1992). *Conversando com Bion: Quatro discussões com W. R. Bion - Bion em Nova Iorque e em São Paulo*. Rio de Janeiro: Imago. (Publicado originalmente em 1978/1980)

Bion, W. R. (1997). *Taming wild thoughts*. London: Karnac.

Bolognini, S. (2008). *A empatia psicanalítica*. São Paulo: Companhia de Freud.

Bolognini, S. (2015). Vínculos y intimidad. *Rev. Per. Psicoanál.*, *16*, 11-20.

Bolognini, S. (2016, 21 maio). *The humanizing function of contemporary psychoanalytical empathy*. Palestra no Sigmund Freud Museum, Billrothhaus, Viena. Recuperado de https://youtube/rjzpA8QZrWk.

Botella, C., & Botella, S. (2002). *Irrepresentável: Mais além da representação*. Porto Alegre: Criação Humana.

Cassorla, M. S. R. (2010). Função alfa implícita do analista, trauma e enactment na análise de pacientes borderline. *LAP*, *XXIV*, 61-78.

Cassorla, M. S. R. (2014). Em busca da simbolização: Sonhando objetos bizarros e objetos iniciais. *Rev. Bras. Psicanál.*, *48*(1), 141-153.

Civitarese, G. (2014). *I sensi e l'inconscio*. Roma: Borla.

Civitarese, G. (2015). *O inconsciente inacessível e a rêverie como um caminho para a figurabilidade*. Conferência apresentada na SPPA, Porto Alegre.

Eizirik, C. (2016). Intimitá, ciclo vitale e relazione analitica. *Riv. Psicoanal.*, *LXII*(2).

Ferro, A. (1995). *A técnica na psicanálise infantil – A criança e o analista: Da relação ao campo emocional.* Rio de Janeiro: Imago.

Ferro, A. (1998). *Na sala de análise: Emoções, relatos, transformações.* Rio de Janeiro: Imago.

Ferro, A. (2011). *Viver as emoções, evitar as emoções.* Porto Alegre: Artmed.

Freud, S. (1969). A dinâmica da transferência. In S. Freud, *Edição standard brasileira das obras psicológicas completas de Sigmund Freud* (Vol. XII). Rio de Janeiro: Imago. (Publicado originalmente em 1912)

Freud, S. (1969). O ego e o id. In S. Freud, *Edição standard brasileira das obras psicológicas completas de Sigmund Freud* (Vol. XVIII). Rio de Janeiro: Imago. (Publicado originalmente em 1923)

Green, A. (1988). O analista, a simbolização e a ausência no contexto analítico. In A. Green, *Sobre a loucura pessoal.* Rio de Janeiro: Imago. (Publicado originalmente em 1975)

Grotstein, J. S. (2010). "Transidentificação projetiva": Uma extensão do conceito de identificação projetiva. In J. S. Grotstein, *Um facho de intensa escuridão: O legado de Wilfred Bion à psicanálise.* Porto Alegre: Artmed. (Publicado originalmente em 2005a)

Grotstein, J. S. (2010). Epílogo. In J. S. Grotstein, *Um facho de intensa escuridão: O legado de Wilfred Bion à psicanálise.* Porto Alegre: Artmed. (Publicado originalmente em 2005b)

Hartke, R. (2007). *Repetir, simbolizar e recordar.* Trabalho apresentado no 45º Congresso da IPA, Berlim.

Heimann, P. (1949). *On countertransference*. Trabalho apresentado no 16th International Psychoanalytical Congress, Zurique.

Ithier, B. (2016). Contemporary conversations: The arms of the chimeras. *Int. J. Psychoanal.*, *97*, 451-478.

Ithier, B., & Levy, R. (2013). La fonction paternelle dans la scène primitive interpretative. *Rev. Franç. Psychanal.*, *77*(5), 1571-1576.

Kant, I. (1999). *Crítica da razão pura*. São Paulo: Nova Cultural. (Publicado originalmente em 1787)

Klein, M. (1978). Notas sobre alguns mecanismos esquizoides. In M. Klein, *Os progressos da psicanálise*. Rio de Janeiro: Zahar. (Publicado originalmente em 1946)

Klein, M. (1985). As origens da transferência. In M. Klein, *Inveja e gratidão e outros trabalhos*. Rio de Janeiro: Imago. (Publicado originalmente em 1952)

Korbivcher, F. C. (2001). A teoria das transformações e os estados autísticos. Transformações autísticas: Uma proposta. *Rev. Bras. Psicanál.*, *35*(4), 935-958.

Levine, H. (2012). Criando analistas, criando pacientes de análise. *LAP*, *XXVI*, 207-224.

Levine, H. (2016). *A situação epistemológica fundamental: A realidade psíquica e as limitações da teoria clássica*. Conferência apresentada na SBPRJ.

Levy, R. (2012a). Dando "pensabilidade" ao impensável: Criando "andaimes" ao pensar em adolescentes com transtornos severos. *Rev. Bras. Psicanál.*, *46*(3), 78-89.

Levy, R. (2012b). From symbolizing to non-symbolizing within the scope of a link: From dreams to shouts of terror caused by an absent presence. *Int. J. Psychoanal.*, *93*(4), 837-862.

Levy, R. (2015). Insight e elaboração. In C. L. Eizirik, R. W. de Aguiar, & S. Schestatsky (Orgs.), *Psicoterapia de orientação analítica: Fundamentos teóricos e clínicos* (3. ed.). Porto Alegre: Artmed.

Meltzer, D. (1994). Sincerity: A study in the atmosphere of the human relations. In A. Hahn (Ed.), *Sincerity and other works: Collected papers of Donald Meltzer.* London: Karnac. (Publicado originalmente em 1971)

Meltzer, D. (1979). *Os estados sexuais da mente.* Rio de Janeiro: Imago. (Publicado originalmente em 1973)

Meltzer, D. (1995). *A apreensão do belo.* Rio de Janeiro: Imago. (Publicado originalmente em 1988)

Meltzer, D. (1992). *The claustrum: An investigation of clautrophobic phenomena.* Perthshire: Clunie Press.

Meltzer, D. et al. (1990). *Metapsicología ampliada: Aplicaciones clínicas de las ideas de Bion.* Buenos Aires: Spatia. (Publicado originalmente em 1986)

Minerbo, M. (1993). Intimidade e formas de intimidade. *Rev. Bras. Psicanál.*, *27*(2), 223-248.

Morin, E. (1996). Epistemologia da complexidade. In D. F. Schnitman (Org.), *Novos paradigmas, cultura e subjetividade.* Porto Alegre: Artmed.

Ogden, T. H. (1996). *Os sujeitos da psicanálise.* São Paulo: Casa do Psicólogo.

Ogden, T. H. (2010). *Esta arte da psicanálise: Sonhando sonhos não sonhados e gritos interrompidos.* Porto Alegre: Artmed. (Publicado originalmente em 2005)

Ogden, T. H. (2012). Sobre três formas de pensar: O pensamento mágico, o pensamento onírico e o pensamento transformativo. *Rev. Bras. Psicanál.*, *46*(2), 193-214.

Petot, J. M. (1991). *Melanie Klein* (Vol. I). São Paulo: Perspectiva.

Prigogine, I. (1996). O fim da ciência? In D. F. Schnitman (Org.), *Novos paradigmas, cultura e subjetividade*. Porto Alegre: Artmed.

Racker, H. (1960). *Estudios sobre técnica psicoanalítica*. Buenos Aires: Paidós.

Rosenfeld, H. (1988). *Impasse e interpretação*. Rio de Janeiro: Imago. (Publicado originalmente em 1987)

Roussillon, R. (2013). Las simbolizaciones primarias y secundarias. *Rev. Psicoanál. APM*, *69*, 219-241.

Ruggiero, I. (2007). Autodestrutividade na adolescência: Entre a repetição e a elaboração. *Rev. Psicanál. SPPA*, *14*(2).

Ungar, V. (2000). Transferência e modelo estético. *Psicanálise*, *2*(1), 155-177.

Winnicott, D. W. (1975). La capacidad para estar a solas. In D. W. Winnicott, *Los procesos de maduración en el niño*. Madrid: Laia. (Publicado originalmente em 1958)

Winnicott, D. W. (1975). O papel da mãe e da família no desenvolvimento emocional infantil. In D. W. Winnicott, *O brincar e a realidade*. Rio de Janeiro: Imago. (Publicado originalmente em 1967)

11. A intuição do paradigma estético em Freud?: reflexões acerca do paradigma estético da psicanálise e ampliações da metapsicologia

Freud (1919/2010), em seu trabalho "O inquietante", escreve que a estética é a área do conhecimento que se dedica a estudar a "a teoria das qualidades do nosso sentir" (p. 329). Entretanto, ressalta que os psicanalistas trabalham em outras áreas da vida psíquica, não se ocupando de "emoções atenuadas, inibidas quanto à meta" (p. 329), que se constituem no material da estética. Faz uma ressalva, no entanto, destacando que eventualmente o psicanalista pode se interessar por uma área da estética, como seria o caso da análise e do estudo do "inquietante" ou do "estranho", como tem sido traduzido ao português. De novo, Freud se preocupava em caracterizar a psicanálise como uma ciência objetiva, mas, como veremos de modo mais detalhado logo a seguir, a psicanálise, especialmente depois de Bion e Meltzer, mudou nesse aspecto. Passou a não mais se interessar apenas pelas qualidades do sentir, mas entendeu que o sentir é uma das primeiras formas de conhecimento da "verdade" da experiência, constituindo o que veio a se chamar de dimensão estética da psicanálise (Levy, 2017) ou modelo estético da psicanálise (Ungar, 2000).

Bion pôs a experiência emocional, a emocionalidade humana e sua simbolização no cerne da expansão da mente. A consequência dessa abordagem foi que, embora se considere que as pulsões de vida e de morte e suas fantasias inconscientes derivadas permaneçam como pano de fundo, a atenção, nessa corrente psicanalítica, passou a se centrar nas emoções e sensações vividas no encontro com o objeto e nas relações do sujeito com seu próprio corpo e com o mundo. Contudo, embora tenha desenvolvido o modelo pulsional em toda a sua metapsicologia, veremos que em muitos momentos Freud se ocupou das "qualidades do sentir", próprias da estética, e não da psicanálise, segundo ele mesmo. Mais que isso, veremos que vários de seus trabalhos e *insights* geniais decorreram de experiências estéticas que vivenciou.

A ampliação da metapsicologia

Meltzer (1984/1987), em seu livro *Vida onírica*, estuda as ampliações na metapsicologia psicanalítica realizadas por Klein e Bion. Diz que, além das quatro dimensões metapsicológicas clássicas da psicanálise estabelecidas por Freud – a genética, a dinâmica, a topográfica e a econômica –, Melanie Klein introduziu a dimensão geográfica e Bion, a dimensão epistemológica. Ou seja, de acordo com Meltzer, depois das contribuições dos dois autores ingleses, ao analisarmos um acontecimento psíquico, além das dimensões metapsicológicas clássicas já mencionadas, deveremos entender a geografia do fenômeno, se ele se situa no mundo interno do sujeito ou se foi projetado no objeto; e também entendê-lo do ponto de vista do conhecimento (vínculo K), se ele está a serviço de conhecer a realidade psíquica do sujeito ou do objeto ou se está com a função de obstruir esse conhecimento.

Giuseppe Civitarese (2018), em seu livro *Objetos sublimes*, especialmente no primeiro capítulo, descreve, consubstancia, mais uma dimensão metapsicológica presente na obra de Bion, que seria a dimensão estética do sublime. Outros autores já haviam descrito anteriormente o modelo estético da psicanálise inspirado em Bion e Meltzer (Ungar, 2000) ou a dimensão estética da psicanálise (Levy, 2017). Civitarese, em seu livro, dá outra profundidade e consistência ao estudo do paradigma estético proposto por Bion ao estudar as raízes dos conceitos bionianos na arte, na poesia e na filosofia. Com isso, pode-se pensar que, atualmente, ao analisar um acontecimento psíquico, além das dimensões metapsicológicas mencionadas anteriormente, deveremos entender se esse fenômeno proporciona uma experiência estética capaz de elevar o funcionamento mental, ou seja, se é uma experiência estética sublime.

Civitarese (2018) garimpa ao longo da obra de Bion evidências da influência da estética do sublime pré-romântica e romântica em seus conceitos. Para isso, estuda os conceitos fundamentais da obra do autor inglês, um por um, identificando suas raízes na estética originada no século XVIII e que marcou profundamente a poesia, a literatura, as artes plásticas e a filosofia.

Por que *estética do sublime*? Um objeto estético é aquele capaz de promover no outro uma experiência estética, ou seja, uma vivência de intensas emoções, sensações, prazer, arrebatamento, mas também de mistério, de estranho (*uncanny*) e algumas vezes – por que não? – de terror. A estética do sublime possui um estilo próprio que se diferencia dos cânones habituais de beleza, como medida e harmonia, e é aquela capaz de conduzir a uma "elevação da alma" e, no caso da psicanálise, ao crescimento mental (Civitarese, 2018).

Estão sempre presentes os temas de luto, de perigo de morte a ser superado, de fratura entre a natureza e o homem, entre finito e infinito e entre imensidão e pequenez. Pois a concepção bioniana e pós-bioniana de constituição da subjetividade, do sujeito humano, envolve justamente esta temática: o sentimento de desamparo, o pavor da morte pela perda do objeto, pela ausência de representação, e a superação desta vivência pela simbolização. O símbolo criado representa o objeto ausente, ao mesmo tempo que promove uma experiência de crescimento psíquico e de alívio da dor precedente. O hiato entre a mãe e o bebê, entre sujeito e objeto, entre corpo e mente, é equivalente ao hiato entre natureza e humanidade e a capacidade de sonhá-lo, representá-lo, é o que constitui a subjetividade humana.

Desde as primitivas relações objetais do sujeito, ele precisa se libertar do corporal (originalmente do corpo da mãe e posteriormente de suas próprias sensações corporais) e ascender ao simbólico, ao representacional, numa verdadeira luta heroica, como representado nas pinturas do século XVIII, enfrentando o temor do desamparo, da perda do objeto, e daí emergindo o novo "herói" humano e simbólico (Civitarese, 2018). Assim, como os grandes heróis, o sujeito para se constituir precisa enfrentar a "catástrofe" do temor da perda do objeto e do desamparo e transformá-la em símbolos que contêm e acalmam.

Nessa óptica, tornar-se um sujeito significa estar sintonizado ao outro – sendo o outro os objetos externos ou o próprio corpo – e gradualmente formar representações das experiências emocionais com esse outro em graus de abstração crescentes. Desse modo, o corporal, o sensorial, o afetivo-emocional e as categorias mais abstratas, lógicas, racionais, integram-se num *continuum* próprio do humano. Idealmente, um ser humano, sem estar dominado por processos de clivagem, deveria ser capaz da mais abstrata racionalidade e da maior sensibilidade aos mínimos detalhes do humano e da natureza, nos diz Civitarese (2018).

Entendendo a sublimação por meio da estética do sublime, ou seja, a transformação das experiências sensoriais em produtos simbólicos de alta abstração, a arte não é mais vista como um exemplo da capacidade de sublimação restrita a alguns seletos indivíduos capazes de atingir níveis mais elevados na cultura (Civitarese, 2018). Ela passa a ser vista como uma metáfora do que se passa em todos os indivíduos nos seus processos de passagem da "natureza à cultura", ou do corpo à mente.

Freud e a experiência estética

Cito Meltzer (1988/1995) e sua magistral descrição do conflito estético. Um lindo bebê comum olha intrigado, fascinado, seduzido e encantado para a sua linda mãe comum. Paixão e sensualidade transpiram de ambos os lados desta relação. Ele, o bebê, o príncipe, é olhado com amor, medo, irritação, sensualidade e mistério pela sua majestosa mãe. E ela, a grande fada, da mesma forma, é olhada, admirada, temida, desejada, amada, odiada, pelo maravilhoso bebê comum, encantado com sua beleza – no sentido de que esta o inunda de sensações e bombardeia sua sensorialidade –, mas intrigado pelo mistério de seu interior inapreensível pelos sentidos. Este é o conflito estético.

Meltzer o situa como ponto de partida do desenvolvimento, postulando que ele se mantém assim, ao longo da vida, como um elemento imprescindível ao crescimento mental. Nesse vértice, o pensamento criativo se constitui no esforço para dar representação simbólica à intensa experiência emocional desencadeada pela presença do "outro" e pelo enigmático de seu interior intangível. A presença do objeto e o seu mistério põem a mente a trabalhar, a criar formas simbólicas que representem algo da experiência emocional. Ou seja, este duplo elemento, presença intensamente rica em estímulos sensoriais, por isso bela, arrebatadora, e em mistério, pelo caráter inalcançável, inatingível, do interior do objeto, é essencial ao desenvolvimento da imaginação especulativa, do pensamento criativo.

Essa seria uma função poética de nosso inconsciente (Meltzer et al., 1986/1990; Civitarese, 2014), na medida em que cria imagens, quando possível, que contenham a emoção do encontro com o outro. Ou, então, se essas emoções são insuportáveis, poderão ser evacuadas da mente por meio da ação, da identificação projetiva defensiva ou das alucinações. Ou seja, aqui, a emoção vivida no encontro com o outro é o ponto de partida do processo de conhecimento da verdade dessa experiência. Na opinião de Meltzer, a emoção dá o sentido da experiência e o seu significado é constituído em um longo processo de construção simbólica que, na situação analítica, involucra visceralmente o analista.

Como veremos a seguir, Freud se ocupou em diversos trabalhos do destino da experiência estética, ou realizou ele mesmo, a partir de uma experiência estética, contribuições sublimes à psicanálise.

Gabriela Goldstein (2019), em seu livro *A experiência estética*, busca em vários trabalhos freudianos experiências estéticas que os colocam numa verdadeira dimensão poética. Por exemplo, a análise que Freud (1914/2012) fez de sua experiência na Acrópole se baseia no Édipo e na culpa de estar ali vivendo algo não vivido pelo seu próprio pai. Entretanto, a autora acrescenta um novo vértice de entendimento dessa experiência. Ela põe em destaque o processo de clivagem e estranhamento na experiência estética vivida por Freud pelo contato com o sinistro e o belo, entendendo a Acrópole como um objeto estético capaz de despertar essa vivência. É sustentada e bem fundamentada a hipótese de que, frente ao "belo" da

Acrópole, Freud se "perde", deixa-se levar, aliena-se, experiência que teve também frente a *Moisés* de Michelangelo.

> *no que pode ser uma experiência estética e se perturba de tal maneira, que podemos pensar que algo o impede de aceitar comover-se tão intensamente, a ponto que estranha ver-se como parte dessa experiência. Assim, Freud percebe uma certa condição pessoal que se aplica ao objeto de uma experiência estética. Precisa descobrir por que certas obras submetem a sua alma a "impressões tão violentas". Admite, porém, que se fazem acessíveis enquanto sejam compreensíveis à razão e redutíveis a conceitos" (Goldstein, 2019, p. 35).*

Talvez um dos trabalhos que mais aproxima Freud do paradigma estético aqui descrito seja "A transitoriedade" (1916/2010). Nele, Freud e seu poeta interlocutor compartilham uma experiência e têm um diálogo que poderia tranquilamente ser atribuído a poetas do século XVIII. Enquanto passeavam, após o poeta afirmar a sua tristeza pela transitoriedade e pela efemeridade do belo, referindo-se à bela paisagem de verão que em breve seria substituída pela do inverno, Freud afirma que

> *não, não é possível que todas as maravilhas da natureza e da arte,* do nosso mundo de sentimentos *e do mundo lá fora, venham a desfazer-se no nada . . . Essas coisas têm de poder subsistir de alguma forma, subtraídas às influências destruidoras. (p. 248, grifos meus)*

Freud, como um poeta, refere-se explicitamente à perda do "belo" objeto, do objeto estético, mas intui e propõe que ele deve subsistir de alguma forma. Freud afirma que a transitoriedade do belo, poderíamos dizer da experiência estética, não pode implicar a sua desvalorização. Na verdade, diz ele, é a sua valorização, mas atribui o seu valor à sua raridade no tempo. Em seguida, amplia e diz que "o valor de tudo que é belo e perfeito é determinado somente *por seu significado para nossa vida emocional*" (p. 249, grifos meus), logo, não precisa sobreviver a ela, independe de duração absoluta.

Finalmente, conclui que era *a revolta contra o luto da perda que impedia o poeta de fruir o belo*: como fugia da dor do luto, o seu gosto pela beleza foi impedido por sua transitoriedade. E ainda afirma que, superado o luto, "reconstruiremos o que a guerra destruiu, e talvez num terreno mais firme e mais duradouro que antes" (p. 252).

Ora, tudo isso não se aproxima de tudo o que falávamos sobre a estética do sublime, da agonia romântica, descrita por Civitarese e que Bion e Meltzer trouxeram para a psicanálise sob a forma de conceitos sobre o desenvolvimento primitivo, a relação primitiva mãe-bebê e a relação analítica? Ou seja, a experiência estética com o objeto estético, onde quer que ocorra, bela pela intensidade de emoções que desperta e pelo estimulante mistério que acompanha esse objeto, é fugaz pela sua transitoriedade. É ela que leva ao crescimento psíquico, à expansão da mente, pois a tristeza pela sua perda é superada e eternizada pela reconstrução simbólica realizada pelo sujeito. É a passagem perigosa e dolorosa da natureza ao humano, do real ao simbólico, da emoção ao símbolo, mas sempre intersubjetiva, na relação entre dois. E por que dolorosa? Porque implica uma perda, um luto, explica-nos Freud. Bion também dirá que é porque nessa travessia há intensa turbulência emocional, uma oscilação Ps $\leftrightarrow$ D, uma incerteza que precisa ser tolerada.

Freud intuiu tudo isso. Intuiu a importância do processo de luto na superação da dor pela transitoriedade da experiência estética. E, mais que isso, utilizou, como já afirmei antes, suas experiências estéticas para fazer conjecturas imaginativas brilhantes sobre o mistério de seu objeto estético. Um dos exemplos mais impactantes é a experiência de Freud diante de escultura *Moisés* de Michelangelo. O pai da psicanálise fica horas diante da imponente escultura, comovido e conjecturando, construindo, toda a cena imaginária que antecederia e sucederia aquele instante gravado na pedra.

Apesar de tudo isso, Freud não podia, naquele momento, conceituar a experiência estética como modelo para o método analítico, pois o seu modelo de ciência não o permitia.

Contemporaneamente, Gabriela Goldstein (2019), a partir de sua análise do que seriam as vivências de Freud em situações como a da Acrópole e diante de *Moisés* de Michelangelo e também de seu conhecimento da estética, faz uma verdadeira metapsicologia da experiência estética, pois descreve a sua dinâmica; o que seria o seu objeto; e a sua topografia, situando-a no espaço transicional descrito por Winnicott.

Finalizando

Esse enfoque, que põe a emoção no centro – e como elo – da experiência subjetiva entre dois sujeitos – ou entre o sujeito e um objeto estético – e o inconsciente com a tarefa poética de construir imagens prenhes de significado que traduzam essa emocionalidade, constitui, a meu ver, a dimensão estética da psicanálise. Nessa perspectiva, a experiência emocional promovida pela experiência estética é o ponto de partida do conhecimento. A própria experiência emocional seria uma primeira categoria de conhecimento, seguida, evidentemente, pelo processamento simbólico e por novas categorias do pensar.

Talvez esse seja mais um dos grandes paradoxos na obra genial de Freud: de um lado, procura situar a psicanálise no âmbito das ciências naturais, objetivas, utilizando como modelo a física newtoniana, linear e causal; mas, de outro, preocupa-se em estudar as "emoções atenuadas, inibidas em sua meta", com as "qualidades do sentir", que seriam objeto de estudo da estética, utilizando-se de suas experiências estéticas para conhecer a si mesmo e a seus objetos estéticos.

Referências

Civitarese, G. (2014). *I sensi e l'inconscio*. Roma: Borla.

Civitarese, G. (2018). *Sublime subjects: aesthetic experience and intersubjectivity in psychoanalysis*. London: Routledge.

Freud, S. (2012). Moisés de Michelangelo. In S. Freud, *Obras Completas* (Vol. 11). São Paulo: Companhia das Letras. (Publicado originalmente em 1914)

Freud, S. (2010). A transitoriedade. In S. Freud, *Obras Completas* (Vol. 12). São Paulo: Companhia das Letras. (Publicado originalmente em 1916)

Freud, S. (2010). O inquietante. In S. Freud, *Obras Completas* (Vol. 14). São Paulo: Companhia das Letras. (Publicado originalmente em 1919)

Goldstein, G. (2019). *A experiência estética: Escritos sobre psicanálise e arte*. Terra de Areia: Triângulo Graf. Ed.

Levy, R. (2017). Intimacy: The drama and beauty of encountering the Other. *Int. J. Psychoanal.*, *98*, 877-894.

Meltzer, D. (1987). La ampliación de la metapsicolopsicología de Freud realizada por Klein y Bion. In D. Meltzer, *Vida onírica*.

Madrid: Tecnipublicaciones. (Publicado originalmente em 1984)

Meltzer, D. (1995). *A apreensão do belo*. Rio de Janeiro: Imago. (Publicado originalmente em 1988)

Meltzer, D. et al. (1990). *Metapsicología ampliada: Aplicaciones clínicas de las ideas de Bion*. Buenos Aires: Spatia. (Publicado originalmente em 1986)

Ungar, V. (2000). Transferência e modelo estético. *Psicanálise*, *2*(1), 155-177.

Parte III

Adolescência

12. A adolescência[1]

O adolescente pode ser entendido e estudado desde múltiplos vértices: o psicológico, o cultural, o sociológico, o biológico, e outros tantos que poderiam ser mencionados. O enfoque neste capítulo será o vértice psicológico, utilizando basicamente o referencial psicanalítico.

A adolescência, embora seja um processo universal, assume peculiaridades de acordo com a cultura vigente. Nesse sentido, ao final, serão examinadas algumas repercussões da cultura atual, no início do século XXI, sobre o jovem, na medida em que altera suas relações com o meio.

O caráter universal da adolescência pode ser ilustrado por um texto escrito no século IV a.C. por Aristóteles (citado em Blos, 1979/1981), em que ele retrata o caráter mutável, volúvel, irritadiço, contestador do mundo adulto e inclinado a atos nobres.

---

1 Este capítulo foi publicado anteriormente em: C. L. Ezirik, & A. M. S. Bassols (Orgs.). (2013). *O ciclo da vida humana: Uma perspectiva psicodinâmica.* Porto Alegre: Artmed.

Existem, então, algumas invariantes mantidas ao longo dos séculos que repousam na necessidade da nova geração, visando à aquisição de uma identidade própria e discriminada da geração que a antecede, de contestar o mundo adulto e suas regras. Essa atitude se baseia em um sentimento imprescindível de autossuficiência e grandiosidade. Se, por um lado, essa contestação gera uma situação de conflito, de outro, tem como subproduto uma renovação cultural indispensável.

O adolescente, do ponto de vista da psicanálise, é um sujeito em vias de transformação, imerso em um processo profundo de revisão de seu mundo interno e de suas heranças infantis, visando à adaptação ao novo corpo e às novas pulsões, decorrentes da puberdade. A fim de ilustrar isso, será utilizada uma imagem criada por um jovem adolescente em pleno processo puberal (Figura 12.1).

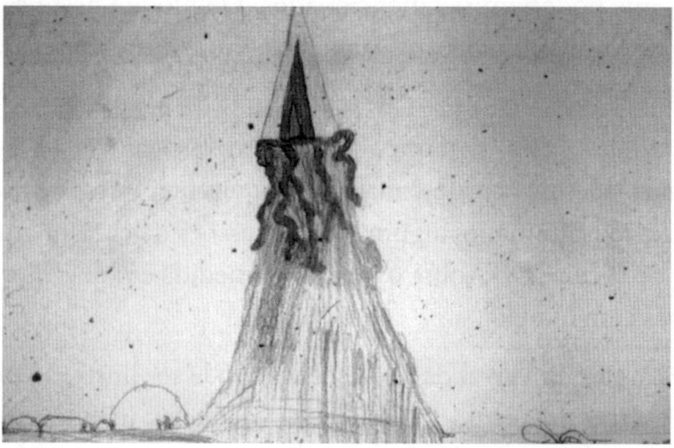

O vulcão, de forma evidentemente fálica, ilustra, de um lado, a perplexidade com o desenvolvimento dos genitais e com suas novas secreções e, de outro, o quanto a puberdade é sentida como uma erupção vulcânica interna de forças desconhecidas, temidas, mas ao mesmo tempo renovadoras. O curioso nesse desenho é o que o jovem paciente de quase 11 anos comentou a respeito do que se passava na base vulcão: "O problema é que perto do vulcão tinha crianças jogando bola e elas não estavam se dando conta do perigo que corriam". Parece que o nosso adolescente inicial, com esse comentário, expressava o quanto sentia que a erupção da puberdade o lançava na adolescência e ameaçava a sua infância, ou seja, estava deixando de ser criança e pressentia que perderia, ou deixaria para trás, uma série de características e padrões de comportamento e relacionamento próprios daquela fase. Evidencia-se o caráter de fratura, de cesura, que adquire a puberdade.

O processo adolescente

Era uma vez uma linda princesa que, ao picar seu dedo no fuso de uma roca, mergulhou em um sono profundo... Era a maldição da bruxa malvada. Seria preciso que seu grande amor – o belo príncipe – chegasse até ela e a beijasse para que despertasse. Ele precisou superar diversos obstáculos: a bruxa má e seus variados meios de bloquear seu acesso até a princesa. Lutou contra dragões, barreiras de espinhos, até que, finalmente, chegando até a princesa, beijou-a, ela despertou e, então, casaram-se e foram felizes para sempre.

Esse clássico da literatura infantil ilustra magistralmente o processo e as vicissitudes do desenvolvimento a partir da puberdade, ou seja, das primeiras transformações corporais até a vida genital heterossexual. Confrontado com o novo corpo advindo das transformações puberais – no conto, a menarca representada pelo sangue da picada –, com as novas pulsões e com as novas posturas exigidas pelo desenvolvimento, o jovem se volta para o mundo interno (o sono profundo), a fim de superar as proibições dos objetos internos introjetados ao longo do desenvolvimento infantil. Esse profundo mergulho para dentro do mundo interno permitirá que se realize uma revisão radical das relações do sujeito com os objetos internos, com os pais da infância e suas proibições. O jovem, como o príncipe do conto de fadas, deverá se embrenhar em uma verdadeira luta contra esses objetos arcaicos, enfrentar as barreiras por eles erigidas para impedir o seu acesso à genitalidade e superá-las. A diferença é que essa luta se trava no mundo interno e é possibilitada por essa virada rumo ao interior.

Tal "recolhimento" ao mundo interno se apresenta de diversas maneiras: os devaneios, os momentos de isolamento em seu quarto, os diários, os sentimentos de irrealidade. É importante destacar que esse fenômeno evidencia o incremento do narcisismo, próprio dos primeiros momentos da adolescência. O púbere se volta para dentro de si. Preocupa-se com o que se passa no seu interior, seja no sentido corporal, seja no de suas relações de objeto internalizadas e nas identificações realizadas na resolução do complexo de Édipo e consolidadas na latência, seja no das proibições herdadas da infância no tocante à masturbação e às manipulações corporais. É apenas em um momento posterior que conseguirá voltar-se para o outro. Nesse sentido, acredito que se pode dizer que a evolução das relações amorosas na adolescência (Levy, 1995) se dá no sentido do narcisismo para a descoberta do outro. De certo modo, esse novo "nascimento", ou o nascimento desse novo sujeito, repete os primeiros passos do desenvolvimento: evolui do narcisismo ao amor objetal, do autoerotismo à genitalidade. No capítulo seguinte será estudado o reordenamento simbólico que ocorre na adolescência, no sentido que o sistema de representações de si, dos objetos e do mundo construído ao longo de toda a infância entra em falência. Ele não dá mais conta de representar o novo corpo e a nova visão dos objetos e do mundo. Ele precisa ser reordenado, praticamente reconstruído. A adolescência vista por este vértice é entendida como um grande processo de simbolização.

Neste capítulo, estudando o vértice do narcisismo na adolescência, tentarei, rapidamente, abordar algumas de suas vicissitudes na adolescência, haja vista sua relevância nesse momento da vida. Seria possível, talvez, ilustrar graficamente as trajetórias do narcisismo (o amor a si próprio) e do amor objetal (a capacidade de amar o outro) ao longo da adolescência da seguinte maneira:

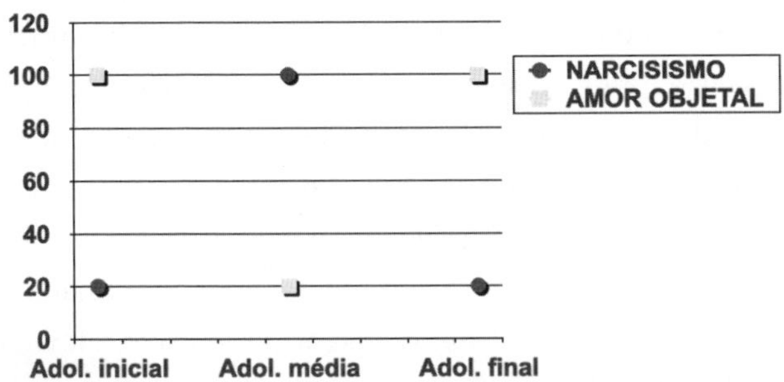

Como se pode observar no gráfico, tanto o amor objetal como o narcisista, em nenhum momento, estão no nível zero, porque sempre há algum grau de amor a si ou aos outros, a não ser, talvez, em estados muito patológicos que não interessam no momento. Ao entrar na adolescência, ou – se preferível – ao final da latência, a curva do amor objetal está em um valor elevado, pois o investimento afetivo e a valorização dos pais nesse momento da vida são elevados. A criança, ao longo da latência, idealiza seus pais, imaginando não só que são grandes e fortes, mas também que sabem tudo que é preciso saber.

Para Meltzer (1978), a adolescência se inicia justamente quando ocorre uma fratura na crença da onisciência dos pais, o que, somando-se ao próprio aumento de estatura do jovem, faz com que passe a enxergar os pais de outra perspectiva, de cima para baixo. Com esse passo evolutivo, o jovem é lançado a um estado mental em que são proeminentes as ansiedades confusionais que poderíamos sintetizar e imaginar da seguinte forma: *Se meus pais não sabem tudo, quem sabe? Eu devo saber. Então, quem sou? Sou grande ou pequeno? Sou homem ou mulher? Adulto ou criança?* Boa parte da adolescência, na visão de Meltzer, consistirá na tentativa de resolver essas questões, bem como nas defesas que são erigidas contra a dor psíquica resultante desse estado.

Uma das defesas contra os sentimentos confusionais e depressivos (solidão e desamparo), decorrentes do afastamento dos pais, passa a ser a idealização de si próprio. O pico desse processo ocorre na adolescência média, quando o amor e a idealização de si próprio chegam ao seu máximo. Entretanto, espera-se que, ao aproximar-se o final da adolescência, o narcisismo possa decrescer para dar lugar novamente ao amor objetal, mas agora não tanto aos pais, e sim a objetos exogâmicos, visando inclusive à formação de novos núcleos familiares.

Pode-se entender o incremento do narcisismo a partir da puberdade sob diversos ângulos: como o aumento da preocupação consigo mesmo, antes referido; como a retirada de catexias dos objetos infantis e seu direcionamento para o ego, conforme comenta Blos (1965, 1979/1981); entretanto, de todas as formas, ele se constitui em elemento fundamental no sentido de capacitar o adolescente a enfrentar a solidão que decorre da autonomia crescente e de fortalecer a frágil identidade desse "novo" sujeito. A valorização narcísica do *self* passa a ser uma forma importante de lidar com as ansiedades depressivas que advêm da perda da condição infantil e dos "pais da infância" (Aberastury, 1978), com as ansiedades confusionais decorrentes da perda na crença da onisciência dos pais (Meltzer, 1972) e com as ansiedades paranoides mobilizadas pela luta que se trava no mundo interno. Tal intensificação do narcisismo, longe de se constituir em algo patológico, é uma reordenação psíquica imprescindível que ocorre a serviço do desenvolvimento e deixará sua marca de diversos modos na transição adolescente.

Na cultura contemporânea em que nota-se um incremento do narcisismo e mesmo das patologias narcísicas (Han, 2017; Levy, 2022) poderemos observar um prolongamento do investimento narcísico de si e uma dificuldade no estabelecimento de vínculos objetais amorosos.

Tentarei agora, comentar, de modo genérico, sem considerar as infinitas variações individuais possíveis, a trajetória de cada um dos personagens dessa história: o menino, a menina e os pais.

A adolescência no menino

O jovem rapaz, assolado pela irrupção puberal, além de sentir-se frágil do ponto de vista de sua masculinidade emergente, tem presente em sua mente a figura feminina equacionada com a mãe fálica e onipotente da infância que, no conto de fadas antes referido, é representada pela mãe/bruxa, todo-poderosa e gigantesca. Isso faz com que as mulheres, de modo geral, sejam muito temidas e evitadas no início da adolescência.

Em função disso, as figuras masculinas, o pai, a "ganguezinha" homossexual com todas as suas provas de potência e de força, tornam-se importantes elementos de reforço narcísico e de consolidação da identidade masculina. É preciso que se esclareça que, quando se fala em gangue homossexual, não se está referindo a estados psicopatológicos, mas apenas à referência de que o investimento libidinal amoroso e a idealização se dirigem a pessoas do mesmo sexo. A aproximação com figuras masculinas idealizadas tem a finalidade de permitir o fortalecimento, por meio da introjeção, do sentimento de ser masculino. No conto de fadas mencionado, isso é aludido por meio da espada/pênis que é dada ao príncipe para equipá-lo em sua luta contra a mãe-bruxa-fálica.

As relações amorosas nesse momento são de cunho homossexual, narcisista, de modo eminentemente sublimado, embora possam, em alguns momentos, ocorrer atuações homossexuais de caráter experiencial. Este é um dos riscos que observamos nesse momento do desenvolvimento: de que o jovem tenha à sua volta adultos problemáticos que, vendo-se "amados" pelo adolescente inicial, abusem dele sexualmente.

O grupo de pares vai assumindo importância crescente também no sentido de "socialização da culpa" na medida em que as "transgressões" – e aí há um deslocamento das transgressões feitas no território das fantasias masturbatórias – deixam de ser apenas do indivíduo e passam a ser coletivas, com a responsabilidade compartilhada. Isso terá o importante efeito de atenuar a rigidez superegoica herdada da infância, o que, junto com as novas identificações, capacitará o sujeito a lidar com as tarefas do seu novo momento evolutivo e, posteriormente, animar-se a se aproximar das meninas.

Uma vez tendo o jovem superado as proibições infantis no tocante à masturbação, à exploração do corpo e aos jogos sexuais, e também à medida que se sente mais afirmado em sua incipiente identidade masculina, inicia-se a aproximação com o sexo oposto. As primeiras aproximações, em momentos posteriores da adolescência – a interminável lista de meninas com quem já ficou –, têm também um objetivo basicamente narcisista de reforço da autoestima e do sentimento de masculinidade, além de se constituírem em experimentações que ajudarão na tarefa de conhecimento do corpo. Não há ainda, nessas experiências, a ternura e a consideração pelo outro enquanto objeto de amor. Talvez seja esse o momento máximo de incremento do narcisismo, de modo que, agora, deparamos com o adolescente onipotente, arrogante e portador da onisciência que na latência era atribuída aos pais. Esse estado de narcisismo máximo, se é que se pode chamá-lo assim, permitirá ao jovem não só lidar com o medo, a solidão e a ansiedade decorrentes da desidealização e do afastamento dos pais da infância, como também realizar as experimentações imprescindíveis do processo de amadurecimento. Como foi comentado anteriormente, na contemporaneidade este momento poderá prolongar-se mais do que em épocas anteriores.

Sentindo-se mais potente e podendo tolerar a aproximação feminina, e, ao mesmo tempo, necessitando dessa aproximação a fim de ter um continente para projetar os seus aspectos femininos, o adolescente subitamente se surpreende com um novo sentimento, que é o de amor, desejo e ternura por uma mulher. O afastamento da "gangue" homossexual, cada vez mais tardio, e a aproximação heterossexual é um momento marcante da evolução adolescente e gera reações de censura ao que se afasta por parte dos remanescentes. Essas primeiras relações amorosas heterossexuais da adolescência, além de evidenciar a queda progressiva do narcisismo e o incremento do amor ao outro, dão início a uma sucessão de tentativas de elaboração da reativação dos desejos e das fantasias edipianos, sendo que as primeiras escolhas se relacionam seguidamente de modo bastante direto com as figuras parentais do sujeito.

A adolescência na menina

A trajetória seguida pela menina em seu desenvolvimento psicossexual adolescente é significativamente diferente. A adolescente, mobilizada pela menarca e pelas novas sensações pélvicas advindas das gônadas em funcionamento, sente-se ainda mais atraída a voltar-se para seu interior. Pela primeira vez em seu desenvolvimento, pode formar uma imagem mais nítida de seu corpo feminino, "sentir", de alguma forma, os órgãos internos. O menino, pelo fato de a genitália ser externa, desde o início do desenvolvimento pode manipulá-la e, assim, formar uma representação mental dela. É somente a partir da puberdade, em função dessas sensações cenestésicas, que a menina poderá formar representações mentais de sua genitália interna, o que será ainda mais facilitado pelo desenvolvimento da capacidade para o pensamento abstrato que a habilita a formar uma representação a partir de sensações internas (Plaut & Hutchinson, 1986). Em função de tudo isso, sente-se, finalmente, iniciada no "mistério" do interior do corpo feminino, o que é motivo de muito orgulho e de sentimentos de superioridade sobre os meninos, que ficam – e sentem-se muitas vezes – excluídos de tal "segredo". Como na história mencionada, a jovem volta-se, então, com mais intensidade para o mundo interno, torna-se muito mais introspectiva e dedica-se intensamente aos devaneios.

Entretanto, se no caso dos meninos a aproximação com o pai é vista como uma forma de reforço da identidade masculina, no caso das meninas, embora exista uma aproximação com a mãe, ela é muito mais temida pelos receios de fusão primitiva. Tal diferença fundamenta-se conforme segue. Habitualmente, no desenvolvimento normal, a mãe é o primeiro objeto de relacionamento libidinal e o pai é o segundo. No início da infância, a partir do desmame e do processo de separação e individuação (Mahler, 1979), a criança se separa da mãe e se aproxima do pai, tendo esse movimento um forte significado evolutivo. Por ocasião da puberdade e do início da adolescência, aproximar-se da mãe assume o significado de retorno ao primeiro objeto, despertando uma angústia de estar regredindo à relação mais primitiva da vida. A menina volta-se, então, antes e de modo mais decisivo, para a heterossexualidade. O reforço da feminilidade incipiente ocorrerá, portanto, por meio de uma acentuação de características femininas e da aproximação sedutora a figuras masculinas. Assistimos a jovens púberes coquetes, pequenas "mulheres", interessadas em rapazes e homens mais velhos. Contemporaneamente, com a maior tolerância à diversidade sexual, especialmente com as relações homoafetivas, assistiremos com alguma frequência uma alteração nesta característica e encontraremos jovens adolescentes mantendo-se na posição de idealização e aproximação com mulheres, sem esta virada em direção à heterossexualidade. Muitas vezes com experimentações homossexuais ou até vínculos afetivos homossexuais duradouros.

Se, no caso dos meninos, vemos a idealização de atletas como modelos de identificação e encontramos em seus quartos, por exemplo, pôsteres de grandes jogadores de basquete ou futebol, no caso das meninas, geralmente veremos pôsteres de atores, galãs, que facilmente se transformam em paixões platônicas. Também no caso das adolescentes iniciais, há o risco de se envolverem em relações sexuais prematuras, ou serem vítimas de abusos sexuais por parte de homens adultos que se aproveitam da facilidade com que elas se enamoram de homens mais velhos, decorrente de deslocamentos e sublimações de suas fantasias edípicas. Ou mesmo de mulheres adultas numa definição de escolha objetal homossexual aproximando-se de adolescentes iniciais que ainda estão definindo a sua identidade.

Também para as jovens, as primeiras relações amorosas terão um caráter mais narcísico de afirmação de sua feminilidade e de elaboração das relações primitivas tanto com a mãe quanto com o pai. O filme *O amante*, de Jean-Jacques Annaud (1991) – um verdadeiro estudo da psicopatologia da sexualidade feminina na adolescência –, parece ilustrar bem o que se está comentando. A personagem principal, confrontada com a solidão, a tristeza e os sentimentos de abandono, primeiramente se conforta numa relação homossexual, de matizes maternais, com sua colega de internato, mas – até pelo caráter regressivo dessa relação – volta-se com muita decisão para a heterossexualidade com o amante, em uma relação proibida, de cunho incestuoso. Poder-se-ia dizer que há uma atuação das fantasias edípicas, em vez de sua elaboração por meio do deslocamento ou da sublimação, o que com frequência ocorre em adolescentes com dificuldades emocionais mais intensas. Conforme foi dito acima, temos observado com alguma frequência jovens adolescentes mantendo-se neste primeiro movimento de aproximação "homossexual" por um tempo maior ou de modo definitivo.

Em ambos os sexos, há uma evolução que vai das primeiras experimentações (o ficar), em que o que é buscado é mais uma afirmação narcísica e o conhecimento corporal, até o aparecimento dos namoros propriamente ditos, dominados por um sentimento de ternura e de posse sobre o outro. É interessante observar, por sua vez, como se dá um outro tipo de evolução na qualidade desses namoros. Inicialmente, são revivescências muito próximas da relação do adolescente com seus objetos originais, marcados por intensas dependência e idealização, vividos em meio a uma grande paixão e acompanhados, inicialmente, pelo sentimento de haver descoberto – ou redescoberto, poder-se-ia dizer – o grande amor de sua vida. Essas relações, ainda tão próximas dos vínculos com os objetos originais, tanto podem ser por substituições diretas – o novo objeto sendo dotado das mesmas características do objeto original – como pelo seu oposto – o novo objeto contrariando todas as expectativas do objeto original. Isso denota que ainda predomina a luta (ou a relação) interna com este.

Uma vez tendo chegado ao estabelecimento de relacionamentos heterossexuais, os adolescentes evoluem em um ciclo que oscila entre a paixão e o luto. Apaixonam-se, pois o novo objeto é sentido como tendo os atributos de perfeição máxima que, na latência, eram atribuídos aos pais. Entretanto, em seguida é desidealizado, sendo vivido um novo luto. Essa sucessão de paixões e lutos permite que o sujeito vá elaborando, progressivamente, o luto maior decorrente da renúncia aos pais da infância. A cada passo dessa evolução, os novos objetos estão progressivamente mais distantes dos objetos originais incestuosos. Espera-se que, ao final da adolescência, a pessoa amada, embora ainda se relacione de alguma forma aos pais na fantasia inconsciente, já esteja bem distanciada destes e seja amada também por suas próprias qualidades e características.

O grupo

Frente ao sentimento de desamparo oriundo da desilusão com os pais, à necessidade e ao desejo de adquirir maior autonomia e identidade própria, à solidão decorrente de sua nova posição, à perplexidade e às ansiedades relativas ao novo corpo e à nova força das pulsões, o adolescente, na visão de Meltzer (1972), passará a oscilar entre quatro comunidades. De um lado, esses "ambientes" em que o jovem circula funcionam como refúgios psíquicos e, de outro, são uma forma de organizar a confusão e evitar os sentimentos de solidão e abandono que novamente emergem. São eles: a família, o mundo adulto, os adolescentes e o isolamento. A normalidade seria a possibilidade de oscilar entre essas quatro comunidades de um modo flexível, enquanto a psicopatologia adolescente seria a fixação rígida em uma dessas comunidades. O adolescente na família segue o padrão da latência, aceitando o modelo dos pais como o seu modelo de vida, com experiências sexuais mínimas, reproduzindo o esquema familiar que os pais lhe apresentaram. O adolescente no mundo adulto seriam as incursões pseudomaduras em que o jovem age "como se" fosse um adulto, sendo que a força motivadora não seria o amadurecimento e a definição de objetivos, mas a entrada rápida e forçada na condição adulta para mostrar aos pais como se é um adulto. A comunidade adolescente, inicialmente com o grupo homossexual de púberes, depois com o grupo misto e posteriormente com o grupo de casais, será o continente adequado para as ansiedades depressivas, paranoides e confusionais do adolescente. O isolamento – refúgio habitualmente utilizado pelos adolescentes como forma de realizar todo o trabalho de reflexão e elaboração da adolescência –, quando se fixa como o modo predominante de funcionamento, segundo Meltzer (1972), constitui-se no tipo psicopatológico mais grave. Essas são situações em que a desidealização dos pais foi muito intensa e abrupta, sem as condições de transferir a idealização a outro sistema (a política, a comunidade de adolescentes), levando o adolescente a se refugiar em uma organização narcisista, na qual se imagina autossuficiente, capaz de construir-se a si próprio como se fosse pai e mãe de si mesmo. Desenvolve uma megalomania tranquila e o sentimento de ter uma missão a cumprir no mundo.

A comunidade de adolescentes, o grupo, passará a ter uma função primordial na vida mental do adolescente. De um lado, por meio de um complexo jogo de identificações projetivas, serão "encenadas" diversas fantasias genitais ou pré-genitais. Por exemplo, a formação de casais, com toda a triangularidade e a rivalidade possíveis, ou a atuação de um sadismo anal incomum. De outro lado, a "socialização" do narcisismo na adolescência por meio do grupo, ou, dito de outra forma, a projeção no grupo da onipotência, da onisciência e da grandiosidade do objeto idealizado, tem a função de oferecer um novo continente ao jovem para enfrentar as ansiedades do período.

O grupo também terá uma função de continência de aspectos parciais do *self* que, ficando momentaneamente fora do sujeito, dão a ele a sensação de estar livre de tais aspectos, permitindo identificações transitórias que asseguram ao jovem uma certa tranquilidade. Será natural encontrarmos nos grupos de adolescentes situações em que, por exemplo, os aspectos frágeis ou desvalorizados dos membros se encontram projetados em um membro que é hostilizado e maltratado. E o mesmo ocorre com inúmeros outros sentimentos indesejáveis, como aspectos femininos nos rapazes, e assim por diante. Do mesmo modo, características idealizadas que o jovem, em determinado momento, sente não possuir ainda podem ser identificadas em algum membro do grupo, o líder, que é sentido como tendo todos os atributos de força, potência, beleza ou inteligência. Claro que sabemos que esse tipo de funcionamento grupal ocorre em todos os grupos humanos, mas na adolescência, em função das características comentadas, assume uma intensidade maior.

A psicopatologia, então, instala-se quando o indivíduo se fixa em soluções narcísicas, ocupando a comunidade adolescente, enquanto continente, um lugar secundário ou inexistente: o sujeito se refugia no isolamento ou em outros refúgios psíquicos nos quais a onipotência e a idealização – muitas vezes da própria destruição – ocupam o papel central (drogas, perversões sexuais, distúrbios alimentares, destrutividade em geral). A partir daí, tem-se uma série de quadros nosográficos cujo pano de fundo são organizações narcisistas complexas. Cria-se uma "continência" espúria da ansiedade: o refúgio se transforma em prisão e a onipotência deixa de ser uma forma transitória de lidar com os sentimentos de impotência, tornando-se um modo de negar permanentemente a realidade, como já ilustrado em outro trabalho (Levy, 1996, 2012).

No adolescente mais próximo à normalidade, observa-se, então, a utilização de refúgios psíquicos de um modo mais adaptativo, servindo como um espaço mental protetor ao qual poderá recorrer sempre que a ansiedade sobrepujar sua capacidade de tolerância. No indivíduo que internalizou objetos muito perturbados ou com problemas no manejo de sua destrutividade, a personalidade toda fica capturada no funcionamento dessas organizações patológicas.

A família

Nesse momento evolutivo, não será apenas o jovem, o indivíduo adolescente, que passará por transformações estruturais. A família também deverá alterar sua estrutura interna e seus padrões de relacionamento entre os membros, modificar os papéis em sua intimidade, a fim de acolher as exigências evolutivas do momento. Famílias muito rígidas, sem a capacidade de realizar essa adaptação estrutural, tenderão a produzir psicopatologias na adolescência ou a sofrer graves fraturas internas.

Como foi comentado anteriormente, a família é um dos "ambientes" ou comunidades em que o adolescente normal circula ao longo de seu processo evolutivo. Será fundamental que ele possa contar com esse refúgio, ao qual recorrerá após suas incursões exploratórias no mundo extrafamiliar. É o momento do retorno para um reabastecimento (Mahler, 1979), para certificar-se de que não houve uma perda e uma ruptura reais com os pais, que ele ainda os tem, embora de uma nova forma nesse novo momento da vida.

Os pais precisam ter a flexibilidade de aceitar esse retorno após terem sido desprezados e, em alguns momentos, até depreciados pelo adolescente. Deverão – e para isso também precisarão de um período de adaptação – relacionar-se com o filho adolescente aceitando e respeitando os momentos de afastamento e de reaproximação. As famílias que não tiverem a maleabilidade para se adaptar a estas novas configuração familiar e forma de relacionamento com os filhos estarão fadadas a conflitos tormentosos nesse momento da vida.

Além disso, os pais, envolvidos com a crise da meia-idade, confrontam-se com o filho jovem, dono de um corpo e uma saúde exuberantes e com a vida inteira ainda pela frente. Os adultos, a essa altura do ciclo vital, enfrentam a situação de já terem passado da metade de sua vida e realizam uma inevitável reavaliação de seus projetos e suas realizações, muitas vezes redundando em frustração por constatarem que se afastaram ou não realizaram o que haviam desejado. Outras vezes, vivem um sentimento de plenitude e realização pelo construído até o momento. Ao mesmo tempo, constatam que o corpo não é mais aquele da juventude e que se aproxima um período de envelhecimento inevitável. Por tudo isso, vivem sentimentos ambivalentes em relação aos filhos: admiram-nos e orgulham-se deles, ao mesmo tempo que invejam sua beleza e sua juventude e sentem ciúmes de seus novos relacionamentos. Felizmente, a maioria dos pais tem maturidade suficiente para poder elaborar adequadamente esse conflito. Entretanto, na cultura atual onde o narcisismo, a imagem e o corpo jovem é cada vez idealizado, presenciamos cada vez mais adultos precisando negar a passagem do tempo e submetendo-se a um sem fim de procedimentos estéticos na ilusão de manterem o corpo jovem. Cria-se muitas vezes uma confusão no sentido os pais tentarem se apresentar como ainda jovem, muitas vezes com comportamentos adolescentes, o que irá dificultar o processo natural de diferenciação do jovem. Algumas vezes essa confusão "empurra" o jovem a assumir comportamentos e aparências cada vez mais bizarras na ânsia de diferenciar-se (Levy, 2013, 2021).

Os pais de adolescentes enfrentam ainda outro desafio, que diz respeito ao florescimento da sexualidade em seus filhos. É necessário que a deixem seguir seu próprio curso de amadurecimento, sem pressioná-la em direção a práticas precoces, muitas vezes superestimuladas pelo culto à sexualidade de nossa cultura (Levy, 2007), mas tampouco lhe impondo obstáculos, uma vez que é natural e desejada. Caso os pais não tenham resolvido adequadamente seus próprios conflitos em relação à perda da juventude ou em relação à sua sexualidade – para citar apenas dois exemplos –, poderão competir com os filhos ou travá-los em suas experiências, como foi acima mencionado. Uma situação comum, a título de ilustração, é a do pai que, problematizado com aspectos de sua própria sexualidade, perturba-se com a emergência da sexualidade em sua filha adolescente. Atormenta-se ao perceber o olhar de desejo de outros homens e, a partir disso, tenta sufocar a sexualidade na jovem e tiranizá-la de modo a certificar-se de que não haverá nenhum vestígio de erotização. Foi realizado um estudo em um ambulatório destinado a adolescentes (Cournut-Janin, 1988) a partir da procura motivada por crises familiares, com agressões e fugas de domicílio, provocadas pelo uso do primeiro batom pelas filhas adolescentes.

Há características do processo adolescente e das interações familiares próprias do nosso tempo. Em épocas anteriores, a diferença entre as gerações era profundamente marcada. Atualmente, e cada vez mais, vivemos um momento singular, pelo menos em nossa cultura. Uma ampla pesquisa sobre a adolescência brasileira, realizada para a MTV (Rocca, 1999), mostra que a linha que separa a adultez da adolescência está sendo redesenhada. Os adultos maduros de hoje se encontram plenamente ativos e, mais que isso, mergulhados em uma busca pelo rejuvenescimento. Estão movidos pelo aforismo de que "a vida começa aos 40". Um exemplo disso é se encontrarem nas maternidades mulheres na faixa dos 40 anos, ou mais, tendo seus filhos, ao lado de jovens na faixa dos 20.

Paralelamente a esse desafio à biologia, estimulado também pelos avanços na área médica e pela maior consciência sobre a importância da prevenção de doenças fatais, há outro fenômeno em andamento: essa mesma pesquisa mostra como, no universo jovem, coexistem ídolos atuais , com ídolos da geração de seus pais (Beatles,Caetano Veloso, Gilberto Gil e Rita Lee, por exemplo). Pois esse novo fenômeno tem diversas facetas. Por um lado, aproxima pais e filhos, criando interesses, valores e linguagens comuns a ponto de ser constatado, nessa pesquisa, que em grandes segmentos dos jovens brasileiros de classe média e média-alta há um sentimento de bem-estar e segurança na casa dos pais, não havendo uma vontade de sair dela. Por outro, essa quase superposição de interesses e valores cria uma dificuldade maior na diferenciação entre as gerações, necessária ao processo de separação e diferenciação do adolescente. Isso tem forçado os jovens a encontrar novas formas de diferenciação, por exemplo, cultuando novos ídolos e ritmos (reggae, rap, música eletrônica, funk etc.). Muitas vezes, jovens de classe média ou média alta, buscam modelos de identificação em rappers ou funqueiros da periferia, também na busca de diferenciarem-se dos seus pais e do seu ambiente cultural.

Espera-se, então, que os pais de adolescentes não abdiquem da sua condição de adultos e mantenham o seu papel de pais que educam seus filhos, mesmo que ainda possam ter pontos de contato com seus filhos nos interesses.

A virtualidade

Como já foi mencionado, desde a Grécia Antiga existem invariantes que fazem parte de todas as gerações adolescentes: por exemplo, o fato de portarem novas características estéticas e linguísticas que visam justamente à diferenciação do mundo adulto vigente. Entretanto, cada geração de adolescentes possui alguns traços variáveis que a caracterizam.

As gerações de adolescentes do milênio, totalmente globalizados, têm características que lhe são peculiares. É a geração que nasceu nas décadas de 1990, 2000 e 210, tendo crescido e se desenvolvido imersa na linguagem e na cultura cibernéticas. Se entendermos que a subjetividade do sujeito é uma propriedade emergente das tensões entre a biologia, as relações familiares e a cultura, podemos dizer que estes jovens foram moldados também pela internet (Levy, 2011). Suas mentes cresceram no ambiente da rede, onde não há estruturas rígidas nem noção de hierarquia. Ambiente onde tudo pode ser remixado e foram abolidos os limites têmporo-espaciais, bem como os limites entre o público e o privado, a ponto de os conteúdos pessoais das páginas de suas redes socais muitas vezes ganharem proporções estratosféricas. Na medida em que os adultos ficaram por muito tempo ausentes dos ambientes por onde circulavam solitariamente esses jovens, eles tiveram de criar seus próprios filtros.

Habituados mais a conexões que a vínculos, Bauman (2011) destaca que houve uma fragilização destes, seja pela mudança simultânea dos vínculos familiares, que se tornaram mais voláteis (Levy, 2006, 2013), seja pelo fato de que, à menor frustração, o jovem pode se desconectar do contato, virtualmente, sem passar pela ansiedade depressiva de terminar presencialmente uma relação de amizade. Este aspecto – menor consistência dos vínculos em geral – talvez seja responsável por um aumento nos sentimentos de vazio e nos quadros depressivos na atualidade (Levy, 2022).

Na vida em civilização, oscila-se no equilíbrio entre dois fatores essenciais: liberdade e segurança (Bauman, 2011). Em *O mal-estar na civilização*, Freud (1930/1969) constatou, entre outras tantas coisas, que, em sua época (a modernidade), em troca da segurança, o homem abriu mão demasiadamente de sua liberdade (sexual, civil, de mobilidade). Se, de um lado, as gerações do milênio perderam em segurança e estabilidade nos relacionamentos, de outro, ganharam muito em liberdade. É uma geração que vive globalizada, é versátil, não apegada a modelos rígidos, tem potencialidades criativas espetaculares e vive num leque de oportunidades sem precedentes.

O adolescente no consultório

A relação com o adolescente no consultório do psicoterapeuta ou do psicanalista variará muito de acordo com o momento do processo adolescente no qual o jovem se encontra. Na adolescência inicial, a presença dos pais nas primeiras entrevistas é bem tolerada pelo adolescente em função de a infância ainda estar próxima temporalmente. Na adolescência média, o desafio maior é que o terapeuta não seja confundido com uma figura parental e que o jovem possa vê-lo como seu aliado no processo de ganho de independência e construção de sua nova identidade. Para isso, uma das certezas que o terapeuta deverá oferecer é a garantia do absoluto sigilo dos assuntos ali tratados – o que, aliás, deverá ocorrer em todas as etapas da vida. Quando necessária uma entrevista com os pais, além de convidar o adolescente a participar, o terapeuta deverá conversar com o jovem sobre a entrevista e garantir-lhe, caso não participe, que os assuntos tratados lhe serão revelados. Na adolescência final, geralmente os pais não participam do processo terapêutico, uma vez que o jovem já se aproxima da vida adulta, salvo em situações especiais e patologias graves, que envolvem riscos.

Além de tudo isso, o terapeuta de adolescentes deve estar preparado para compreender a linguagem própria desse momento da vida, a cultura em o jovem vive, e ser capaz de utilizar uma linguagem em que, sem "travestir-se" de adolescente, possa se comunicar de modo a ser compreendido. Como já foi dito, as redes sociais e todo o mundo virtual serão presença constante no consultório, suas relações com a web transitam de várias formas pelos nossos consultórios, e, se não quisermos ficar à parte e distantes desses jovens, temos de realmente acolher este fenômeno, entendê-lo e nos relacionar a partir disso, com suas facilitações e suas vicissitudes.

Comentários finais

Como vimos, o processo adolescente é rico e complexo. Envolve pais, filhos, sociedade e cultura, e se de um lado traz em seu bojo conflitos e tensões em muitas situações, de outro, é a garantia que a sociedade tem de uma renovação constante de valores. Os jovens, com seu vigor, sua coragem e seu espírito subversivo do mundo adulto, questionam costumes e vícios aos quais os adultos, com sua prudência, muitas vezes já se acomodaram.

Assim, o processo adolescente tem uma dupla importância: é, por um lado, um momento do ciclo vital que permite ao indivíduo amadurecer, revisar e reelaborar situações de sua infância e preparar-se para a vida adulta, e, por outro, um elemento renovador do processo cultural.

Referências

Annaud, J.-J. (Diretor) & Brach, G. (Roteirista). (1991). *L'Amant* [filme]. França: Pathé.

Aberastury, A. (1978). *Adolescência*. Porto Alegre: Artmed.

Bauman, Z. (2011). Entrevista gravada para a atividade *Fronteiras do Pensamento*, Porto Alegre.

Blos, P. (1965). The second individuation process of adolescence. *Psychoan. Study of the Child, 22*(1), 162-186.

Blos, P. (1981) *La transición adolescente*. Buenos Aires: Amorrortu. (Publicado originalmente em 1979)

Botella, C., & Botella, S. (2002). *Irrepresentável: Mais além da representação*. Porto Alegre: Criação Humana.

Cournut-Janin, M. (1988). Le premier rouge à lèvre ou La peur de la fèminité chez les parents de l'adolecente. *La Psychiatrie de l'Enfant, XXXI*(2), 301-311.

Freud, S. (1969). O mal-estar na civilização. In S. Freud, *Edição standard brasileira das obras psicológicas completas de Sigmund Freud* (Vol. XXI). Rio de Janeiro: Imago. (Publicado originalmente em 1930)

Han, Byung-Chul (2017). *Topologia da violência*. Rio de Janeiro: Vozes.

Levy, R. (1995). As relações amorosas na adolescência. *Rev. Psiquiatr. Rio Gd. Sul, 17*(1), 63-67.

Levy, R. (1996). Refúgios narcisistas na adolescência – Entre a busca de proteção e o risco de destruição: Dilemas na contratransferência. *Rev. Bras. Psicanál., 30*(1), 223-240.

Levy, R. (2006). Adolescência: O reordenamento simbólico, o olhar e o equilíbrio narcísico. *Rev. Psicanál. SPPA, 13*(2).

Levy, R. (2007). *A adolescência no Brasil, hoje*. Trabalho apresentado no Convegno Essere Adolescente Oggi, Milão.

Levy, R. (2011). *As redes sociais e a aliança com os adolescentes*. Trabalho apresentado na XXXII Jornada Anual do CEAPIA.

Levy, R. (2012). Dando "pensabilidade" ao impensável: Criando "andaimes" ao pensar em adolescentes com transtornos severos. *Rev. Bras. Psicanál., 46*(3), 78-89.

Levy R. (2013). O tempo da incerteza – Elogio ao pudor: Em defesa de um certo mistério necessário à simbolização. *Rev. Psicanál. SPPA, 20*(2).

Levy R. (2021). Disrupções na cultura: Violências visíveis e invisíveis. *Rev. Psicanál. SPPA, 28*(1).

Levy, R. (2022, mar.). *Uma ética para o século XXI*. Trabalho apresentado no XXVIII Congresso da Federação Brasileira de Psicanálise.

Mahler, M. (1979). *O processo de separação e individuação*. Porto Alegre: Artmed.

Meltzer, D., & Harris, M. (1972). Seminarios de Novara. Teoría psicoanalítica de la adolescencia. Psicopatología de la adolescencia. In *Quaderni di psicoterapia infantile*. Borla: Novara.

Plaut, E. A., & Hutchinson, F. L. (1986). El rol de la pubertad en el desarollo psicossexual femenino. *Libro anual de psicoanálisis* (p. 143).

Rocca, W. (1999). *Dossiê MTV – Estudo de valores e perfil do universo jovem no Brasil.*Realizado pela MTV Brasil pelo escritório Wilma Rocca & Associados.

13. Adolescência: o reordenamento simbólico, o olhar e o equilíbrio narcísico[1]

Hoje em dia, como estamos num momento de grandes mudanças em nossa cultura, em que a modernidade está fortemente sacudida pela pós-modernidade, temos sentido uma intensa necessidade de compreender o seu impacto sobre o processo adolescente. Justamente por estar em contato direto com a fronteira cultural e pelo fato de o adolescente ser um sujeito em franca mudança, nele vemos as modificações culturais expressas de um modo evidente. Observamos que o processo adolescente está sendo modificado, antecipado, prolongado, intensificado. Em suma, é como se assistíssemos à adolescência sendo esticada, torcida, revirada, sob os nossos olhos.

Por sua vez, mesmo se formos estudar a adolescência apenas do ponto de vista intrapsíquico, poderemos fazê-lo desde diversos vértices: o do processo de separação e individuação; o da reativação das pulsões pré-genitais e emergência das genitais, com a

---

1 Este capítulo foi publicado originalmente em um livro sobre adolescência na Itália e, no Brasil, em: *Rev. Psicanál. SPPA*, *13*(2), 2006.

consequente reedição do complexo de Édipo; o das vicissitudes do narcisismo, como já fiz no capítulo anterior (Levy, 1994, 1996) etc.

Neste momento, gostaria estudar o processo adolescente ainda a partir do ponto de vista do narcisismo, focando a lente num fenômeno particular: o reordenamento simbólico que se processa neste momento da vida com as ansiedades decorrentes desse processo, seu impacto sobre a estrutura narcísica do sujeito e seus pontos de contato com a nossa cultura. Detalhando um pouco mais, pretendo postular que há um tipo de ansiedade específica a esse processo de reordenamento simbólico que é a ansiedade de aniquilamento. Como fenômeno complexo, a adolescência e todo o processo de subjetivação que ela compreende não podem ser abarcados a partir de um só vértice. Não há uma teoria ou ponto de vista único que possa dar conta de um acontecimento de tamanha complexidade.

O reordenamento simbólico no processo adolescente

O sujeito humano é um ser que se desenvolve essencialmente num mundo simbólico (Levy, 2000) e, por isso, Cassirer (1944/1997) diz que o homem deveria ser chamado não de animal racional, mas de animal simbólico. A grande linha divisória existente entre o homem e as outras espécies de animais, segundo ele, é a existência de um sistema simbólico, intermediário, entre o sistema receptor de estímulos e o efetor/motor. O pensamento, como sistema simbólico, intermedia a reação imediata, como já dizia Freud em "Formulações sobre os dois princípios do funcionamento mental" (1911/1969).

No tocante ao processo adolescente, não poderia ser diferente. Ele se constitui pelo desligamento dos sistemas de representação anteriores, montados pelo *self* (Cahn, 1999) ao longo de toda a infância, e pela criação de um novo sistema de representações que dê conta do novo corpo, do *self* em si mesmo, dos objetos e do próprio mundo. Assistimos então, ao longo deste doloroso processo de desconstrução e reconstrução de um sistema de representações, à emergência de uma nova subjetividade no universo simbólico do sujeito, com todas as vicissitudes próprias de tal empreitada.

Por que não estou simplesmente me referindo à construção de uma nova identidade na adolescência? Justamente porque quero focar a atenção no que se passa metapsicologicamente, no mundo fantasmático do sujeito, e acompanhar este grande processo de simbolização que é a adolescência e um tipo de ansiedade particular que emerge dele.

O novo corpo adolescente emergente da puberdade, com suas novas formas, novas pulsões, novas potencialidades, impõe à mente um montante de trabalho sem precedentes. Confronta o adolescente com um *inquietante estranho* (Cahn, 1999) que precisa ser representado internamente a fim de recriar um sentimento de familiaridade consigo mesmo. Como descreve Piera Castoriadis-Aulagnier (1975/2004), simbolizar significa assimilar um "corpo estranho" a determinado sistema de representações. Evidentemente, neste momento, refiro-me a "corpo estranho" num duplo sentido: como um elemento estranho que precisa ser assimilado e como um corpo biológico estranho ao próprio sujeito.

O que torna ainda mais perturbador este fenômeno é que o *inquietante estranho* é estranho não só ao sujeito, mas também aos outros, fazendo com que o olhar surpreso do outro colabore ainda mais para o sentimento de estranheza tão comum neste momento da vida. De acordo com Cahn (1999), é esse sentimento de estranheza a si mesmo e aos outros que dá à adolescência a espessura e a especificidade de suas transformações psíquicas. E, na medida em que estamos falando do reordenamento do sistema de representações de si e dos outros, do colapso de um sistema e da construção de outro, além dos sentimentos de estranheza há pouco aludidos, estaremos confrontados também com profundas angústias de aniquilamento, muitas vezes uma sensação de morte iminente – que é, como mencionado, a ansiedade que pretendo focalizar neste trabalho. O *self*, já que é uma construção simbólica, sente-se ameaçado.

Ao longo da infância, o sujeito havia construído um sistema de representações do *self* e dos objetos que lhe garantia alguma estabilidade na imagem de si mesmo. Pois, com este processo radical de reordenamento simbólico, além da perda da infância e do corpo infantil, há a perda das representações de si e dos objetos, vivência que provoca um sentimento de terror. O próprio Winnicott (1951/1975) já nos dizia que o maior sofrimento psíquico existe quando se perde não o objeto, mas sua representação. No final desse mesmo trabalho, Winnicott introduz a questão do negativo em psicanálise, destacando que, quando há a perda da representação, por vezes, a única realidade possível do objeto é a sua falta: a única presença do objeto é o seu negativo. São indivíduos que se aferrarão à falta, à ausência e, portanto, ao sofrimento como única coisa real. Qual a relação disso com o tema de que estou tratando? É que há adolescentes que, frente à perda da representação de si e ao sentimento de não existir, muitas vezes se aferrarão ao negativo como única realidade tangível: sofrer, sentir dor, ser destrutivo é uma forma de ser.

Mais contemporaneamente, Botella e Botella (2002) nos falam como a situação traumática se instala pela impossibilidade de o sujeito criar representações de determinada experiência que possam ligar os afetos por ela suscitados. Nesse sentido, podemos antecipar que a adolescência se tornará traumática na medida em que o sujeito não puder recriar um sistema de representações que deem conta dessa nova experiência e, portanto, fracasse nesta experiência inédita de subjetivação.

Em função desse reordenamento simbólico, sugiro que se criam inevitavelmente – em maior ou menor grau – insuficiências de mentalização (Marty, 1990, 1992) na adolescência, fazendo com que o corpo tenha um papel central na tentativa de domínio das ansiedades do período.

Estabelece-se um vínculo mente-corpo particular nesse momento da vida, pois, de um lado, o corpo coloca uma exigência de representação (Aisenstein, 2009) em que a mente deverá ser continente das representações simbólicas do novo corpo, das novas experiências emocionais por ele desencadeadas e da nova percepção do mundo; de outro, frente às insuficiências de mentalização mencionadas, muitas vezes o corpo terá de "conter" emoções não simbolizadas, evitando que sejam lançadas no infinito da realidade externa (Lutenberg, 2005), retornando depois sob forma de alucinações, próprias da psicose. Estabelece-se, assim, uma relação continente/contido particular na adolescência. O corpo se apresenta como um espaço intermediário entre a mente e o universo infinito da realidade externa quando a mente ainda é incontinente para simbolizar a infinitude de novas experiências na adolescência.

A tentativa de adquirir um equilíbrio narcísico

Em seus vários trabalhos, Meltzer (1973/1979, 1992) desenvolveu o estudo da geografia mental, ou seja, estudou os espaços mentais, o trânsito entre eles, seus compartimentos, suas características, inclusive sua importância na adolescência. Ele procurou estudar os vários tipos de identificação projetiva para dentro dos objetos e suas finalidades comunicativas, estruturantes e defensivas.

No livro *O claustro* (1992), Meltzer descreve as consequências dessas fantasias para o psiquismo. Diferencia a identificação projetiva que teria finalidades mais adaptativas e de comunicação da identificação intrusiva, com menos possibilidades de reversibilidade, em que o indivíduo se apropria do objeto, transformando-se este, em sua fantasia, num claustro que aprisiona, e não mais em um continente. São situações em que o *self* fica dominado em seu funcionamento por essa intrusão, determinando que todo o senso de identidade do indivíduo fique comprometido. Referindo-se aos adolescentes, comenta que

> *a visão do claustro ilumina esta mudança no senso de identidade, fazendo possível reconhecer que eles estão diferentes não só do que eram antes, não só em suas qualidades mentais, mas também quanto ao mundo em que estão habitando. (p. 147)*

Em outro trabalho, "Refúgios narcisistas na adolescência: entre a busca de proteção e o risco de destruição – dilemas na contratransferência" (Levy, 1996), descrevi em detalhe o que são e como se constituem estes espaços mentais com funções estruturantes e defensivas na adolescência. Procurei descrever os aspectos destrutivos envolvidos nestas organizações mentais e sua repercussão na técnica psicanalítica, especialmente na contratransferência.

Na sua busca de se defender de suas ansiedades depressivas, paranoides, confusionais, de aniquilamento e, especialmente, desse sentimento de despersonalização decorrente do "desmanche" simbólico do processo adolescente – que hoje procuro estudar –, o jovem transitará psiquicamente não só entre várias comunidades (a família, o mundo adulto, o grupo e o isolamento; Meltzer & Harris, 1972), mas também entre vários objetos. Por meio de identificações projetivas mais ou menos intrusivas, partes do *self* "circularão" por uma geografia complexa, criando identificações mais ou menos transitórias com consequências mais ou menos danosas para o *self*. Ou seja, como perde a representação de si, o adolescente procura "se apropriar" de algum *self*, alguma identidade.

Quero frisar que essas manobras defensivas visam proteger das ansiedades já mencionadas, mas – para o enfoque que quero hoje dar – visam também criar um sentimento de estabilidade narcísica. Ou seja, o sujeito precisa se reconhecer como existindo, antes de tudo. Sendo algo, sendo alguém.

A importância do olhar

Dizendo-se influenciado por Lacan, Winnicott (1967/1975), em um trabalho interessantíssimo chamado "O papel da mãe e da família no desenvolvimento emocional infantil", assevera a importância do olhar do outro, inicialmente a mãe, na constituição do sujeito. Afirma que o precursor do espelho é o rosto da mãe. Com muita riqueza, comenta que o bebê, quando olha o rosto da mãe, vê a si mesmo. A mãe que consegue "olhar" o bebê fica se parecendo com o que ela vê ali. A sensação do bebê ganha significado no rosto da mãe. É neste interjogo, de mostrar-se e ser olhado, que se constrói a imagem que o sujeito tem de si e que será a "verdade" a respeito de si mesmo. Há um enriquecimento nessa troca, pois o que é sentido ganha significado "no mundo das coisas vistas". Winnicott ainda complementa que os bebês que têm mães que não conseguem olhá-los olham para a mãe e não veem a si mesmos. Na normalidade, o bebê, ao olhar para a mãe, procura e encontra o significado que ali deveria estar.

Winnicott cunha uma frase lapidar muito similar às descrições de Heidegger sobre a constituição da verdade do ser. Diz ele: "quando olho, sou visto; logo existo". Ou seja, é na dinâmica de olhar e ser visto que se dá o sentimento de existir. Nas relações humanas íntimas nos vemos, encontramos a nossa "verdade" no rosto dos outros. Criamos no outro o nosso estado emocional e ele se reflete na imagem que nos é mostrada.

Outro trabalho, chamado *O primeiro batom* (Cournut-Janin, 1988), comenta situações de violência detectadas em um ambulatório francês contra meninas púberes, ocorridas em suas próprias famílias, quando passavam a se maquiar e se apresentar de um modo mais feminino. Isso ocorria pelas ansiedades que despertavam em seus pais. Seria de se esperar que essas ansiedades estivessem ligadas a fantasias libidinais incestuosas despertadas nos pais, e talvez até, em parte, fossem. Entretanto, o que é interessante é o recorte original que este trabalho realiza: concluem que o que promovia ansiedade maior era a maneira como a menina passava a ser vista pelos outros homens. Apresentando-se feminina e atraente, despertava o desejo e o olhar dos homens e este olhar tinha uma dupla consequência: de um lado, era fundamental para reforçar a identidade feminina da menina – por meio do desenvolvimento das representações de si como mulher –; por sua vez, o olhar dos homens despertava nos pais ansiedades homossexuais.

Uma rápida ilustração

Ciro buscou tratamento aos 15 anos, pois apresentava fortes sentimentos de despersonalização, de irrealidade, que desencadeavam crises de ansiedade, às vezes de pânico, pelo horror que tinha de perder sua identidade e desorientar-se psiquicamente. Tinha o que ele próprio chamava de sentimento de "estar e não estar". Poder-se-ia dizer que mesmo sua existência material, de seu corpo ocupando um espaço no mundo, era questionada por ele. Temia que pudesse, ao circular só pela cidade, perder a consciência de si mesmo, desorientar-se, não saber se estava dormindo ou acordado, sonhando ou em vigília, e, assim, cometer algum descuido ou imprudência que o levasse à morte. Isso dava origem a uma fobia incapacitante que o impedia de frequentar a escola, sair com os amigos e dormir sozinho com tranquilidade à noite. Sua adesão à mãe era intensa, pois imaginava que apenas ela poderia impedir que o pior ocorresse. Desenvolveu os maiores expedientes para mantê-la perto de si as 24 horas do dia. Era importante para Ciro não o que sua mãe dizia, mas simplesmente tê-la ao lado, ter o seu olhar.

O que nos interessa para o tema de hoje era a sua necessidade de ser visto. Se não sentia que estava sendo olhado, temia que não estivesse mais existindo, ou seja, que nem seu próprio corpo ainda era visível. Para ser olhado, então, a cada dia mudava algo em sua aparência, fazia magicamente "seu corpo existir": a cor do cabelo um dia; um brinco em outro dia; um *piercing*; raspava o cabelo; enfim, provocava mudanças em sua aparência que causavam surpresa nos outros à sua volta. Ser olhado com surpresa o tranquilizava, pois lhe dava o sentimento de existir, de ser real. Na medida em que foi melhorando e se tranquilizando, esta certificação de sua existência e de sua identidade foi assumindo novas formas.

Passou a sentir uma curiosidade de descobrir o que o olhar do outro era capaz de ver. Dizendo de outro modo: queria – como descreve Winnicott – colocar-se na posição do objeto e olhar-se desde a posição do objeto. O *self* existe como sujeito – que é o próprio sentimento de existir –, mas pode tomar-se como objeto – o que consiste na possibilidade de ocupar a posição do objeto e olhar para si mesmo (Ogden, 1996). É claro que, em Ciro, este intercâmbio de posições com o objeto assumia uma forma bastante intrusiva, como descreve Meltzer. Então, Ciro, que vinha se dedicando à fotografia, fez um plano. Conhecia um mendigo que frequentava seu bairro, com o qual mantinha contatos folclóricos. Primeiro, pediu-lhe para tirar umas fotos dele, especialmente de seu rosto, aproximando-se progressivamente até enquadrar apenas os seus olhos. Depois, deu-lhe a máquina fotográfica e pediu-lhe para tirar fotos, pois queria "ver o que o Marcos via".

Outra atividade que desenvolveu com sua máquina fotográfica foi um trabalho interessante numa vila pobre de Porto Alegre. Disse-me o seguinte: "Me dei conta que esta gente pobre não tem fotos da família em casa". Começou a visitar a vila nos finais de semana e bater as fotos de família. Ficava feliz de vê-los esperando-o em casa, com suas melhores roupas, para tirar a foto de família. Ciro, assim, auxiliava-os a desenvolver uma identidade familiar por meio de uma representação visual, fotográfica, da família. Oferecia-lhes uma imagem de si próprios. Conferia-lhes, através de seu olhar, registrado pela máquina fotográfica, uma identidade familiar. Passavam a poder ver a si mesmos. Evidentemente, Ciro tinha essa sensibilidade às necessidades dessas famílias e às falhas na constituição de suas representações pois ele próprio as experienciava. E ele mesmo utilizava o olhar em seus múltiplos desdobramentos para tentar criar representações do *self* que o tranquilizassem.

A cultura atual e a questão da imagem

Retornando ao início, o processo adolescente e a psicopatologia da adolescência, nas suas multiplicidades de fronteiras, estão abertos e em contato permanente com a cultura. A cultura pós-moderna tem se caracterizado pela fluidez das relações humanas e por um novo tipo de mal-estar caracterizado justamente pela inconsistência e pela fragilidade dos vínculos (Bauman, 1997, 2001). Além disso, na cultura atual, assistimos a uma crise e a um questionamento das funções de autoridade – especialmente em nosso país –, dos valores, das ideologias (Cahn, 1999), bem como a um borramento dos limites que instaura uma desorientação ética e moral. Obviamente, momentos culturais anteriores nunca foram paraísos perdidos. Havia uma ordem instalada, um *status quo* estabelecido, contra o qual o jovem se rebelava portando uma ideologia que lhe conferia uma identidade claramente definida.

Raymond Cahn (1999) descreve com clareza alguns polos de conflitos da adolescência atual: a liberdade cada vez mais total nos costumes, mas a exigência cada vez mais severa quanto às competências; o estímulo ao consumo de produtos cada vez mais tentadores, mas a dificuldade crescente para obtê-los; a liberação da sexualidade na conduta, mas o distanciamento cada vez maior da vida de casal e da parentalidade. São polos de conflito que geram angústias muitas vezes insolúveis, que conduzem muitas vezes às patologias da conduta. Soma-se a esses polos de conflitos uma situação familiar em que os pais têm dificuldades de reconhecer e colocar limites entre os sexos, entre as gerações, entre o "bem" e o "mal" e entre o verdadeiro e o falso. Além disso, esses pais da contemporaneidade muitas vezes compartilham com os adolescentes o mesmo sentimento de incerteza quanto ao futuro, de precariedade e desamparo material e de questionamento das instituições.

O que ocorre é que o adolescente, frente à angústia decorrente da perda das representações de si, de um lado se recolhe para o mundo interno na ânsia de reconstruí-las. E, de outro, recorre aos objetos externos para usá-los enquanto espelhos que o ajudem a reconstruir a sua própria imagem, para que reflitam algo que os oriente, seja uma imagem bela, seja uma repulsiva, mas uma imagem. Entretanto, no quadro que estamos descrevendo, o adolescente olha para o objeto e este reflete uma imagem confusa, seja de si mesmo enquanto adulto, seja do próprio jovem, pois não sabe discriminar se o que está vendo é certo ou errado, bom ou mau; ou, pior ainda, não reflete imagem nenhuma, pois não consegue "ver" o filho, o que o lança num vazio de não existência.

Este fracasso no reordenamento simbólico – que permitiria construir uma imagem de si que garantisse uma estabilidade narcísica – conduz a um processo de subjetivação inacabado. Isso, por sua vez, empurra em direção às patologias narcisistas que atingem a conduta e o corpo (delinquência, anorexia, bulimia, adição a drogas etc.). As defesas narcísicas procuram solucionar a insuficiência de elaboração psíquica (Cahn, 1999).

Uma ilustração do que estamos descrevendo: em maio de 2006, Claude Askolovitch publicou numa revista francesa, *Le Nouvel Observateur*, uma reportagem com a seguinte chamada: "A verdade sobre a violência dos jovens – quando os golpes substituem a palavra". O título já fala por si, mas o conteúdo da matéria se refere justamente à substituição do simbólico pela conduta nas manifestações de jovens adolescentes franceses. Mais que isso, descreve as falhas no referido processo de subjetivação, sua explicitação na conduta e o quanto os jovens têm necessitado de reforços para a construção de uma imagem de si mesmos.

O artigo relata ocorrências de violência praticadas por jovens em toda a França (Nice, Orleans, Orly, Paris etc.) que trazem entre si alguns elementos comuns. São violências de todos os tipos (como sexuais, espancamentos) em que não há uma consciência real do que foi praticado. Por exemplo, jovens de 13 e 14 anos em Nice que submeteram sexualmente uma colega forçando-a a praticar diversos atos sexuais, mas que não viram maiores problemas *porque em nenhum momento bateram nela...* Outro elemento comum – o mais impressionante para o que estou descrevendo – é que em grande parte desses atos violentos a prática foi registrada em fotos ou vídeos feitos em telefones celulares. Essa prática já recebeu o nome de "*happy slapping*". Ou seja, os agressores são os personagens principais, os protagonistas de filmes por eles realizados, como se precisassem ter o registro por imagem de si mesmos praticando atos violentos.

Estamos, como foi dito anteriormente, no esforço narcísico de construção de uma imagem de si mesmo por meio do recurso da imagem externa real e da violência como prova positiva de sua existência. Parece que a destrutividade é a única parte do *self* que sentem possuir. Vejamos o que diz Michel Redon, vice-procurador do tribunal de Nice:

> *Estes rapazes dão a impressão de que a imagem é, para eles, o único meio de existir face ao seu próprio nada. A vítima torna-se um figurante do seu filme, ela é irreal. O essencial para eles é que eles possam, graças à prova pela imagem, demonstrar que eles são homens.*

Há, ainda, outro elemento de nosso tempo que vem ao encontro de tudo isso e que gostaria de abordar. Trata-se da presença da internet na vida dos adolescentes, especialmente todas as mídias sociais existentes hoje, em que os jovens colocam fotos de si, ou de suas famílias, ou de amigos, para serem vistos por outros na rede. São milhões e milhões de jovens conectados por essas mídias, expondo a si, seus amigos e familiares pela web. O que será isso se não algo muito similar ao que Ciro fez com as famílias da vila pobre de Porto Alegre? Parece que esse fenômeno tem se constituído numa forma de se mostrar e ser visto – com direito a depoimentos, inclusive. De um ponto de vista, sabemos que é uma forma de atenuar o sentimento de solidão tão comum na adolescência e na nossa cultura em geral, que em vários aspectos passa por fenômenos muito similares aos da adolescência e, por isso, não lhe oferece continência: solidão, perda de referenciais, difusão de identidade, retorno ao corpo e ao *acting out* etc.

O que tem chamado atenção é que em muitas dessas mídias sociais se exibem jovens adolescentes em roupas íntimas, ou seminuas, em poses que lembram celebridades ou prostitutas.

Confundem-se fotos ingênuas de jovens se expondo e prostitutas se oferecendo. Até mesmo púberes têm se exposto a colegas de aula por meio das *webcams* em roupas íntimas. Penso que na cultura do narcisismo, em que a imagem é entronizada, em que os valores de superfície são privilegiados sobre os profundos e em que a estética é privilegiada sobre a ética, o culto à imagem é oferecido para tentar fortalecer a sensação de existir como sujeito, muitas vezes expondo o próprio corpo e atraindo olhares justamente por isso. O *sou visto, logo existo* de Winnicott ocupa esse espaço virtual, já que as relações com os objetos reais estão tão fluídas, como já comentamos. "Celebridades" nascem e morrem com a velocidade da internet. São construídas instantaneamente a partir do quase nada; basta aparecerem numa Comissão Parlamentar de Inquérito (CPI), ou numa telenovela, ou simplesmente num *reality show*. E, assim, o aforismo winnicottiano se transforma em *sou um simulacro de celebridade, logo existo.*

Comentários finais

O adolescente, por meio do processo adolescente, busca, entre outras coisas, um reordenamento simbólico normal, ou seja, a reconstrução das representações do *self* e dos objetos, que é necessário à nova configuração subjetiva do sujeito, para, ao final da adolescência, garantir uma estabilidade narcísica. Estamos aqui no terreno do narcisismo normal: o sujeito poder olhar para si e dizer: *eu existo e este sou eu*. Entretanto, já que estamos falando de fronteiras, quando fracassa esse processo de subjetivação, o sujeito recorrerá a soluções narcísicas, já no terreno da psicopatologia, como única maneira de ser. O jovem busca, com essas soluções, assegurar-se, certificar-se, tranquilizar-se, antes de tudo, de que existe no real. Esses refúgios narcísicos que deveriam ser transitórios, em muitas situações, tornam-se estruturas consolidadas.

Esta reconstrução simbólica do próprio *self* empreendida pelo sujeito deve, ao final do processo adolescente, ter sido capaz de criar imagens de si e de seus objetos que lhe garantam, além de uma tranquilidade quanto à sua existência, um sentimento de clareza e de estabilidade a respeito de si. Deverá ter criado representações de seus objetos que lhe sirvam de referência – objetos inspiracionais, no dizer de Meltzer (1973/1979) – e ter respondido às questões: *já que existo, quem sou eu?; de quem é este corpo?; quem são os meus objetos e para que servem?*, para ocorrer de modo adequado a estruturação da personalidade. Quando as imagens de si estiverem muito dissociadas, as angústias demasiadamente intensas, ou quando as imagens objetais forem muito clivadas, carregadas de ódio ou outras emoções perturbadoras, esse processo será comprometido. Ou, dito de outro modo, se o sujeito recorre a seus objetos reais e não encontra neles uma atitude que favoreça essa reordenação simbólica, não encontrando o seu olhar, ou encontrando um olhar que aumente a confusão, o risco de saídas narcísicas, no âmbito da patologia, é muito grande. O corpo poderá ficar superinvestido, seja pela libido, seja pela destrutividade, na busca de uma afirmação narcísica; ou o objeto poderá ser recusado, pois seu reconhecimento poderá implicar na sensação de aniquilamento *self*.

Espero poder ter colocado com clareza suficiente, ao longo deste trabalho, a importância que possuem os processos de reconstrução simbólica no processo adolescente, suas intersecções com a importância do olhar, o papel do corpo e a maneira como isso ocorre em nossa cultura.

Referências

Aisenstein, M. (2009). Les exigeances de la representation. Trabalho apresentado no XXX Congrés des Psychanalystes de Langue Française.

Askolovitch, C. (2006). La vérité sur la violence des jeunes. *Le Nouvel Observateur, 2168.*

Bauman, Z. (1997). *O Mal-estar na pós-modernidade.* Rio de janeiro: Jorge Zahar.

Bauman, Z. (2001). *Modernidade líquida.* Rio de Janeiro: Jorge Zahar.

Botella, C., & Botella, S. (2002). *Irrepresentável: Mais além da representação.* Porto Alegre: Criação Humana.

Cahn, R. (1999). *O adolescente na psicanálise: A aventura da subjetivação.* Rio de Janeiro: Companhia de Freud.

Cassirer, E. (1997). *Ensaio sobre o homem.* São Paulo: Martins Fontes. (Publicado originalmente em 1944)

Castoriadis-Aulagnier, P. (2004). *La violencia de la interpretación: del pictograma al enunciado.* Buenos Aires: Amorrortu. (Publicado originalmente em 1975)

Cournut-Janin, M. (1988). Le premier rouge à lèvre ou La peur de la fèminité chez les parents de l'adolecente. *La Psychiatrie de l'Enfant, XXXI*(2), 301-311.

Freud, S. (1969). Formulações sobre os dois princípios do funcionamento mental. In S. Freud, *Edição standard brasileira das obras psicológicas completas de Sigmund Freud* (Vol. XII). Rio de Janeiro: Imago. (Publicado originalmente em 1911)

Levy, R. (1994). *As relações amorosas na adolescência*. Trabalho apresentado na XVII Jornada Sul-Riograndense de Psiquiatria Dinâmica, Gramado.

Levy, R. (1996). Refúgios narcisistas na adolescência: entre a busca de proteção e o risco de destruição: Dilemas na contratransferência. *Rev. Bras. Psicanál.*, *30*(1), 223-240.

Levy, R. (2000). *Do símbolo à simbolização: Uma revisão da evolução teórica e suas repercussões sobre a técnica psicanalítica*. Dissertação para membro efetivo da Sociedade Psicanalítica de Porto Alegre.

Lutenberg, J. M. (2005). A criatividade negativa e as doenças psicossomáticas. *Rev. Psicanál. SPPA*, *XII*(2), 329-351.

Marty, P. (1990). *La psicosomática del adulto*. Buenos Aires: Amorrortu.

Marty, P. (1992). Mentalización y psicosomática. *Rev. Psicoanálisis,* (3), 7-21.

Meltzer, D. (1979). *Os estados sexuais da mente*. Rio de Janeiro: Imago. (Publicado originalmente em 1973)

Meltzer, D. (1992). *The claustrum: An investigation of clautrophobic phenomena*. Perthshire: Clunie Press.

Meltzer, D., & Harris, M. (1972). Seminarios de Novara. Teoría psicoanalítica de la adolescencia. Psicopatología de la adolescencia. In *Quaderni di psicoterapia infantile*. Borla: Novara.

Ogden, T. (1996). *Os sujeitos da psicanálise*. São Paulo: Casa do Psicólogo.

Winnicott, D. W. (1975). Objetos transicionais e fenômenos transicionais. In D. W. Winnicott, *O brincar e a realidade*. Rio de Janeiro: Imago. (Publicado originalmente em 1951)

Winnicott, D. W. (1975). O papel da mãe e da família no desenvolvimento emocional infantil. In D. W. Winnicott, *O brincar e a realidade*. Rio de Janeiro: Imago. (Publicado originalmente em 1967)

GRÁFICA PAYM
Tel. [11] 4392-3344
paym@graficapaym.com.br